제2판

논리와 논술

김 승 희

창지사

머리말

바야흐로 인공지능 시대다. 세탁기에도 인공지능이 있고, 냉장고에도 인공지능이 있고, 자동차에도 인공지능이 있다. 세상 만물이 인공지능으로 귀결되는 듯하다. 그래서 인공지능을 알지 못하면 앞으로 살기 힘들다는 공포감이 만연하다. 이러한 공포감은 다른 한편으로 인공지능이 모든 것을 해결할 수 있다는 착각을 불러일으켜서 인공지능에 관한 교육이 활발하다. 인공지능이 무엇이며 어떻게 활용해야 하는지에 관한 교육이 유치원부터 대학까지 활발한 상황이다.

그러나 모든 과학기술의 발전은 긍정적 측면과 부정적 측면을 포함한다. 인공지능 역시 허위 정보와 가짜 뉴스로 차별과 편견을 증폭하고 심각한 사회문제를 유발할 수 있다는 우려가 제기된다. 이미 많은 과학자가 인공지능의 폐해에 관한 문제의식을 공유하고 인공지능의 폐해를 막을 법적 장치를 요구하는 실정이다. 허위 정보와 가짜 뉴스를 양산하는 인공지능의 폐해를 막으려면 무엇보다도 정보를 취사 선택하는 능력이 요구된다. 정보의 옳고 그름을 정확히 판별하여 필요한 정보만 선택하는 능력이 요구되는 것이다.

정보를 취사 선택하는 능력은 생각하면서 길러질 수 있다. 생각하지 않으면 그 어떤 것도 정확히 판단할 수 없기 때문이다. 생각한다는 것은 자신이 지금 무엇에 관심이 있는지, 무엇이 해결할 문제인지, 무엇을 우선으로 처리할지 등을 고민하는 것이다. 이처럼 생각한다는 것은 문제의 핵심을 파악하고 어디서부터 어떻게 풀어야 할지를 고민하는 것이므로 글쓰기를 의미한다. 글을 쓰면서 자기 생각을 정리하고 다시 새롭게 생각하면서 지식을 확장하고 이러한 지식을 바탕으로 문제를 해결하면서 다시 새로운 지식을 습득하는 등의 과정이 반복되기 때문이다.

글을 쓰지 않으면 인간은 자기 생각을 정리하지 못할뿐더러 지식 습득도 어려워지게 된다. 따라서 인공지능 시대에 오히려 인공지능과 가장 대비되는 글쓰기가 강조된다. 인공지능이 강조될수록 인공지능의 폐해를 막을 글쓰기가 중요해지는 것이다. 글쓰기를 통해 생각하는 힘이 길러지는 만큼 글쓰기는 인공지능의 효과적 운용을 견인할 가장 중요한 해결책이다. 특히 논증적 글쓰기인 논술은 비판적 사고를 길러주기 때문에 현시대에서 그 중요성이 점점 더 커지고 있다.

이 책은 논술의 본질과 성격을 분명히 드러내는 데 그 목적이 있다. 더 나아가 독자가 논술을 쓰는 데 필요한 지식과 기술을 습득하도록 도와주고자 한다. 이러한 목적을 달성하기 위해 이 책은 크게 이론 편과 실천 편으로 나누어 독자에게 실질적 도움을 제공한다. 이론 편에서는 논술의 본질과 성격을 이해하는 데 바탕이 되는 논리, 사고, 추론, 논증, 오류 등을 구체적으로 설명한다. 실천 편에서는 논술을 쓰는 데 필요한 지식과 기술 등을 글쓰기의 절차에 따라 제시한다.

특히 이 책은 다양한 용어에 대한 개념을 명확히 제시함으로써 불명확한 개념의 사용으로 야기되는 오해를 최소화하고자 한다. 같은 용어를 서로 다른 개념으로 사용하면서 불필요한 오해와 분쟁이 발생하기 때문이다. 더군다나 이 책은 일상적 단어로 용어의 정의를 내림으로써 누구든 쉽게 이 책을 읽고 이해할 수 있도록 도와준다. 논술을 쓰려는 사람이면 누구나 이 책의 내용을 이해하고 논술을 쓸 수 있도록 이 책은 매우 섬세하고 논리적으로 짜여 있다. 따라서 이 책은 대학교재로서뿐만 아니라 교양서적으로서 널리 읽힐 수 있을 것이다. 끝으로 이 책을 출간하는 데 많은 도움을 준 여러분에게 감사드린다.

2024년 10월

저자 김 승 희

목 차

1부

이론 편

2부 실천 편

6장 : 논 술

7장 :: 주 제

8장 :: 자 료

9장 :: 개 요

10장 :: 문 장

11장 :: 문 단

12장 :: 퇴 고

13장 :: 인 용

1부

이론 편

1장 논리

논리(logic)는 넓은 의미로 '이치'를, 좁은 의미로 '말의 이치'를 뜻한다. 일상생활에서는 보통 넓은 의미인 '이치'로 논리(論理)가 사용된다. '정치 논리가 경제 논리를 억누른다.', '국제관계는 힘의 논리에 의해 움직인다.', '소설의 논리와 시의 논리는 명확히 다르다.' 등이 그 예다. 이치는 무엇을 무엇이 되게 하는 까닭이다. 이를테면, 소설의 논리는 소설을 소설이 되게 하는 까닭이다. 따라서 세상 만물은 각각의 이치가 있으며, 나름의 이치에 따라 세상 만물은 움직인다. 즉, 나름의 이치를 가지지 않은 사물은 세상에 없다. 그래서 땅의 이치는 지리(地理), 마음의 이치는 심리(心理), 물질세계의 이치는 물리(物理), 세상의 보편적 이치는 진리(眞理)라고 한다. 이러한 세상 만물의 이치를 깨치기 위해 인간은 아주 오래전부터 주변의 사물을 관찰하면서 무엇이 어떻게 돌아가고 있는지를 파악하는 데 많은 시간과 노력을 들이고 있다. 사물의 이치를 깨침으로써 인간은 이치에 맞는 말과 행동을 할 수 있다. 또 인간은 사물의 이치를 깨침으로써 무엇이 옳은지 그른지를 따지고 최선의 해결 방안을 모색하면서 문제를 합리적으로 해결할 수 있다. 넓은 의미로 '이치'인 논리는 인간의 삶과 밀접하게 연관되어 세상을 살아가는 이치로 작용한다.

1. 논리와 생각

논리의 좁은 의미는 '말의 이치'다. 논리(論理)의 논(論)은 말하다, 의논하다, 서술하다, 따지다, 생각하다 등의 뜻을 가진다(홍혜경 외, 2016). 그러므로 논리는 말의 이치, 서술의 이치, 생각의 이치 등을 가리킨다. 인간은 자기 생각을 말로 표현하고, 말을 주고받으면서 다른 사람과 의논한다. 말을 통해 자기 생각을 나타내고 서로의 생각을 확인하고, 말을 주고받음으로써 어떤 문제를 의논하는 것이다. 논리란 내적으로 생각의 이치이면서 외적으로 말의 이치인 셈이다. 더 나아가 논리는 말을 말이 되게 하고 생각을 생각이 되게 하는 까닭이다. 이치가 무엇을 무엇이 되게 하는 까닭이기 때문이다. 누군가가 '논리가 정연하다.'라고 말하면 이는 말을 말이 되게 하고 생각을 생각이 되게 하는 까닭이 가지런하고 질서 있게 놓여있음을 의미한다. 따라서 논리는 말이나 글에서 자기 생각을 이치에 맞게 이끌어가는 과정이나 법칙을 말한다. 다시 말해 논리는 개념이나 준거, 방법, 맥락 등을 고려하여 자기 생각을 이끌어가는 과정이다. 이건 이러이러해서 이렇다는 식으로 앞뒤가 맞게 자기 생각을 말이나 글로 표현하기 때문에 논리에는 힘이 있다. 논리는 말의 이치이면서 생각의 이치이므로 논리의 힘은 생각하는 힘을 가리킨다.

1) 생각

생각(thinking)은 어떤 일을 머릿속으로 헤아리고 무엇을 어떻게 할지를 정하는 것으로, 사고와 동의어로 쓰인다. 생각은 의심하고 이해하고 긍정하고 부정하고 상상하는 등 대상을 여러모로 고려하는 것이다. 무언가를 생각한다는 것은 단순히 그것의 이미지를 머릿속에 그리는 것이 아니라 그것과 연관된 상황이나 조건을 떠올리면서 그것에 대해 깊이 이해함을 의미한다. 아무 생각이 없다거나 아무 생각이 안 난다는 것은 어떤 일에 대한 느낌이나 기억조차 없음을 가리킨다. 어제 일어난 일을 생각한다는 것은 그 사건의 원인과 결과를 비롯하여 앞으로 일어날 일에 대해 고민하고 예측하는 것까지 포함한다. 그러므로 생각은 인간의 지식이나 감정, 의지 등의 모든 활동을 포함한다. 즉, 생각은 인간이 보고 느끼고 상상하고 판단하는 등의 정신작용과 그 내용을 포함하는 모든 경험이나 현상이다.

생각은 이미 획득한 지식을 바탕으로 대상의 본질이나 규칙 등을 분석하고 종합하는 것으로 나타난다. 생각의 결과로 새로운 지식이 쌓이고 새로운 개념이 만들어지는 등 생각은 지식이나 개념의 형성에 이바지한다. 역으로 새롭게 획득한 지식이나 개념은 기존의 지식이나 개념을 변화시키고 확장하면서 생각의 폭과 깊이는 점점 더 증대한다. 더 많이 생각할수록 인간은 자신이 경험한 세계를 더 정확히 이해하고 설명하며 표현할 수 있다. 그러므로 생각은 이미 획득한 지식을 바탕으로 주어진 상황이나 조건을 판단하고 새로운 관계를 만드는 것이다. 인간은 더 많이 생각함으로써 자신의 욕구나 목적 등을 구체화하고 그것을 달성하기 위한 계획을 세울 수 있다. 따라서 생각은 인간이 현실 세계를 인식하고 예측하며 자신의 욕구나 목적 등을 실현하는 데 도움을 제공한다.

생각은 인간을 자유롭게 만든다. 인간은 생각함으로써 나름의 원칙과 생활방식에 따라 살 수 있기 때문이다. 생물학적으로 본능에 따라 자극에 반응하는 것이 아니라 자기 나름대로 주어진 자극을 해석하고 반응하기 때문에 인간은 자유로울 수 있다(이상욱, 문태순, 김미애, 2010). 또 인간은 생각함으로써 자신의 욕구나 목적 등을 실현하면서 삶을 더 즐겁고 다채롭게 살 수 있다. 거친 자연을 다듬고 개척하는 방법을 생각하며 더 효과적인 경작방법을 개발하고 과학기술을 발전시키면서 인간은 시간의 여유를 가지고 삶을 즐길 수 있다. 인간이 삶의 여유를 즐기면서 삶의 다양한 측면인 음악이나 미술, 놀이 등이 발달하고, 그 결과 다양한 문화가 생겨나고 있다(김승희, 2017b). 생각 덕분에 인간의 삶이 훨씬 더 풍요로워지는 것이다.

2) 생각의 법칙

생각의 법칙(law of thought)은 생각의 세계를 지배하는 법칙이다(이상욱 외, 2010). 생각의 법칙은 인간의 필요 때문에 만들어진 당위의 법칙으로(최원배, 2002), 인간이 설명하고 예측하고 이해하는 데 필요해서 만든 것이다. **당위**는 마땅히 무엇을 해야만 한다는 뜻으로, 인간이 어떤 행위를 할 때 해야만 하는지, 하지 말아야 하는지를 판단하는 기준이 된다. 당위는 도덕적이고 관념적 기초를 부여할 때 많이 강조되며, 도덕법칙처럼 행위의 도덕성을 주장하는 것으로 나타난다. '차례를 지켜야 한다.', '노약자나 임산부에게 자리를 양보해야 한다.', '거리에 침을 뱉어서는 안 된다.' 등이 그 예다. 즉, 당위는 행위의 목표나 척도를 나타내면서 동시에 행위의 금지나 기피를 명령하는 것이다.

이처럼 생각의 법칙은 당위의 법칙이기 때문에 당연히 그렇게 해야 한다거나 되어야 한다는 식으로 나타난다. 다시 말해 생각의 법칙은 그렇게 될 수밖에 없는 이유를 설명하고, 그렇게 될 것으로 예측하며, 그렇게 된 상황과 조건을 이해하는 것으로 나타난다. 어떤 일이 어떻게 일어났고, 현재 어떻게 진행되고 있으며, 앞으로 어떻게 될 것인지를 설명하고 예측하고 이해하는 것으로 나타나는 것이다. 그러므로 생각의 법칙은 논리라고 할 수 있는데, 왜냐하면 논리에 의해 설명하고 예측하고 이해하는 것이 가능하기 때문이다. 논리가 없다면 자연현상을 설명하고 예측하고 이해하는 것은 불가능하다. 논리는 인간이 생각하는 방식을 일반화하여 서술한 것으로, 인간이기 때문에 논리를 가지게 된다.

생각의 법칙으로서 논리는 몇 가지 기본 원리에 의존한다. 동일의 원리, 모순의 원리, 배중의 원리 등이 그 예다. 이러한 원리에 의존하기 때문에 논리는 앞뒤 말이 맞는 것으로 나타난다. 동일의 원리는 'A는 A다.'라는 것으로, 참인 명제는 참임을 가리킨다. '동수는 동수고, 나무는 나무고, 삼각형은 삼각형이다.'에서 동수를 진수라고 생각하는 것이나 나무를 돌이라고 생각하는 것, 삼각형을 원이라고 생각하는 것 등은 논리에 맞지 않는다(백종현, 2004). 앞뒤가 서로 맞지 않는 것이다. 동일의 원리는 양자의 포함관계에 따라 생각이 맞을 수도 있고 틀릴 수도 있다. 이를테면, '나무는 식물이다.'라는 생각은 나무가 식물에 포함되므로 맞지만, '식물은 나무다.'라는 생각은 식물이 나무에 포함되지 않으므로 맞지 않는다.

모순의 원리는 어떤 명제도 참이면서 동시에 거짓일 수 없다는 것으로, 서로 어긋나는 성질이 함께 어떤 것에 속할 수 없음을 말한다(백종현, 2004). 또 어떤 것도 자신과 어울리지 않는 성질을 자신의 성질로 가질 수 없음을 의미한다. 원을 삼각형이라고 생각하는 경우는 원의 성질과 삼각형의 성질이 다른데도 원에 삼각형의 성질이 있다고 말하기 때문에 앞뒤가 맞지 않는다. 벽에 뚫린 구멍이 둥근 사각이라고 생각하는 예도 둥글다는 것과 사각형은 서로 어긋나는 성질임에도 함께 속해 있다고 말하기 때문에 앞뒤가 맞지 않는다. 그러나 문맥상 의미가 모순된 표현이라고 할 수 없는 경우가 종종 있다. 예를 들면, '나는 지금 힘들면서 편하다.'라고 생각하는 경우는 몸은 힘들지만, 마음은 편하다는 점에서 모순된 표현이 아니다. 힘들다는 것과 편하다가 서로 다른 기준에서 서술되기 때문이다.

배중의 원리는 어떤 명제도 참이 아니면 거짓이라는 것으로, 이것도 저것도 아닌 중간치는 없음을 의미한다. 배중의 원리는 책이거나 책이 아니거나 둘 중의 하나일 뿐 그 중간치는 없다는 식으로 나타난다. 즉, 중간을 배제함으로써 확실하게 진리를 판단하려는 것이 배중의 원리다. 배중의 원리는 모순 관계에 있는 두 생각이 모두 맞거나 모두 틀릴 수 없다는 것이다. 따라서 배중의 원리를 적용할 때는 두 생각이 모순 관계에 있는지를 우선으로 판별해야 한다. 그러나 모순 관계에 있는 두 생각일지라도 모두 맞을 수도 있고 모두 틀릴 수도 있으며, 맞고 틀림이 가려지지 않을 수도 있다. 모순의 원리처럼 문맥상 의미에 따라 배중의 원리가 적용되지 않는 경우가 생기는 것이다. 그러므로 배중의 원리를 적용할 때는 우선으로 생각의 모순 관계를 살피고 다음으로 문맥상 의미를 고려해야 한다.

3) 자연법칙

자연법칙(law of nature)은 존재의 법칙으로, 당위의 법칙인 생각의 법칙과 구분된다. 자연법칙은 자연물과 현상 사이의 객관적이고 필연적 관계를 가리키는 법칙으로, 일반적으로 사회나 정신과 구별되는 자연과학의 대상이 되는 자연에 관한 법칙을 말한다. 자연법칙은 상상이나 습관에 의해 생기는 것이 아니라 자연이라는 대상 그 자체의 논리에 의해 나타나며 타당하고 객관적인 것으로 간주한다. 객관 세계에서 일어나는 현상은 자연법칙에 따라 일어날 뿐이다. 자연법칙은 객관적으로 존재하는 세계를 지배하고, 생각의 법칙은 객관 세계에서 일어나는 현상을 설명하고 예측한다는 점에서 구분된다(이상욱 외, 2010).

자연법칙은 균일성(uniformity), 반복성(repeatability), 보편성(universality) 등의 특징을 가진다. 균일성은 자연이 같은 상황에서 같은 현상을 일으키게 하는 통일적 질서를 견지한다는 원리다. 반복성은 자연 세계의 변화가 반복적으로 일어난다는 것으로, 구조적 안정성을 유지할 수 있게 하는 원리다. 보편성은 한 집합을 이루는 여러 개체가 공통으로 가지는 특성을 일컫는 것으로, 집합의 개념을 자연에 적용할 때 자연 세계에 존재하는 모든 것이 공유하는 특성을 말한다.

이처럼 자연법칙은 자연 세계를 지배하는 법칙으로, 자연 세계가 구조적 안정성을 유지하면서 규칙적이고 반복적 변화가 일어나게 하는 법칙이다. 자연법칙은 '물은 위에서 아래로 흐른다.'와 같이 자연현상에서 실제로 발견되는 규칙성을 설명하기 위해 사용된다(최원배, 2002). 더 나아가 자연법칙은 불완전한 것으로부터 완전한 것을 지향하게 하며, 구체적인 것에서 추상적인 것으로 또는 개별적인 것에서 일반적인 것으로 나아가게 하는 법칙이다(이상욱 외, 2010).

자연법칙은 일정한 조건에서 항상 반복적으로 나타나는 관계를 가리킨다는 점에서 역사의 특정한 시점에서만 타당성을 갖는 역사법칙(historical law)과 구별된다. 역사법칙은 역사의 진행 과정을 지배하는 법칙으로, 시대별로 나타나는 특징을 설명하기 위한 것이다. 시대별 특징은 끊임없이 변화하고 발전하기 때문에 역사적 사건은 반복해서 나타나지 않는다. 예를 들어, 고려 시대에 일어난 사건이 조선 시대에 똑같이 발생하지 않는다. 역사법칙은 모든 시대를 관통하여 적용할 수 없으므로 특정 시점에서만 타당성을 갖는다.

자연법칙은 도덕법칙(moral law)과도 구별된다. 자연법칙은 객관적으로 존재하는 세계를 지배하지만, 도덕법칙은 인간의 의지를 지배하기 때문이다. 도덕법칙은 인간이 자신에게 부여한 것으로, 행위의 도덕성을 판단하는 기준이 된다. 즉, 도덕법칙은 모든 인간이 지켜야 할 보편타당한 행위의 원리로서 도덕적 행위인지 아닌지를 판단하는 기준이 된다. 도덕법칙은 인간이 자신에게 부여한 것이기 때문에 인간은 자율적으로 도덕법칙에 복종하며 지키기 위해 노력한다. 도덕법칙을 준수함으로써 인간은 부도덕한 행위를 삼가고 나쁘게 될 가능성을 차단한다. 그러므로 도덕법칙은 인간을 인간답게 만들어주는 법칙이다.

4) 생각의 요소

(1) 지식

생각의 요소로 지식, 사고기술, 사고성향이 언급된다. 지식(knowledge)은 대상에 대한 인식이나 이해로, 교육이나 경험을 통해 습득한 사실이나 정보, 기술 등을 가리킨다. 지식은 낱낱의 사물에 대한 실제적이고 경험적 인식으로, 행동이나 의사결정에 이용할 만한 가치가 있다고 판단되는 정보다. 지식(知識)은 알다, 깨닫다, 분별하다 등의 뜻을 포함하기 때문에 정확하게 사물을 구분하고 식별하여 아는 것이라고 할 수 있다. 그러므로 지식은 개인의 추측이나 억측과는 다르다. 추측이나 억측은 미루어 짐작하는 것이어서 사물의 양상을 정확하게 구분하고 식별하는 것과 거리가 멀다. 따라서 지식은 누구에게나 확실하게 인정받을 수 있도록 사물의 양상을 정확하게 구분하고 식별하는 것이다.

이렇게 대상을 명확하게 인식하는 것이기 때문에 지식은 일종의 신념으로 간주하기도 한다. 지식은 의문을 가지지 않고 혼란되지 않는 마음의 상태로 간주하는 것이다. 지식은 신념의 일종이지만, 단순한 믿음과는 명확히 구별된다. 지식은 올바른 근거를 가지고 합리적으로 설명할 수 있기 때문이다. 이를테면, 지구가 둥글다고 믿어서 지구가 둥근 것이 아니라 지구가 둥글다는 충분한 근거가 있어서 지구는 둥글다. 그래서 지구가 둥글다는 신념은 지식이다. 하지만 이번 미술대회에서 일등을 할 것이라는 믿음은 어떤 근거가 아니라 막연히 운이 좋을 수도 있다는 기대에 의한 것이다. 설령 일등을 하더라도 일등을 할 것이라는 믿음은 올바른 근거가 없으므로 지식이 되지 않는다. 올바른 근거를 가지고 합리적으로 설명할 수 있는 신념만이 지식이라고 할 수 있다.

그러나 지식이 항상 옳지는 않다. 올바른 근거를 가지고 합리적으로 설명할 수 있으며 행동이나 의사결정에 이용할 만한 가치가 있더라도 지식이 항상 옳은 것은 아니다. 인간은 어떤 상황에서도 잘못된 판단을 할 수 있기 때문이다. 인간은 자신의 가치와 경험에 의존하여 사실을 다르게 받아들이면서 왜곡되거나 편견에 치우친 판단을 할 수 있다. 그래서 의도적이거나 비의도적으로 잘못된 판단 때문에 참이 거짓으로, 거짓이 참으로 바뀔 수 있다. 더군다나 지식은 시간이 지남에 따라 새로운 증거나 발견으로 변화하기 때문에 항상 옳지 않다. 가령 천동설은 고대의 대표적 우주관으로 천오백 년 이상을 지배하였지만, 새롭게 관측되는 현상을 설명하지 못해서 지동설로 대체되었다(김승희, 2023). 지식은 절대적 진리가 아니라 끊임없이 변화하고 수정되면서 발전하는 것이다.

(2) 사고기술

사고기술(thinking skills)은 생각하는 데 필요한 기술로, 인지적 조작 활동(cognitive operation)을 의미한다. 무언가를 생각하고 싶어도 생각하는 방법을 모르면 제대로 생각할 수 없으므로 생각하려면 생각에 필요한 기술을 갖추고 있어야 한다. 그러므로 사고기술은 '어떻게 그런 생각을 할 수 있을까?'라는 질문에 응답하는 것이라고 할 수 있다. 사고기술은 생각의 요소인 지식을 이용하여 무언가를 조작하는 정신 활동으로, 무엇을 아는지가 아니라 어떻게 하는지에 초점을 둔다(McGuinness, 1999). 사고기술은 분류나 추론처럼 개별적이고 구체적이며, 더하기나 빼기 같은 일반적 기술(skills)처럼 비교적 단기간에 습득된다(김영채, 2013). 사고기술에는 관찰, 비교, 분류, 변별, 추론, 분석, 종합, 평가 등이 포함된다. 이러한 사고기술을 습득하고 연마함으로써 효율적으로 더 많은 생각을 할 수 있으므로 생각하는 힘을 기르기 위해서는 사고기술을 습득하고 연마하는 것이 요구된다.

관찰(observation)은 감각기관이나 도구를 사용하여 사물이나 현상에 관한 모든 정보를 수집하는 활동이다(김승희, 2023). 관찰은 사물이나 현상이 어떠하고 어떻게 변화하는지를 사실에 근거하여 파악하려는 것으로, 인간은 관찰을 통해 생각하는 힘을 기르게 된다. 관찰은 가장 먼저 일어나는 정신 활동으로서 성찰하고 판단하기 위한 기초적 자료를 제공한다(양용철, 2013). 관찰은 문제해결에 필요한 정보를 모으는 첫 단계이므로 관찰을 통해 획득한 정보가 정확하지 않으면 문제를 해결하기 위한 사고과정이 원만히 진행되지 않는다. 따라서 정확하고 객관적으로 관찰하기 위해 관찰하는 기술을 부단히 단련하는 것이 필요하다. 특히 개인의 주관적 경험이나 지식, 느낌, 태도 등에 의해 관찰 결과가 왜곡될 수 있는 만큼 관찰하는 기술을 습득함으로써 정확하고 객관적으로 관찰하는 것이 매우 중요하다(양용철, 2013).

비교(comparison)는 둘 이상의 사물이나 현상을 견주어 유사점이나 차이점, 공통점 등을 발견하는 것이다(김승희, 2023). 비교와 유사한 개념으로 대조(contrast)가 있다. 비교는 유사점이나 공통점에, 대조는 차이점에 초점을 둔다는 점에서 차이가 있다. 비교는 주변 환경과의 상호작용을 위해 필요한 것으로, 객관 세계의 본질을 파악하는 데 유용한 기술이다. 객관 세계의 사물을 비교하여 유사점이나 차이점, 공통점 등을 발견함으로써 사전지식과 새로운 지식을 쉽게 연결할 수 있기 때문이다(양용철, 2013). 가령 고래를 어류라고 우기는 사람이 있다면 누군가는 어류와 포유류의 특성을 비교함으로써 그 사람이 고래가 포유류임을 이해하도록 도와줄 수 있다. 마트에서 쇼핑할 때는 유사점과 차이점을 구별해야 물건을 찾을 수 있으며, 공부할 때도 유사점과 차이점을 구별함으로써 더 많은 내용을 기억할 수 있다. 따라서 비교는 일상생활에서 매우 유용한 기초적 사고기술이면서 분석이나 종합과 같은 고차적 사고기술의 획득을 도와주는 것이다.

추론(reasoning)은 수집된 자료를 토대로 새로운 판단이나 결론을 끌어내는 과정으로, 관찰에 근거하여 이루어진다. 추론은 직접 체험하지 않더라도 사전지식이나 경험, 관찰 등을 바탕으로 어떤 결론에 도달하는 것이다(Lind, 2005). 예를 들어, 창문을 열지 않은 상태에서 창문 밖에 있는 나무의 나뭇잎이 흔들리는 것을 보고 바람이 불고 있다는 결론을 내리는 것이 추론이다. 직접 밖에 나가서 바람이 부는지를 확인하지 않더라도 이전 경험에 근거하여 결론을 도출하는 것이다. 추론은 관찰에 근거하므로 추론이 타당하고 정확하게 이루어지려면 무엇보다도 관찰 결과가 객관적이고 충분해야 한다. 증거가 충분하지 않은 채 이루어지는 추론으로 잘못된 결론이 도출될 수 있기 때문이다. 따라서 타당하고 정확하게 추론하기 위해서는 충분한 지식과 경험을 쌓는 것이 필요하다.

분석(analysis)은 전체를 부분으로 나누는 과정으로, 대상이나 표상, 개념 등을 부분이나 요소로 나누어 그 본질을 밝히는 것이다. 분석은 처음에 주어지는 막연한 대상을 여러 가지 측면이나 요소로 나누고 서로 간의 관계를 파악함으로써 대상의 본질을 밝히는 과정이다. 사물이나 현상을 자세히 살펴보는 것, 겉으로 드러나지 않는 모습을 파악하는 것, 여러 가지 일을 서로 연관 지어서 생각하는 것 등이 분석으로 가능하다. 분석을 통해 부분과 전체, 원인과 결과 등의 관계가 파악되기 때문에 문제해결에 분석은 필수적으로 요구된다. 문제해결은 문제를 파악하는 데서 시작하는 만큼 문제해결을 위해 문제를 분석하는 것은 필수적이다(양용철, 2013). 그래서 분석은 보통 문제가 무엇인지를 분명히 밝히는 데 필요한 사고기술로 간주한다.

종합(synthesis)은 분석에 반대되는 말로, 분리된 대상의 다양한 요소를 논리적으로 통합하는 과정이다. 종합은 분석에 바탕을 두지만, 단순히 분석하기 전의 상태로 복귀하는 것이 아니라 발전된 상태로 복귀하는 것이다(이상욱 외, 2010). 가령 사물의 본질을 파악하려면 사물을 부분으로 나누어 분석한 후에 분석한 자료를 종합하여 사물의 본질이 어떠어떠하다는 식으로 정리해야 한다. 이때 분석한 자료를 종합하여 밝힌 사물의 본질은 처음 제시된 사물과 같지 않을뿐더러 더욱더 확대되고 심화한 정보를 제공한다. 종합에 의해 밝혀진 사물의 본질은 좀 더 정확한 정보를 얻기 위해서 다시 분석되고 다시 종합되는 과정을 거치게 된다. 즉, 분석과 종합은 불가분의 관계로 통일되어 있으며, 분석과 종합의 끊임없는 반복으로 사물의 본질이 더 명확히 드러나게 된다. 마치 동전의 양면처럼 분석과 종합은 같은 사고기술의 두 측면이라고 할 수 있다.

평가(evaluation)는 가치판단에 관한 것으로, 인간이나 사물이 좋은지 나쁜지를 따져서 결정하는 과정이다. 평가는 대상의 장점과 가치를 결정하는 과정인 셈이다. 평가는 수행하려고 한 것을 수행하였는지, 달성하려고 한 것을 달성하였는지 등과 같은 질문에 대한 답을 찾는 과정이라고 할 수 있다. 만약 수행하려고 한 것을 수행하지 못했다면 그 원인을 밝히고 무엇이 문제인지를 파악한 후 문제해결 방안을 모색하는 것이 평가다. 평가를 통해 문제점을 발견하고 개선점을 모색하는 등 평가는 개인이나 조직의 발전을 도모하는 데 그 목적이 있다. 평가결과를 얼마나 어떻게 반영하여 문제를 해결하느냐에 따라 개인이나 조직은 발전할 수도 있고 그렇지 않을 수도 있다. 평가를 잘하느냐 못하느냐에 따라 개인이나 조직의 발전이 좌우되는 것이다. 따라서 평가는 근본적 변화를 촉진하여 발전을 도모하는 데 필수적인 사고기술이다.

〈사고기술의 종류〉

(3) 사고성향

사고성향(thinking dispositions)은 사고에 대한 태도나 동기, 정서 상태, 가치관 등을 가리키는 것으로, 생각하려는 태도나 의욕, 끈질기게 생각하는 태도, 새로운 것에 대한 호기심과 열망, 지적 성실성과 겸손 등을 포함한다. 사고성향은 생각에서 매우 중요한 역할을 담당하는데, 왜냐하면 사고성향이 지식이나 사고기술에 직접 영향을 미치기 때문이다. 가령 새로운 것에 대한 호기심이 있으면 궁금한 것을 해결하고 싶은 욕구가 생기기 때문에 지식을 습득하거나 사고기술을 연마하는 데 큰 노력을 쏟게 된다. 하지만 새로운 것에 대한 호기심이 없으면 궁금증이 생기지 않을뿐더러 대상을 알기 위한 지식 습득이나 사고기술 연마에도 게으르게 된다. 현재 알고 있는 지식이 풍부하고 사고기술이 뛰어나더라도 사고성향이 뒷받침하지 않으면 생각을 지속하기 어렵다. 그러므로 생각하기 위해서는 생각의 세 요소인 지식, 사고기술, 사고성향이 모두 갖추어져야 한다.

사고성향의 한 예로, 비판적 사고에 요구되는 비판적 사고성향이 있다. 비판적 사고는 편견 없이 합리적이고 논리적으로 정보를 분석하고 평가하는 사고과정이다. 즉, 비판적 사고는 옳은지 그른지를 판단하기 위한 사고다. 그래서 비판적 사고는 진리와 정의를 추구하는 사고성향을 요구한다(김광수, 2002). 진리와 정의를 추구하는 사람은 합리적으로 문제를 해결하고, 불이익을 감수하면서 정의를 추구하며, 옳은 것을 위해 헌신한다. 또 비판적 사고는 침착하고 체계적 사고성향을 요구한다. 이는 감정이나 충동, 욕망 등에 흔들리지 않고 냉철하게 판단하며 고정관념이나 편견 등을 가지지 않음을 의미한다. 비판적 사고기술로 사실과 의견 구별하기, 타당하고 충분한 근거를 들어 주장하기, 다양한 관점으로 문제 바라보기 등이 언급된다. 이러한 사고기술의 습득은 진리와 정의를 추구하고 침착하며 체계적 사고성향에 의해 가능하다. 비판적 사고성향은 비판적 사고를 가능하게 하는 매우 중요한 요소인 것이다.

2. 논리와 언어

논리는 말의 이치이므로 언어는 논리에서 중요한 구실을 한다. 어떤 언어를 어떻게 사용하느냐에 따라 논리의 수준이 달라진다. 만약 모호한 단어를 사용하여 논리를 전개하면 단어의 뜻이 명확하지 않으므로 말의 앞뒤가 잘 맞기 어렵다. 모호한 단어를 사용함으로써 논리의 수준이 낮아지는 것이다. 반대로 문맥에 맞게 정확한 단어를 사용하면 말의 이치가 분명해지므로 논리의 수준이 높아지게 된다. 특히 언어는 사고와 긴밀히 결합하여 있으며, 언어에 의해 사고는 발달한다. 언어가 사고 발달을 촉진하므로 언어가 발달하지 않으면 고차원적 사고를 전개하기 어렵다. 다시 말해 언어가 발달하지 않은 채 생각을 조리 있게 전개하는 것은 불가능하다. 역으로 언어에는 생각하는 바가 담기기 때문에 말을 조리 있게 한다는 것은 생각의 이치인 논리가 분명함을 가리킨다. 사람들은 미사여구나 명언으로 치장한 연설보다 논리가 분명한 연설에 더 감동한다(진수테리, 2007). 그러므로 분명한 논리를 전개하려면 무엇보다도 문맥에 맞는 단어를 문법에 따라 정확하게 사용하는 것이 필요하다. 모호한 단어가 포함되거나 문법에 맞지 않는 말이나 글로 분명한 논리를 전개하는 것은 불가능하다.

1) 언어

언어(language)는 음성이나 문자, 몸짓 등과 같이 생각이나 느낌을 나타내거나 전달하는 수단으로, 인간을 다른 모든 종과 구별 짓게 한다. 역사상 지구에서 언어를 사용하지 않은 인간은 없으며, 유인원과 같이 아무리 고등한 동물이라도 인간과 같은 언어를 가지고 있지 않다. 즉, 언어는 인간만이 가지고 있는 독특한 것이다. 인간은 사회화를 통해 자신이 속한 사회의 특정 언어를 습득하고, 언어를 통해 한 사회의 문화를 배우게 된다. 인간은 언어를 통해 한 사회의 관습이나 제도, 질서 등을 배우고, 그 사회가 요구하는 방식으로 자기 생각이나 느낌을 표현한다. 이를테면, 한국인은 한국 사회의 위계질서가 반영되어 존댓말과 반말이 분명한 한국어를 사용하므로 모든 사물을 '위와 아래', '존귀함과 비천함' 등으로 구분하는 경향이 있다(최봉영, 2005). 반면에 존댓말이 없는 영어를 사용하는 사회에서는 윗사람과 아랫사람의 구분이 없어서 자유롭게 이야기하는 분위기가 형성되어 있다.

언어는 단순히 말이나 글로 생각이나 느낌을 전달하는 수단이 아니라 한 사회의 문화가 고스란히 담겨 있는 문화유산이다. 그래서 같은 몸짓이라도 사회마다 다른 의미를 포함하고 다르게 사용된다. 상대방에게 오른손을 내미는 것을 어떤 사회에서는 악수의 의미로 받아들이지만, 어떤 사회에서는 상대방에 대한 공격의 의미로 받아들이는 것이 그 예다. 한 사회 안에서도 같은 단어가 서로 다른 의미로 사용되는 경우가 많은데, 왜냐하면 사람들이 처한 상황이나 조건이 제각각이기 때문이다. 가령 '집'이라고 하면 어떤 사람은 단지 살기 위해 지은 건물을 떠올리지만, 어떤 사람은 쉴 수 있는 공간으로서 아늑함을 떠올린다. 자기 소유의 집이 없어서 전세나 월세를 전전하는 사람은 집을 희망이면서 동시에 고난이나 설움으로 간주한다. 이렇듯 같은 단어도 사람에 따라 그 의미가 달라지므로 원만한 의사소통이 힘든 경우가 자주 발생한다.

2) 언어의 특성

언어는 여러 가지 특성을 보인다. 첫째, 언어는 음성이나 문자 등의 기호로 나타난다. 이를테면, 빨갛고 동그랗고, 아삭아삭하며 새콤달콤한 맛이 나는 것은 '사과'라는 기호로 나타난다. 그러나 사과라는 말을 듣고 모든 사람이 빨갛고 동그랗고, 아삭아삭하며 새콤달콤한 맛이 나는 것을 떠올리지 않는다. 어떤 사람은 연두색의 약간 미끌미끌한 것을, 어떤 사람은 노랗고 푸석푸석한 것을 떠올릴 수 있다. 사전 경험이 달라서 머릿속에 그리는 상인 **표상**(representation)이 다른 것이다. 사과라는 대상과 '사과'라는 기호가 직접 연결되면 사과의 의미는 하나로 나타난다. 하지만 대상과 기호가 표상을 통해 간접적으로 연결되어 사람마다 다른 것을 떠올리기 때문에 사과의 의미가 여러 가지로 나타난다. 언어가 음성이나 문자 등의 기호로 나타나기 때문에 같은 단어에 대한 표상이 사람마다 다르고, 결국 같은 단어가 서로 다른 의미로 사용되는 것이다(최훈, 2015).

둘째, 언어는 음성이나 문자, 의미 사이의 임의적 관계로 이루어진다. 예를 들면, 한국어에서 '사과'는 영어에서 'apple'이다. 사과를 반드시 '사과'라고 해야 한다는 필연적 관계가 아니라 사과를 '사과'라고 하거나 'apple'로 하자고 약속해서 만들어진 임의적 관계기 때문이다. 같은 것을 가리키면서 언어마다 다른 음성과 문자를 부여하는 것이다. 이러한 특성은 같은 한국어임에도 지역이나 계층, 나이, 성별, 종교 등에 따라 다르게 나타나는 **방언**(dialect)에서 잘 드러난다. 경기도에서 부추가 경상도에서는 정구지, 전라도에서는 솔 등으로 불리는 것이 그 예다(김승희, 2017b). 같은 한국어인데도 산맥이나 바다와 같은 지리적 경계 때문에 사람들 사이의 소통이 잘 이루어지지 않아서 같은 것을 서로 다르게 약속한 것이다. 이렇듯 음성이나 문자, 의미 사이의 관계는 임의적이어서 있던 말이 없어지고 없던 말이 생기는 현상이 자주 발생한다.

셋째, 언어는 일정한 규칙을 따른다. 즉, 언어에는 반드시 지켜야 하는 규칙이 있다. 가령 '나는 생선을 먹는다.'라는 문장은 맞지만, '나는 생선이 먹는다.'라는 문장은 맞지 않는다. 목적어에는 목적격조사인 '을/를'이 와야 하는데, 주격조사인 '이'가 왔기 때문이다. '나는 빠른 걷는다.'라는 문장의 경우, 서술어 '걷는다.'를 꾸미려면 '빠르게' 또는 '빨리'라는 형태가 되어야 한다. 이처럼 규칙을 지키지 않으면 문장이 어색하거나 문장의 뜻이 제대로 전달되지 않는다. 그래서 언어가 올바르게 사용되려면 반드시 규칙을 따라야 한다. 문법(grammar)은 언어 사용에 필요한 모든 규칙과 정보를 모아 놓은 것이다. 문법은 무수히 많은 다양한 문장이 만들어지도록 하는 기본 뼈대로서 듣기, 말하기, 읽기, 쓰기 등과 직접 연관된다. 그러므로 문법을 안다는 것은 언어를 이루는 형식을 알고 단어를 올바르게 구성하여 의사소통할 수 있음을 의미한다.

넷째, 언어는 무수히 많은 새로운 문장을 만들어 표현한다. '꽃, 새, 날다'를 이용하여 문장을 만든다면 '꽃 위로 새가 난다.', '꽃 사이로 새가 날아간다.', '꽃 속에서 새가 날아올랐다.' 등과 같이 무수히 많은 새로운 문장이 만들어질 수 있다. '어제 뭐 했니?'라는 질문에 '쇼핑했어.', '친구 만났어.', '도서관에 갔어.'라고 따로따로 대답할 수도 있고, '쇼핑하고 친구를 만난 다음에 도서관에 갔어.'라고 문장을 무한히 늘려서 대답할 수도 있다. 한정된 개수의 단어가 끝없이 다양한 방식으로 결합하여 무한정 많은 문장이 만들어지는 것이다. 이러한 언어의 특성 때문에 문장의 의미는 처음에 의도한 의미와 전혀 다르게 나타날 수 있다. 문장이 여러 가지로 바뀌면서 전혀 의도하지 않았던 새로운 의미가 부여될 수 있기 때문이다. 게다가 문장은 누가 언제 어디서 어떻게 읽느냐에 따라 그 의미가 전혀 다르게 전달될 수도 있다(김욱동, 2008). 따라서 문장의 의미가 분명히 전달되려면 정확한 단어와 문법을 사용하여 문장이 만들어져야 한다.

3) 정의

정의(definition)는 단어에 명확한 의미를 부여하는 것으로(김희정, 박은진, 2016), 개념의 모호성을 제거하기 위해 그 개념의 내포(intension)와 외연(extension)을 분명히 정하는 것을 말한다. 개념은 개개의 사물로부터 공통된 특성을 추출하여 이루어진 표상(representation)으로, 비본질적인 것을 버리고 본질적인 것만을 뽑아내어 추상화한 것이다. 예를 들어, 온탕에 들어갈 때, 겨울에 손난로를 만질 때, 초봄에 봄 햇살을 맞을 때 등으로부터 추출한 공통된 특성을 '따뜻함'이라는 개념으로 나타낼 수 있다.

그러나 개념은 의미의 한계가 분명하지 않아서 개념이 전하는 내용의 범위를 정확히 규정하기 어려운 경우가 자주 발생한다. 개념의 의미가 맥락에 따라 다르게 해석되거나 무엇을 가리키는지가 불명확한 경우가 많은 것이다. 이렇게 개념의 의미가 명확하지 않으면 함께 이야기하고 있어도 서로 다르게 이해하기 때문에 의사소통이 제대로 이루어지기 어렵다. 심지어 일이 순조롭게 처리되지 않거나 오해와 불신이 쌓여 급기야 분쟁으로 치달을 수 있다. 정의는 결국 개념의 의미를 명확히 하는 것이 필요해서 내려진다.

정의는 '무엇은 무엇이다.'라는 식으로 나타난다. 정의는 '감은 감나무의 열매다.'와 같이 어떤 대상의 본질을 상대방이 잘 알 수 있도록 한다. 정의를 내릴 때는 정의를 내리는 대상과 정의를 내리는 부분 사이에 서로 뜻이 잘 통해야 한다. '감은 감나무의 열매다.'에서 정의를 내리는 대상은 '감'이고 정의를 내리는 부분은 '감나무의 열매다.'로, 정의를 내리는 대상과 정의를 내리는 부분의 뜻이 잘 통한다. 반면에 '감은 동물이다.'에서는 정의를 내리는 대상인 '감'과 정의를 내리는 부분인 '동물이다.'가 서로 뜻이 통하지 않으므로 올바른 정의가 되지 않는다. 이때 '감은 식물이다.'로 바꾸면 올바른 정의가 된다.

그러므로 어떤 대상을 올바르게 정의하려면 대상의 특성을 정확히 알고 그 특성이 적용되는 범위를 세세히 따지는 것이 필요하다(김희정, 박은진, 2016). 다시 말해 대상의 특성에 해당하는 **내포**와 범위에 해당하는 **외연**을 분명히 정해야 한다. '사람'을 정의한다면 사람에 속하는 남자와 여자, 노인과 청년 등이 공통으로 지니는 특성인 내포와 그 특성이 적용되는 범위인 외연을 분명히 정해야 한다. '사람'과 '남자'의 내포와 외연을 살펴보면, 남자의 내포는 사람의 내포보다 적어도 한 가지가 더 많다. 하지만 남자의 외연은 사람의 외연보다 작은데, 왜냐하면 남자에 여자가 포함되지 않기 때문이다. 따라서 어떤 대상을 올바르게 정의하려면 외연의 경계를 분명히 정하는 것이 우선이다. 외연의 경계가 불분명하면 어느 범위에서 대상의 특성을 찾아야 할지 알 수 없어서 대상을 올바르게 정의할 수 없다.

정의는 단어에 명확한 의미를 부여함으로써 분명한 논리를 전개하는 데 필요하다. 개념의 모호성을 제거하여 말이나 글의 의미를 명료화함으로써 조리 있게 생각을 전개하기 위해 정의가 필요하다. 정의가 분명하지 않은 모호한 단어를 사용하면 분명한 논리 전개가 어려울뿐더러 상대방에게 자기 생각을 제대로 전달하기 힘들다. 더 나아가 정의는 인간의 삶에 지대한 영향을 미치는데, 왜냐하면 어떻게 정의하느냐에 따라 인간 생명이나 국가 경제, 정부 정책 등이 달라지기 때문이다. 예를 들어, 안락사를 어떻게 정의하느냐에 따라 안락사의 대상이 달라질 수 있으며, 양심수를 어떻게 정의하느냐에 따라 양심수의 숫자가 달라지고 그에 대한 정책도 필연적으로 달라진다(최훈, 2015). 따라서 단어의 정의를 분명히 내리고 정의가 분명한 단어를 사용하는 것은 개인적으로나 사회적으로 매우 중요하다.

4) 정의의 유형

(1) 내포적 정의

논리학에서 정의는 주로 내포적 정의와 외연적 정의로 구분된다. 내포는 어떤 성질의 속에 품은 개념을 말하며, 논리학에서 개념이 적용되는 범위에 속하는 여러 사물이 공통으로 지니는 필연적 성질의 전체를 가리키는 데 사용된다. 내포적 정의는 개념이 적용되는 범위에 속하는 여러 사물이 공통으로 지닌 보편적 성질을 규정하는 것으로, 술어의 내포를 설명하는 식으로 나타난다. '원은 평면의 한 점으로부터 같은 거리에 있는 점의 집합이다.'처럼 내포적 정의는 내포를 이용하여 어떤 술어를 정의하는 방식이다. 내포적 정의에는 사전적 정의와 약정적 정의, 이론적 정의, 설득적 정의, 조작적 정의 등이 포함된다.

사전적 정의(lexical definition)는 보통 사전에서 사용하는 정의로, 어떤 단어가 적용되는 사물과 그 사물만이 오로지 가지고 있는 특성을 진술한다(김희정, 박은진, 2016). '여자'를 '여성으로 태어난 사람'이라고 정의하는 것이 그 예다. 사전적 정의는 가장 기본적이고 객관적 정의로, 설명처럼 정보 전달이 주가 될 때 자주 이용된다. 사전적 정의는 대체로 몇 가지 규칙을 따른다(신해현, 2002). 첫째, 정의항은 피정의항의 본질적 속성을 기술해야 한다. 'A는 B다.'라고 정의할 때 B는 정의항, A는 피정의항이므로 B는 A의 본질적 속성을 드러내야 한다. 둘째, 정의항은 너무 넓어도 너무 좁아도 안 된다. 즉, 정의항은 피정의항이 가리키는 것 그 이상을 또는 그 이하를 제시해서는 안 된다. 셋째, '시인은 시를 쓰는 사람이다.'처럼 피정의항의 단어가 정의항에서 반복되어서는 안 된다(배채진, 이부현, 이상원, 2008). 넷째, 정의항에는 모호하거나 불분명한 단어가 포함되지 않아야 한다. 다섯째, 긍정적 정의가 가능할 때 부정적 정의를 내려서는 안 된다. 긍정적 정의가 단어를 좀 더 분명하고 정확하게 정의하기 때문이다.

약정적 정의(stipulative definition)는 새로운 단어를 처음 도입할 때 사용하는 정의로, 의미를 적절하게 지정함으로써 생겨난다(박상원, 2010). 사회가 급변함에 따라 새로운 것이 계속 생겨나고, 새로운 것을 표현하기 위해 새로운 단어가 끊임없이 만들어지고 있어서 약정적 정의가 늘어나는 추세다. 약정적 정의의 예로 자신이 좋아하는 분야에 심취하여서 관련된 것을 모으거나 찾아보는 행위로 정의되는 '덕질'이라는 단어가 있다. 약정적 정의는 언어가 사람들 사이의 약속으로 형성된다는 언어의 특성을 잘 보여준다(김희정, 박은진, 2016). 약정적 정의는 편리성이나 경제성 등의 여러 가지 이점이 있으며, 무엇보다도 새로운 것을 이해하는 데 요구되는 주의력이나 정신력의 소모를 줄일 수 있다는 이점이 크다. 약정적 정의는 새로운 것을 간결하게 표현함으로써 사람들의 이해를 도와주기 때문에 시간과 에너지를 줄이는 데 효과적이다(박상원, 2010).

이론적 정의(theoretical definition)는 대상과 연관된 특수한 이론을 바탕으로 단어의 의미를 정의하는 것이다(김희정, 박은진, 2016). 이론적 정의는 대상을 이론적으로 적절하게 또는 과학적으로 유용하게 특징지으면서 공식화하는 정의다. 즉, 이론적 정의는 일상적 의미가 아니라 단어가 가리키는 대상의 특징을 체계적이고 이론적으로 기술하는 것이다. 따라서 어떤 단어에 대한 이론적 정의는 그것이 적용되는 이론을 수용하는 것과 같다. 이를테면, 물리학에서 '열'을 정의할 때는 각 시대의 열에 대한 이론을 수용하기 때문에 '열'은 시대에 따라 다르게 정의된다. 만약 윤리학에서 '선'이나 '악'을 새롭게 정의한다면 이는 새로운 윤리학 이론의 전개를 의미한다. 이론적 정의에서 수용하는 '이론'은 자연현상이나 사회현상에 대한 일반적 주장이거나 어떤 주제의 본질에 대한 일반적 믿음이다.

설득적 정의(persuasive definition)는 듣는 사람의 감정이나 태도에 영향을 미치기 위한 정의로, 특히 정치나 광고 분야에서 많이 사용된다(최훈, 2015). 설득적 정의는 단어가 지닌 여러 가지 의미 중에서 특정 의미만을 강조하여 기술하는 것이다. 다시 말해 특정 의미만을 강조함으로써 듣는 사람이 그 단어에 대해 특정한 태도를 보이게 하는 것이 설득적 정의의 목적이다(김희정, 박은진, 2016). 사람들이 동성애에 대한 부정적 태도를 보이게 하려는 목적으로 동성 간의 사랑인 '동성애'를 자연스럽지 않고 비정상적 사랑이라고 정의하는 것이 그 예다. 설득적 정의는 논증으로 상대방을 설득할 수 없을 때 상대방의 감정을 유발하여 자기주장을 관철하기 위해 자주 이용된다. 그래서 정치인이나 광고인과 같이 대중의 감정을 사로잡아야 하는 사람들이 설득적 정의를 많이 사용한다(최훈, 2015).

조작적 정의(operational definition)는 과학적으로 어떤 술어를 정의하는 방식으로, 술어의 진위를 판별할 수 있는 조건을 지시하여 정의하는 것이다. 조작적 정의는 일정한 조작으로 일정한 결과가 나타나고, 그 결과는 오직 그 조작에 의해서만 발생함을 진술하는 정의다(Copi, Cohen, & McMahon, 2015). 또 조작적 정의는 누구나 관찰할 수 있는 실험을 반복적으로 수행함으로써 어떤 단어에 의미를 부여하는 정의다. 따라서 조작적 정의에 제시된 실험 절차를 따라가면 어떤 결과를 관찰하는 것이 가능하다. 예를 들어, 소금의 용해성은 소금이 물에 녹는 성질로 정의되는데, 이는 소금을 물에 넣는 실험을 통해 관찰될 수 있다. 그래서 조작적 정의는 관찰할 수 없는 것을 관찰할 수 있게 만든 정의라고 할 수 있다. 가령 눈으로 볼 수 없는 온도를 '온도계에 나타난 눈금'이라고 조작적으로 정의하면 온도계의 눈금을 보고 온도를 알 수 있다.

(2) 외연적 정의

내포적 정의가 내포를 이용하여 어떤 술어를 정의하는 방식이라면, **외연적 정의**는 외연을 이용하여 어떤 술어를 정의하는 방식이다. **외연**은 논리학에서 개념이 적용될 수 있는 사물의 전 범위를 가리키는 것으로, 개념이 적용되는 대상의 집합을 말한다. 이를테면, 금속이란 개념의 외연은 금, 은, 구리, 쇠 따위이고, 동물이란 개념의 외연은 원숭이, 호랑이, 개, 고양이 따위다. 외연적 정의는 개념의 외연에 속하는 개체들을 열거하여 정의하는 것으로, 술어의 외연을 제시하는 식으로 나타난다. 외연적 정의에는 지시적 정의와 열거적 정의 등이 포함된다.

지시적 정의(ostensive definition)는 술어가 가리키는 사례를 지적하는 방식의 정의로, 어떤 대상을 직접 지목함으로써 단어에 의미를 부여하는 것이다. 책상을 정의할 때 책상의 특성을 설명하는 것이 아니라 책상을 직접 가리키면서 '책상은 이것이다.'라고 말하는 것이 지시적 정의의 예다. 이렇게 어떤 대상을 가리키면서 새로운 단어를 정의하기 때문에 지시적 정의는 단어의 의미가 단어와 대상 간의 지시적 관계로 결정된다. 마치 언어습득의 초기 단계에 사물을 가리키면서 사물과 사물의 이름을 결부시키는 것처럼 지시적 정의는 단어와 대상을 직접 연결함으로써 단어에 의미를 부여한다. 그래서 지시적 정의는 새로운 대상이나 기존 대상의 새로운 측면을 이해할 때 매우 유용하다(조영미, 2001). 하지만 지시적 정의는 많은 한계가 나타나는데, 왜냐하면 어떤 대상을 가리킬 때 대상의 무엇을 가리키는지가 명확하지 않을 수 있기 때문이다. 더군다나 지시하려는 대상이 눈앞에 있지 않으면 지시적 정의를 내리는 것 자체가 불가능하다는 문제점이 제기된다(김희정, 박은진, 2016).

열거적 정의(enumerative definition)는 외연에 속하는 대상의 일부를 열거하는 방식의 정의로, 단어가 적용되는 것의 이름을 열거함으로써 그 단어에 의미를 부여하는 것이다. 코끼리나 호랑이, 토끼, 사자, 여우 등과 같이 동물에 해당하는 것의 이름을 열거하여 '동물'이라는 단어를 정의하는 것이 그 예다. 즉, '코끼리와 호랑이, 토끼, 사자, 여우 등을 동물이라고 한다.'처럼 정의하는 것이 열거적 정의다. 지시적 정의와 마찬가지로 열거적 정의도 많은 한계가 나타나는데, 왜냐하면 대상의 일부만 열거함으로써 어떤 단어를 의미하는지가 명확하지 않을 수 있기 때문이다(김희정, 박은진, 2016). 위 사례도 포유류에 속하는 동물만 열거하고 있어서 포유류를 의미하는지, 동물을 의미하는지가 명확하지 않다. 또한 '공포'처럼 추상적인 것을 의미하는 단어는 그 외연이 불분명해서 대상의 일부를 열거하기가 거의 불가능하다. 그래서 외연적 정의는 외연에 속하는 몇 개의 사례에만 집중함으로써 단어에 명확한 의미를 부여하는 것이 어려울 수 있다는 문제점이 제기된다(박상원, 2010).

2장 사고

사고(thinking)는 생각과 같은 뜻으로, 현실 세계를 인식하고 미래를 예측하고 목표 달성을 위한 계획을 세우고 판단하고 결정하는 등의 모든 활동을 포함한다. 사고는 언어와 마찬가지로 인간이 집단을 이루어 함께 노동하고 생활하는 과정에서 생겨나고 발전한다. 사고에 의해 인간의 인식능력이 높아지고 의식적·계획적 행동이 증가하면서 사회는 점점 더 발전한다. 역으로 사회가 발전함에 따라 인간의 경험이 다양해지면서 사고의 내용과 형식이 풍부해진다. 사고에 의해 자연 세계에 대한 인간의 통찰력과 지배력이 증대하는 만큼 사고의 성과로 생기는 개념이나 지식 등이 사고과정에 들어와 사고가 한층 더 풍부해지는 것이다. 이렇듯 사고는 인간의 삶을 풍요롭게 하면서 동시에 인간의 삶에 의해 확대되고 심화하기 때문에 삶의 현장에 따라 다양한 형태로 나타난다. 사고의 다양한 형태는 사고방식이나 관점 등에 따라 분류된다. 사고방식에 따라 반향 사고, 합병 사고 등으로, 관점에 따라 발산적 사고, 수렴적 사고 등으로 분류된다(이상욱 외, 2010). 특히 사회가 변화함에 따라 사고의 내용과 형식이 바뀌면서 강조되는 사고의 형태가 달라지고 있다. 현대사회에서는 논리적 사고와 창의적 사고, 전략적 사고를 모두 포함하는 비판적 사고가 강조된다.

1. 논리적 사고

논리적 사고(logical thinking)는 논리적 규칙과 형식에 따른 사고로, 행동적·직관적 사고에 대응하는 사고방식이다. 직관적 사고는 다양한 경험에 의존하여 전체적 느낌으로 핵심 요인을 판단하지만, 논리적 사고는 규칙을 따르며 주어진 정보에 의존하여 관련 요인을 분석적으로 판단하기 때문이다(박준형, 송진웅, 2017). 이렇게 직관적 사고와 논리적 사고가 여러 가지 면에서 대응하지만, 실제로 문제해결과정에서는 직관적 사고와 논리적 사고가 끊임없이 상호작용을 하면서 상호보완적 관계를 유지한다. 논리적 사고는 객관적 사실에 근거하여 일관적이고 체계적으로 주장하는 것이다. 내용 측면에서 객관적 사실에 근거하여 유기적으로 연관되며, 형식 측면에서 논리적 비약 없이 일관적이고 체계적인 것이 논리적 사고다(홍혜경 외, 2016). 논리적 사고는 주장할 때 근거를 제시하는 것으로 나타난다(최훈, 2015). 더 나아가 다른 사람의 주장에 대해서도 그럴만한 이유가 충분히 있는지를 신중하게 따진 후 수용하거나 거부하는 것으로 나타난다. 논리적 사고는 주장에 대한 이유나 근거를 따지는 것에서 시작한다. 그러므로 억지 주장을 내세우거나 이유 없이 타인의 주장을 반대하면 비논리적 사고를 하는 셈이다.

1) 특징

논리적 사고의 첫 번째 특징은 규칙을 따른다는 것이다(Clement, 2008). 수학 공식에 따라 수학 문제를 푸는 것처럼 논리적 사고는 규칙에 따라 사고를 전개한다. 두 번째 특징은 언어로 표현된다는 것이다(Clement, 2008). 즉, 머릿속에 떠오른 생각을 말이나 글로 표현함으로써 논리적으로 생각을 정리하는 것이 논리적 사고다. 세 번째 특징은 주어진 정보를 활용하여 판단한다는 것이다(노양진, 2004). 이는 불충분한 정보에 의존하여 직관적으로 판단하는 것이 아니라 주어진 명제나 정보의 논리적 관계를 따져서 판단함을 의미한다. 네 번째 특징은 새로운 연결이 나타나기 어렵다는 것이다(Park & Han, 2002). 논리적 사고는 규칙에 따라 전제로부터 결론을 도출하기 때문에 전제와 상관없는 새로운 결론이 나타나기 어렵다. 다섯 번째 특징은 관련 요인을 분석적으로 판단한다는 것이다(Epstein, Pacini, Denes-Raj, & Heier, 1996). 문제와 연관된 하위 요인을 분류하고 각 요인을 분석함으로써 복잡한 문제를 해결하는 것이 논리적 사고다.

논리적 사고는 여러 가지 능력을 요구한다. 즉, 다양한 정보를 이용하여 문제의 본질을 파악하고 규칙에 따라 복잡한 문제를 범주화하여 종합적으로 판단하려면 여러 가지 능력이 있어야 한다. 우선 논리적 사고를 하려면 다양한 정보를 바탕으로 문제를 주의 깊게 살피고 문제의 본질을 꿰뚫어 보는 **통찰력**(insight)이 요구된다(김영실, 윤진주, 2015). 선입견이나 고정관념을 가지지 않고 사물이나 현상을 정확히 파악하는 통찰력이 있어야 논리적 사고가 가능하다(현학선, 2012). 다음으로 논리적 사고를 하려면 현상의 원인을 파악하는 **분석력**(analytical skills)이 있어야 한다. 현상을 부분으로 나누고 부분 간의 관계를 밝히고 개념화하는 등의 분석력이 있어야 논리적 사고가 가능하다. 마지막으로 논리적 사고를 하려면 객관적 근거를 제시하면서 따지는 **비판력**(critical power)이 있어야 한다. 비판력은 무조건 트집을 잡거나 말대꾸하는 것이 아니라 근거를 들어 판단하는 것이다. 따라서 근거를 지속해서 묻는 논리적 사고에서 비판력은 반드시 요구된다.

2) 자세

논리적인 사람은 주장에 대한 이유나 근거를 찾을 때 기본적으로 주관적 감정을 억제하고 여러 사람이 동의할 수 있는 객관적 이유나 근거를 찾으려고 노력한다(최훈, 2015). 자기감정에 따라 충동적으로 주장에 대한 근거를 찾는 것이 아니라 누가 들어도 이해할 만한 근거를 찾으려는 것이다. 따라서 논리적으로 사고하려면 자기주장이 틀릴 수 있다고 생각하는 것이 필요하다. 객관적 근거를 찾는 과정에 자기주장이 틀렸다는 근거가 발견되면 이를 즉각적으로 인정하고 수정하는 것이 필요하기 때문이다. 자기주장이 틀렸다는 근거가 발견되어도 계속 자기주장을 고집한다면 더는 논리적으로 사고하는 사람이라고 할 수 없다.

논리적인 사람은 다른 사람의 주장이 자신의 주장과 다르더라도 주의 깊게 듣고 신중하게 판단한다(최훈, 2015). 반면에 비논리적인 사람은 다른 사람의 주장이 자신의 주장과 다르면 경청하지 않고 자기주장과 타인의 주장을 비교하지 않는다. 비논리적인 사람과 다르게 논리적인 사람은 다양한 주장을 수용하고 검토하면서 합리적 결론을 도출하려고 노력한다. 따라서 논리적으로 사고하는 사람은 열린 마음을 가지는 것이 필요하다. 다양한 주장을 받아들일 수 있는 열린 마음을 가지고 있을 때 자기주장의 단점을 보완하여 합리적 결론을 도출할 수 있기 때문이다.

논리적인 사람은 복잡하고 난해한 문제도 명확하게 이해함으로써 주장에 대한 근거를 찾으려고 노력한다(최훈, 2015). 문제와 연관된 하위 요인을 가능한 한 많이 탐색한 후 하위 요인을 일정한 범주에 따라 분류하고 각각의 요인을 분석하여 문제를 해결하려는 것이다. 이는 직관적으로 문제를 바라봄으로써 타인의 주장을 쉽게 믿거나 거부하는 비논리적인 사람과 상반되는 자세다. 논리적인 사람은 분석력이 있어서 아무리 복잡한 문제라도 포기하지 않고 끝까지 문제의 원인을 파헤치려고 한다. 따라서 논리적으로 사고하는 사람은 주어진 정보를 최대한 활용하여 주장에 대한 근거를 찾으면서 일관적이고 체계적으로 자기주장을 내세운다.

2. 창의적 사고

창의적 사고(creative thinking)는 과거의 경험을 바탕으로 이전과 전혀 다른 새로운 결론이나 발명을 끌어내는 사고과정이다. 창의적 사고는 이전의 생각과 전혀 다른 새로운 생각으로, 다른 사람이 생각하지 못한 것을 보고 듣고 말하는 것으로 나타난다. 개미가 기어가는 것을 보고 그냥 '개미가 기어가네.'라고 말하는 것이 아니라 '개미는 하늘을 날 수 없을까?', '개구리만큼 큰 개미는 없을까?'와 같은 질문을 던지는 것이 창의적 사고다. 즉, 창의적 사고는 남과 다른 시각으로 사물이나 현상을 바라보고 새로운 생각을 참신하게 표현하는 것이다. 따라서 창의적으로 사고하려면 기존의 사고방식이나 관행에 문제를 제기하는 것이 필요하다. 당연하다고 여기는 것에 대해 '과연 그럴까?', '그것 말고 다른 방법은 없을까?' 등의 질문을 던지면서 다른 관점으로 사고하는 것이 요구된다(장미영, 2010). 또 창의적으로 사고하려면 주변 세계에 관심을 두고 주의 깊게 관찰하는 것이 필요하다. 자신을 둘러싼 주변을 자세히 관찰할 때 이전과 다른 무언가를 발견하면서 새로운 아이디어가 떠오르기 때문이다. 창의적 사고는 어느 날 갑자기 나타나는 것이 아니라 꾸준한 노력과 평소 생활습관에 의해 길러진다.

1) 능력

창의적 사고의 궁극적 목적은 더 독창적이고 질적으로 우수한 아이디어를 산출하는 것이다(정아름, 2010). 이러한 목적을 달성하려면 항상 문제를 발견하고 문제해결을 위해 새롭게 시도하는 등의 다양한 능력이 요구된다. 그래서 창의적 사고에 필요한 능력으로 여러 가지가 논의된다. 하지만 학자에 따라 창의적 사고에 필요한 능력은 매우 다양하게 논의되는데, 왜냐하면 사회문화적 맥락에 따라 창의적 사고가 다르게 정의되기 때문이다(홍혜경 외, 2016). 현재 창의적 사고에 필요한 능력으로 유창성, 융통성, 독창성, 정교성이 공통으로 논의된다.

유창성(fluency)은 주어진 문제를 해결하는 방안이나 특정 상황에 대한 아이디어 등을 여러 가지 관점에서 되도록 많이 만들어내는 능력이다. 다시 말해 유창성은 생각의 한계를 정하지 않고 마음껏 생각하는 능력이다. 아이디어는 많으면 많을수록 더 좋은 아이디어가 나타날 가능성이 크다. 처음에 떠오른 아이디어가 가장 좋은 아이디어가 되기 어려운 것이다. 따라서 창의적 사고의 궁극적 목적인 더 독창적이고 질적으로 우수한 아이디어 산출을 위해서는 초기 단계에 가능한 한 많은 아이디어를 만들어내는 것이 중요하다.

융통성(flexibility)은 관습이나 고정관념에서 벗어나 유연하게 다양한 아이디어나 해결방안을 찾는 능력이다. 유창성은 아이디어의 양에 초점을 두지만, 융통성은 아이디어의 다양성에 초점을 둔다는 점에서 차이가 있다(정아름, 2010). 대부분 사람은 지배적 사고방식이나 익숙한 관점에서 상투적으로 문제를 해결하는데, 이러한 상투적 방식을 극복하는 것이 융통성이다. 즉, 융통성은 상투적 방식에서 벗어나 발상을 전환함으로써 다양한 아이디어를 만들어내는 능력이다.

독창성(originality)은 기존의 것에서 벗어나 참신하고 색다른 아이디어를 만들어내는 능력이다. 독창성은 모방이나 표절에 의하지 않고 오로지 자기 힘과 개성으로 독특한 아이디어를 산출하는 것이다. 독창성은 자신의 아이디어가 다른 사람의 아이디어와 얼마나 다른지에 초점을 두는 것으로, 비범성이나 참신성의 정도에 관심이 있다(정아름, 2010). 창의적 사고에서 독창성이 중요한 이유는 효과적으로 문제를 해결할 뿐만 아니라 궁극적으로 인간의 삶을 의미 있는 방향으로 향상하는 데 도움을 주기 때문이다.

정교성(elaboration)은 단순한 아이디어를 조작하여 더욱 정확하고 치밀한 아이디어로 바꾸는 능력이다. 창의적으로 사고하는 동안 떠오르는 다듬어지지 않은 아이디어에 깊이와 폭을 더하여 좋은 아이디어로 만드는 것이 정교성이다. 정교성은 새로운 아이디어를 산출하는 마지막 단계에서 필수적인데, 왜냐하면 아무리 참신한 아이디어라도 다듬어지지 않으면 실현 가능성이 없기 때문이다.

따라서 정교성은 독창적 아이디어를 최종적으로 실현할 수 있는 아이디어로 만들어내는 데 필수적 능력이다.

2) 성향

창의적인 사람에게 나타나는 특징은 기존 사고의 틀에 얽매이지 않는다는 것이다. 창의적인 사람은 기존 사고의 틀에서 벗어나 자유롭게 시·공간을 넘나들면서 거리낌 없이 새로운 가능성을 탐색한다. 이는 정보나 가치, 경험 등을 제한하지 않고 어떤 상황에서도 받아들이는 것으로, 항상 개방적으로 수용하려는 성향을 말한다(김용준, 2019). 개방적일수록 새로운 관점으로 문제를 바라보면서 융통성이 높아지기 때문에 창의적인 사람은 다양한 아이디어를 만들어낼 수 있다.

창의적인 사람에게 나타나는 또 다른 특징은 다른 사람에게 의존하지 않고 스스로 문제를 해결한다는 것이다. 창의적인 사람은 자신만의 규칙에 따라 자기 아이디어를 스스로 실현하려는 독자적 성향을 보인다. 창의적인 사람은 자신이 추구하는 것이나 자기 아이디어에 대한 신념이 있어서 타인의 평가에 구애받지 않고 자신의 방식으로 문제를 해결하려고 한다(최미자, 2006). 이렇게 타인을 의식하지 않기 때문에 창의적인 사람은 비순응적이고 사회에 반항하는 사람으로 비치기도 한다.

또 창의적인 사람은 쉽게 포기하지 않고 가능한 한 많은 정보를 수집하여 끝까지 문제를 해결하려는 특징이 있다. 창의적인 사람은 아무리 어렵거나 지루한 문제라도 문제를 해결하겠다는 강한 의지로 끈질기게 매달린다. 이는 문제가 해결될 때까지 문제에 대해 여러모로 궁리하고 문제해결방안을 찾는 등 지속해서 전념하고 몰두하는 성향을 말한다(김연미, 2012). 이런 집착하는 성향에 의해 거친 아이디어가 정교한 아이디어로 바뀌어 실현될 수 있다.

이 외에도 삶에 안주하지 않고 위험을 감수하며 새로움에 도전하는 모험심이나 항상 '왜'라는 질문을 던지며 준거나 가설에 대해 의문을 제기하는 호기심 등이 창의적인 사람에게 나타나는 성향으로 논의된다. 더 나아가 창의적인 사람은 단순한 것보다 복잡한 것을 선호하며, 복잡하고 어려운 문제일수록 문제를 해결하려는 동기가 더 유발되어 매달리기도 한다(Torrance, 1988). 창의적인 사람은 집중력이 뛰어나지만, 순진하고 장난치는 것을 좋아하며 유머를 즐기는 모습을 보이기도 한다.

3. 전략적 사고

전략적 사고(strategic thinking)는 목표를 달성하기 위해 모든 요인을 분석하여 최적의 방안을 모색하는 사고과정이다. 전략적 사고는 문제와 연관된 내·외적 요인과 그 영향력을 분석하여 최적의 해결방안을 모색하는 것이다. 전략은 문제해결이나 과제 수행과 같은 목표를 달성하기 위한 최적의 방법으로, 그러한 방법을 빈틈없이 계획하는 것이 전략을 세우는 것이다. 전략적 사고는 게임과 같은 시도에서 이기기 위한 여러 가지 방법을 체계적이고 빈틈없이 계획하는 사고과정인 셈이다. 특히 전략적 사고는 새로운 관점에서 문제해결방안을 모색하는 데 초점을 두는데, 왜냐하면 문제와 연관된 상황이나 조건이 끊임없이 변화하기 때문이다. 상황이나 조건이 변화하면 문제에 영향을 미치는 요인도 변화하기 때문에 문제해결을 위한 최적의 방안이 달라질 수밖에 없다. 최적의 방안은 주어진 상황이나 조건에 가장 알맞은 방안을 의미하는 만큼 언제 어디에서나 적용할 수 있는 최적의 방안이란 존재하지 않는다. 그러므로 변화한 상황이나 조건을 신속하게 반영하여 최적의 방안을 찾으려면 새로운 관점에서 문제를 파악하는 것이 필요하다. 전략적 사고는 주어진 상황이나 조건을 고려하여 문제를 해결하기 위한 최적의 방안을 모색하는 사고과정인 것이다.

1) 절차

전략적 사고의 궁극적 목적은 최적의 방안을 찾아서 문제를 해결하는 것이다(생각공장, 2014). 문제해결은 일반적으로 문제를 파악하고, 해결방안을 모색하고, 해결방안을 실천하고 평가하는 등의 절차에 따라 진행된다(생각공장, 2014). 이러한 절차는 단계적이지만, 반복적이고 순환적으로 이루어진다. 가령 해결방안을 모색하는 단계에서 이전 단계의 문제 파악이 미흡하다고 판단되면 다시 첫 단계부터 시작해야 한다. 전략적 사고는 절차에 따라 문제를 해결하는 것이어서 결과적으로 문제해결력 향상에 이바지한다. 또 최적의 방안을 찾기 위해 다른 사람과 활발하게 상호작용을 하므로 의사소통능력 향상에도 이바지한다.

문제해결은 문제를 파악하는 단계부터 시작한다. 전략적 사고의 대상이 문제이므로 문제의 성격과 원인 등을 밝히는 것이 우선이다. 언제 어디서 어떻게 발생한 문제인지를 밝히고 문제와 연관된 상황과 조건을 분석하여 문제를 파악해야 한다. 특히 문제로 보이는 것과 실제 문제를 구분하는 것이 중요한데, 왜냐하면 문제가 아닌 것의 해결방안을 찾는 어처구니없는 일이 벌어질 수 있기 때문이다(생각공장, 2014). 따라서 문제와 연관된 상황과 조건을 자세히 분석하여 문제의 원인을 정확히 파악하는 것은 문제해결의 첫 단계이면서 전략적 사고의 핵심이 된다.

문제해결의 두 번째 단계는 가장 합리적이고 효과적인 문제해결방안을 모색하는 단계다. 먼저 문제를 파악하면서 수집한 여러 가지 정보를 바탕으로 끌어낼 수 있는 모든 방안을 탐색한다. 이 중 문제해결을 위한 내·외적 조건을 고려하여 실현 가능성이 있는 몇 가지 방안을 선택한다. 다음으로 선택한 방안을 실천함으로써 예상되는 결과에 대해 논의한다. 현실적 조건을 고려하여 해결방안의 성공 가능성과 실패 가능성, 이익과 손실 등을 검토하는 것이다. 마지막으로 가장 긍정적 결과가 예상되는 한 가지 방안을 선택하고 실행 여부를 결정한다.

문제해결의 세 번째 단계는 최종적으로 결정한 해결방안을 실천하고 평가하는 단계다. 우선 해결방안을 실천하기 위한 계획을 세우고, 그다음에 해결방안을 실천한다. 이때 예상치 못한 변수나 새로운 문제가 나타날 수 있으므로 이를 신속히 발견하고 대응하는 것이 필요하다. 그렇지 않으면 처음 예상한 결과와 전혀 다른 결과가 도출될 수 있다. 해결방안을 실천하고 결과가 도출된 후에는 해결방안을 평가하는 것이 필요하다. 해결방안의 평가는 실제로 문제를 해결했는지, 예상치 못한 변수 때문에 어려웠는지, 결과의 긍정적·부정적 측면을 모두 검토했는지 등을 평가하는 것이다. 이러한 평가는 앞으로 유사한 문제가 발생할 때 더 효과적인 문제해결방안을 마련하기 위해서 매우 중요하다(생각공장, 2014).

2) 문제

전략적 사고는 현대사회가 급변하면서 그 중요성이 점점 더 커지고 있다. 사회가 급변함에 따라 이전에 없던 새로운 문제가 지속해서 발생하고 문제의 양상도 매우 다양해지기 때문이다. 과거와 같은 방식으로 매일매일 새롭게 쏟아지는 문제를 더는 해결할 수 없으므로 각각의 문제를 효과적으로 해결하기 위한 새로운 관점이 요구되는 것이다. 즉, 보편적이고 일률적 방법이 아니라 독창적이고 개별적 방법에 따른 문제해결이 요구되고 있다. 이러한 시대적·사회적 요구에 따라 참신하고 효과적인 문제해결방안을 모색하는 전략적 사고의 중요성이 지속해서 증가하고 있다.

현실에서 제기되는 문제는 천차만별이다. 어떤 문제는 개인의 힘으로 해결되지만, 어떤 문제는 집단의 힘에 의해서만 해결된다. 또 사실이나 언어, 해석, 가치 등에 관한 문제, 이미 발생한 문제, 현재 상황이나 조건을 개선하려는 문제 등 문제는 매우 다양하다(생각공장, 2014). 이렇게 문제 자체가 천차만별이기 때문에 문제해결방안 역시 다양할 수밖에 없다. 문제해결의 일반적 절차를 따르더라도 문제를 해결하는 최적의 방안은 매우 다양하게 나타난다. 문제의 성격과 원인에 따라 문제해결의 일반적 절차를 따르지 않고 나름의 절차와 방식으로 해결하는 사례도 발생한다. 문제 자체가 너무 다양해서 많은 시간과 에너지를 소모하고도 문제를 해결하지 못하는 경우가 발생하기도 한다.

따라서 문제의 성격과 원인에 따라 문제의 유형을 구분하는 것은 문제를 신속하고 정확하게 해결하는 데 도움을 준다. 문제의 유형을 구분함으로써 최소의 시간과 에너지를 투자하여 최적의 해결방안을 도출할 수 있기 때문이다. 예를 들어, 사실에 관한 문제는 직접 관찰이나 간접 증거를 통해 사실을 확인함으로써 해결될 수 있다. 그러나 언어에 관한 문제는 언어의 모호함에서 발생하기 때문에 문제를 일으키는 개념에 대한 분명한 정의를 통해 해결될 수 있다. 만약 사실에 관한 문제를 언어에 관한 문제로 착각하여 개념에만 매달린다면 문제해결은 요원해질 수 있다. 전략적으로 사고하여 문제를 해결하려면 무엇보다도 문제의 성격과 원인을 정확히 파악하는 것이 요구된다.

4. 비판적 사고

비판적 사고(critical thinking)는 어떤 주제나 주장을 객관적으로 분석하고 평가하는 것으로, 능동적이며 적극적 사고과정이다(Siegel, 1988). 비판적 사고의 주된 대상은 참이라고 주장되는 진술이나 명제로, 이러한 진술이나 명제의 의미를 파악하고 제공된 증거와 추론을 검증하고 사실에 관한 판단을 내리는 과정이 비판적 사고다. 즉, 편견 없이 합리적이고 논리적으로 정보를 분석하고 평가하는 사고과정이 비판적 사고다. 비판적 사고는 어떤 주장을 수용할지, 거부할지, 유보할지 등을 신중하게 결정한다. 그러므로 비판적 사고는 어떤 주장이 옳은지 그른지를 따지기 위해 정보를 이용하고 판단하는 능력을 요구한다. 이렇게 이성적 능력에 바탕을 두기 때문에 비판적 사고는 충동적이거나 즉흥적 사고와 거리가 멀다. 비판적 사고는 더 생각하고 더 따지면서 신중하게 판단하여 더욱더 합리적 결론을 도출하는 사고과정이다. 따라서 비판적 사고는 단순한 정보의 축적이 아니라 정보를 깊이 있고 광범위하게 이해하는 데 그 목적이 있다(김희정, 박은진, 2016). 어떤 주장을 무조건 비난하는 것이 아니라 주장에 포함된 언어나 사실, 가치 등의 진위를 상세히 파악하는 것이 비판적 사고의 목적이다.

1) 속성

비판적 사고는 어떤 주제나 주장을 객관적으로 분석하고 평가하여 결론을 도출하는 사고과정이기 때문에 필연적으로 분석적 속성과 평가적 속성을 갖는다. 분석적 속성은 전체를 부분으로 나누는 것으로(생각공장, 2014), 복잡한 정보를 여러 부분으로 나누어 단순화하는 것을 말한다. 이는 복잡하게 얽혀있는 정보를 단순화함으로써 각 부분을 명료하게 정의하고 정돈하는 데 도움을 준다. 평가적 속성은 가치에 관한 것으로, 정보가 좋은지 나쁜지를 판단하는 것을 말한다. 정보는 오류를 포함하는지, 객관적 증거에 근거하는지, 편견이 있는지 등에 따라 좋은 정보와 나쁜 정보로 구분된다. 따라서 좋은 정보를 획득하려면 비판적 사고의 평가적 속성에 따라 정보가 좋은지 나쁜지를 판단하는 것이 우선이다.

분석적 속성과 평가적 속성 때문에 비판적 사고는 현대사회에서 그 중요성이 점점 더 강조되고 있다. 매일매일 수많은 정보가 무분별하게 쏟아지는 현대사회에서 정보를 취사선택하고 활용하는 데 필수적인 비판적 사고가 더욱더 중요해지는 것이다(박만엽, 2011). 정보를 취사선택하지 않으면 거짓 정보의 홍수 속에 우왕좌왕하면서 갈피를 못 잡고 자신의 삶을 주체적으로 꾸려가기가 어려울 수 있다. 따라서 현대사회에서는 모든 정보를 있는 그대로 받아들이는 것이 아니라 무엇이 문제인지, 왜 그런 일이 발생하는지, 그럴 수밖에 없는 이유는 무엇인지, 어떻게 하면 바꿀 수 있는지 등을 고려하여 정보를 받아들이는 것이 필요하다. 현대사회는 어떤 주장에 대해 문제를 제기하고 질문을 던지며 문제해결방안을 모색하는 비판적 사고를 요구한다.

비판적으로 사고하는 사람은 문제해결을 위해 관련 정보를 효과적으로 찾고 이용할 수 있으며 이미 알고 있는 지식을 바탕으로 새로운 결론을 끌어낼 수 있다(생각공장, 2014). 한마디로 비판적으로 사고하는 사람은 정보를 객관적으로 분석하고 평가하여 결론을 도출함으로써 문제를 해결한다. 비판적인 사람은 문제가 발생하면 문제와 관련된 객관적 정보를 충분히 수집하여 인과관계를 정확히 밝히고 이를 근거로 새로운 결론을 도출하고 문제해결방안을 마련하여 문제를 해결한다. 여기에서 객관적 정보에 근거함은 논리적 사고를, 새로운 결론을 끌어냄은 창의적 사고를, 문제해결방안을 마련함은 전략적 사고를 의미한다. 그래서 비판적 사고는 논리적 사고와 창의적 사고, 전략적 사고를 모두 포함하는 사고인 것이다(유정식, 2011).

2) 요소

(1) 목적(purpose)

비판적 사고의 요소로 목적, 문제, 개념, 가정, 정보, 결론, 관점, 함축, 맥락 등의 아홉 가지가 제시된다(김영정, 2005). 비판적 사고의 첫 번째 구성요소는 목적이다. 비판적 사고에는 목적이 있다. 즉, 비판적으로 사고하는 목적이 있다. 어떤 목표를 달성하기 위해서 또는 어떤 욕구를 충족하기 위해서 비판적으로 사고하는 것이다(김영정, 2005). 만약 목적이 비현실적이거나 분명하지 않으면 비판적으로 사고하기 어렵다. 그래서 어떤 주장을 비판적으로 사고하려면 그 주장의 목적을 파악하는 것이 우선이다(김희정, 박은진, 2016). 왜 그런 주장을 내세우는지를 먼저 파악해야 그 주장에 대해 비판적으로 사고하는 것이 가능하다. 그런 주장을 내세우는 의도를 확실하게 이해할 때 주장하는 진술이나 명제의 의미를 정확히 파악하고 사실에 관한 판단을 객관적으로 내릴 수 있다.

가령 원자력발전소를 건립하자는 주장을 비판하려면 원자력발전소 건립을 주장하는 목적을 우선 파악해야 한다. 전력 공급을 위해서, 원자력발전소를 위한 용지를 매각하여 이익을 챙기기 위해서, 원자력발전소 건립을 통한 지역경제 활성화를 위해서 등의 목적이 있을 수 있다. 전력 공급이 목적이라면 수력이나 화력발전소 등으로 전력 공급이 충분하다는 증거를 제공함으로써 원자력발전소 건립을 비판할 수 있다. 용지 매각에 따른 이익이 목적이라면 그 이익금이 누구에게 돌아가고 어떻게 사용되는지를 따짐으로써 원자력발전소 건립을 비판할 수 있다. 이처럼 목적에 따라 비판의 내용이 달라지기 때문에 비판적으로 사고하려면 목적을 파악하는 것이 무엇보다 중요하다.

(2) 문제(question at issue)

비판적 사고의 두 번째 구성요소는 아직 해결되지 않은 채 남아있는 문제다. 사람들의 주변에는 해결되지 않은 채 남아있는 문제가 항시 있게 마련이다(김희정, 박은진, 2016). 문제는 완벽하게 해결된 것처럼 보여도 새로운 문제가 또 발생하므로 항상 문제는 남아있다. 그래서 분명하고 적절한 방식으로 문제를 정식화하는 것이 중요하다(김영정, 2005). 해결된 문제와 해결되지 않은 문제는 무엇인지, 어떤 문제를 우선으로 해결해야 하는지, 문제해결을 위한 요건은 무엇인지 등을 분명히 정리해야 한다. 그렇지 않으면 문제가 아닌 것을 비판하는 우를 범할 수 있다.

비판적 사고는 어떤 주제나 주장을 적극적으로 분석하고 평가하는 것이므로 비판적 사고를 하는 사람은 어떤 주제나 주장을 문제로 여기고 그것에 대해 질문하고 응답하면서 합리적으로 사고한다(박만엽, 2011). 개인적 문제를 비롯하여 법원 판결, 국회 입법, 정부 정책 등의 다양한 사회문제에 대해 옳은지 그른지를 따지고 판단하는 데 비판적 사고가 요구된다. 한 가지 문제가 해결되면 또 다른 문제가 발생하고, 이미 해결된 문제도 다시 검토하는 일이 생기기도 한다. 그러므로 무엇이 문제인지, 어떤 질문을 던져야 하는지, 질문이 비판적 사고의 목적에 부합하는지 등을 항시 점검하면서 비판적 사고를 하는 것이 필요하다.

(3) 개념(concept)

개념은 특정의 사물이나 사건으로부터 공통된 속성을 추상화한 것으로, 사실에 나타난 관계와 양상을 진술함으로써 사실에 의미를 부여하는 것을 말한다(김승희, 2023). 인간은 어떤 사물이나 사건에 대한 개념을 가지고 있어서 일관되게 생각하면서 자기 경험을 조직화할 수 있다. 다시 말해 개념 때문에 인간은 자기 경험을 분류하고 조직화하고 해석할 수 있다(김희정, 박은진, 2016). 스마트폰 중독이라는 개념으로 스마트폰에 대한 자기 경험이 중독인지 아닌지를 판단하는 것이 그 예다.

반대로 어떤 사물이나 사건에 대한 개념을 가지고 있지 않으면 뭐가 뭔지 알 수 없으므로 자기 생각을 전개하거나 발전시키는 것이 불가능하다. 어떤 문제가 발생할 때 머릿속에 개념이 없으면 무엇이 왜 문제인지를 정확히 알 수 없으므로 더는 생각하기 어려워지게 된다. 따라서 비판적으로 사고하려면 개념을 알고 있어야 한다. 가령 정부의 외교·안보 정책을 비판하려면 '외교', '안보', '정책' 등의 개념을 알고 있어야 한다. 즉, 모든 비판적 사고에는 개념이 사용된다.

더 나아가 기본 개념뿐만 아니라 현재 논의되는 주제나 분야의 개념을 정확히 알아야 비판적으로 사고할 수 있다. 현재 논의되는 주제가 일본군 위안부라면 '일본군', '위안부', '일제강점기', '인권유린' 등의 개념을 알아야 위안부 문제의 본질을 정확히 파악할 수 있다. 개념을 모르면 문제의 본질을 파악하지 못할뿐더러 자기 생각을 정리하지 못하여 다른 사람의 주장에 휩쓸려 버릴 수 있다. 그러므로 개념은 비판적 사고를 하는 데 필수적 구성요소다.

(4) 가정(assumption)

가정은 생각이 시작하는 지점으로(권재술, 손천택, 이성흠, 2012), 생각할 때 당연하다고 받아들이거나 전제하는 것이다. 모든 사고는 당연하다고 받아들이는 어떤 가정으로부터 출발한다. 인간은 항상 배경지식을 가지고 있으므로 가정 없이 시작하는 사고는 존재하지 않으며 가능하지도 않다(김희정, 박은진, 2016). 가정에 결함이 있으면 사고과정은 원만히 진행되기 어려우며, 옳은 결론이 도출되기도 어렵다(김영정, 2005). 그래서 말이나 글에서 가정을 지속해서 점검하고 확인하는 것은 중요하다.

가정은 명백하게 진술될 수도 있고, 불분명하게 진술될 수도 있으며, 명시적으로 제시되지 않을 수도 있다. 구체적으로 명백하게 진술된 가정은 **명시적 가정**, 불분명하게 진술된 가정은 **암묵적 가정**, 너무 자명해서 생략된 가정은 **생략된 가정** 등으로 구분된다. 어떤 가정이든 가정을 점검하고 확인하는 것은 중요한데, 왜냐하면 잘못된 가정에 의해 잘못된 결론이 도출될 수 있기 때문이다. 비판적 사고에서는 일관적이지 않거나 모순된 가정을 발견하면 즉시 포기하고 새로운 가정을 찾는 것이 필요하다(김희정, 박은진, 2016).

(5) 정보(information)

정보는 비판적으로 사고할 때 생각의 대상이 되는 자료다(김영정, 2005). **정보**는 어떤 주제나 주장과 연관된 것으로, 관찰이나 측정과 같은 경험을 통해 얻은 자료를 말한다. 비판적 사고에서 정보가 필수적인 이유는 정보가 없으면 어떤 주제나 주장을 객관적으로 판단할 수 없기 때문이다. 정보에 근거하지 않은 비판적 사고는 자신의 주관적 판단으로 결론을 내리기 때문에 설득력 없는 말이나 글이 되기 쉽다. 따라서 어떤 주제나 주장을 객관적으로 분석하고 평가하려면 충분한 정보에 근거하여 판단을 내리는 것이 중요하다.

비판적으로 사고하려면 정보 자체를 정보의 의미나 정보에 대한 해석 등과 구별해야 한다(김희정, 박은진, 2016). 즉, 정보를 정보 그 자체로서 이해하고 수용해야 한다. 정보의 의미나 정보에 대한 해석 등은 누군가에 의해 주어지는 것이어서 이미 다른 사람의 주관적 판단이 포함되기 때문이다. 따라서 비판적으로 사고하려면 정보 그 자체에 관심을 두어야 한다. 더불어 어떤 정보가 필요한지, 필요한 정보를 어디에서 어떻게 얻어야 하는지, 다양한 정보가 포함되어 있는지 등을 지속해서 생각하는 것이 요구된다.

(6) 결론(conclusion)

결론은 보통 논증에서 주장에 해당하는 문장을, 전제는 이유에 해당하는 문장을 말한다. 논증은 결론과 결론을 뒷받침하는 전제로 구성된다. 비판적으로 사고하려면 말이나 글에서 전제와 결론을 파악하는 것이 중요하다. 무엇이 주장이고 무엇이 주장에 대한 이유인지를 정확히 파악해야 어떤 주장을 제대로 분석하고 평가할 수 있기 때문이다. 전제와 결론을 파악해야만 주장이 아닌 것을 주장이라고 판단하면서 분석하고 평가하는 우를 범하지 않을 수 있다. 보통 '왜냐하면'과 같은 전제 지시어와 '그러므로'와 같은 결론 지시어로 전제와 결론을 파악할 수 있다.

그러나 말이나 글에서 전제와 결론을 파악하기는 쉽지 않은데, 왜냐하면 전제나 결론이 명시적으로 나타나지 않는 경우가 많기 때문이다. 예를 들어, '팥빙수를 먹었다. 날씨가 더웠다. 짜증이 났다.'에서 '날씨가 덥고 짜증이 나서 팥빙수를 먹었다.'라고 하면 '팥빙수를 먹었다.'가 결론이 된다. 하지만 '팥빙수를 먹었는데도 날씨가 더워서 짜증이 났다.'라고 하면 '짜증이 났다.'가 결론이 된다. 이처럼 전혀 다른 결론임에도 전제나 결론이 명시적으로 나타나지 않으면 결론을 파악하기가 어렵다. 따라서 비판적으로 사고하려면 전제와 결론을 파악한 후 결론을 분석하고 평가하는 것이 중요하다.

(7) 관점(point of view)

관점은 사물이나 현상을 바라보는 태도나 방향으로, 비판적으로 사고할 때는 어떤 관점에 서서 문제를 생각하게 된다. 문제는 관점에 따라 옳을 수도 있고 옳지 않을 수도 있어서 관점 없이 문제를 비판할 수 없기 때문이다. 사람들은 평소에 자기 관점을 잘 의식하지 못하지만, 일반적으로 자기 관점에 의존하여 어떤 문제를 생각한다(권재술 외, 2012). 특히 비판적으로 사고할 때는 자기 관점에서 어떤 주제나 주장을 분석하고 평가하기 때문에 자기 관점에 의존하지 않는 비판적 사고는 가능하지 않다(김희정, 박은진, 2016). 관점에 따라 목적이나 문제, 가정, 결론 등이 달라지므로 관점 없는 비판적 사고는 존재하지 않는다. 어디에도 편향되지 않은 공정하고 중립적 관점에서 비판적으로 사고하는 것은 불가능하다.

비판적으로 사고하려면 자기 관점뿐만 아니라 타인의 관점을 명확히 파악하는 것이 필요하다. 타인이 어떤 관점에서 문제를 바라보는지를 알아야 왜 그렇게 생각하는지를 이해할 수 있기 때문이다. 특히 의견 차이의 대부분은 관점의 차이에서 비롯되므로 이견을 좁히기 위해서는 서로의 관점을 파악하는 것이 필요하다. 자기 관점이 너무 편협하지 않은지, 상대방의 관점을 받아들이지 못하는 이유가 무엇인지, 상대방 관점의 문제점은 무엇인지 등을 파악함으로써 관점의 차이를 좁힐 수 있다. 비판적으로 사고하려면 자기 관점을 유지하는 것도 중요하지만, 상황에 따라 유연하게 상대방의 관점을 받아들이면서 자기 관점을 변화시키는 것도 중요하다.

(8) 함축(implication)

함축은 말이나 글에 명시적으로 드러나지 않으면서 담겨 있는 것으로, 사전적 의미를 넘어서서 상황에 따른 암묵적·내포적 의미를 부여하는 것을 말한다. 즉, 결론이 의미하는 바가 명시적으로 드러난 내용보다 더 많은 내용을 포함하는 것이 함축이다. 결론은 보통 결론과 연관된 여러 가지 상황과 조건을 고려하여 도출된다. 그러나 함축은 결론에서 끝나지 않는데, 왜냐하면 결론을 넘어선 정서적 암시나 상상, 이미지 등을 포함하기 때문이다. 특히 사고과정은 결론과 상관없이 계속 진행하므로 결론이 나더라도 계속 새로운 생각이 일어난다. 말이나 글이 결론에서 끝나더라도 사고과정은 멈추지 않고 꼬리에 꼬리를 물고 계속 이어지면서 결론에 새로운 의미가 부여된다. 이처럼 사고과정이 결론과 상관없이 계속 진행하면서 더 많은 생각으로 이어지기 때문에 함축이 비판적 사고의 구성요소가 된다.

함축이 암묵적이고 내포적 의미를 포함하는 것이지만, 그 의미의 명료성 여부를 따지는 것은 가능하다(김영정, 2005). 글쓴이가 의미를 명시적으로 표현하지 않아도 독자는 글의 내포적 의미를 파악할 수 있기 때문이다. 예를 들어, '소녀'라는 단어는 '여자'라는 단어보다 훨씬 더 연약하고 보호받아야 하며 순수하다는 내포적 의미를 담는다. 이런 내포적 의미는 분명해서 '소녀'의 의미가 명시적으로 표현되지 않아도 독자는 그 의미를 파악하고 글쓴이가 말하고자 하는 바를 이해할 수 있다. 따라서 함축은 독자가 내포적 의미를 파악할 수 있을 때 유의미하다. 이는 소위 행간을 읽는다고 하는 것으로, 함축은 주어진 상황과 배경지식을 고려하여 내포적 의미가 현실적으로 파악될 때 의미가 있다. 독자는 행간을 잘 읽어야 글쓴이가 말하고자 하는 진정한 의미를 온전히 이해할 수 있다.

(9) 맥락(context)

맥락은 일반적으로 의사소통이 일어나는 전후 사정을 일컫는 것으로(김승희, 2017b), 비판적 사고는 항상 어떤 맥락에서 이루어진다. 맥락과 상관없이 독자적으로 이루어지는 비판적 사고는 존재하지 않는다. 즉, 맥락은 비판적 사고가 이루어지는 배경이다. 의사소통에 누가 참여하는지, 의사소통이 이루어지는 시간과 장소는 어떠한지, 의사소통의 의도와 목적은 무엇인지 등을 파악해야 비판적 사고가 가능하다. 그러므로 어떤 주제나 주장에 대한 비판적 사고는 그것이 발생한 맥락을 파악하고 맥락에서 그것을 분석하고 평가하는 것을 가리킨다. 어떤 주장 그 자체만을 분석하고 평가하는 것이 아니라 그 주장을 하게 된 전후 사정을 고려하여 비판적으로 사고하는 것이다.

맥락을 정확히 파악하면서 비판적으로 사고하는 것은 일상생활에서 매우 중요한데, 왜냐하면 불필요한 오해나 선입견을 방지하고 합리적으로 문제를 해결할 수 있기 때문이다(김승희, 2017b). 가령 '예쁘다'라는 말은 원래 생긴 모양이 아름답다는 뜻이지만, 종종 상대방에 대한 시기와 질투를 나타낼 때 사용되기도 한다. 그래서 전자의 의미로 말해도 상대방은 후자의 의미로 받아들이면서 오해가 발생할 수 있다. 진짜 예뻐서 예쁘다고 말하는 것이 아니라 비아냥거리는 것으로 받아들이기 때문이다. 즉, 같은 말도 맥락에 따라 전혀 다른 의미로 해석될 수 있다. 따라서 비판적으로 사고하려면 어떤 주장이 발생한 맥락을 고려하는 것이 필요하다.

〈비판적 사고의 요소〉

3) 기준

비판적으로 사고하려면 요소뿐만 아니라 기준을 고려해야 한다. 비판적 사고의 요소는 무엇을 생각할 것이냐는 내용 측면이고, 비판적 사고의 기준은 어떻게 생각할 것이냐는 방법 측면이다. 비판적 사고의 기준은 평가 기준으로 작용하기 때문에 기준에 맞으면 생각을 잘한 것이지만, 기준에 맞지 않으면 생각을 잘못한 것이 된다. 비판적 사고의 기준으로 명료성, 정확성, 정밀성, 관련성, 중요성, 논리성, 충분성, 다각성, 심층성이 언급된다(권재술 외, 2012). 이는 비판적 사고인지 아닌지를 평가하는 기준으로, 비판적 사고를 하려면 아홉 가지 기준을 만족해야 함을 의미한다.

명료성(clarity)은 평가 기준 중에서 가장 기본적이고 기초적 기준이다. 이 기준을 만족하지 않으면 정확성이나 관련성 등의 다른 평가 기준을 적용할 수 없기 때문이다(김희정, 박은진, 2016). 진술이 명료하지 않으면 그 진술의 의미를 이해할 수 없을 뿐만 아니라 그 진술이 정확한지, 적절한지, 중요한지 등을 결정할 수 없다. 가령 '대한민국은 매우 문제가 많다.', '민주시민이 되려면 좋은 일을 많이 해야 한다.'라는 진술은 명료하지 않은데, 왜냐하면 무슨 문제인지, 좋은 일이 무엇인지 등을 명확히 제시하지 않기 때문이다. 따라서 비판적으로 사고하려면 다른 사람이 쉽게 이해할 수 있고 오해의 소지가 없도록 진술하는 것이 필요하다.

정확성(accuracy)은 어떤 사물이나 사건을 있는 그대로 나타내는 것을 의미한다(김영정, 2005). 사실대로 진술함으로써 거짓이 아닌 참을 보여주는 것이 정확성이다. 사실과 맞으면 정확한 것이고, 사실과 맞지 않으면 정확하지 않은 것이다. 그래서 '정확하다'를 '옳다'나 '사실이다'로 바꿀 수 있다(권재술 외, 2012). '개의 평균 수명은 25년이다.'라는 진술은 명료하지만, 사실이 아니므로 옳지 않다. 개는 대체로 15년 정도 사는데, 개의 평균 수명은 25년이라고 진술하기 때문에 참이 아니다. 그래서 정확성은 비판적 사고가 참인지 아닌지를 평가하는 기준이 된다.

정밀성(precision)은 어떤 진술의 의미를 이해하는 데 필요한 정보를 상세히 제공하고 있음을 의미한다. 정밀하다는 것은 의미 파악에 필요한 세부사항이나 구체적 정보를 충분히 제공하는 것을 말한다. '부유층은 세금을 많이 내야 한다.'라는 진술의 경우, 부유층이 어느 정도의 소득과 재산이 있는 계층이라는 세부사항을 포함하지 않으므로 정밀성이 떨어진다. 이 진술은 부유층의 기준에 따라 참일 수도 있고 거짓일 수도 있다. 즉, 정밀성이 담보되지 않으면 진술이 참인지 아닌지를 평가할 수 없다. 그러므로 세부사항의 제공 여부를 따지는 정밀성이 비판적 사고의 평가 기준이 된다.

관련성(relevance)은 어떤 사고(thinking)가 현재 논의되는 문제와 관련이 있다는 것으로, 논점에서 벗어나지 않음을 가리킨다(김영정, 2005). 명료하고 정확하고 정밀한 사고일지라도 논점에서 벗어나면 비판적 사고라고 할 수 없다. 비근한 예로 자신이 시험공부를 열심히 했기 때문에 지필고사 점수를 높여달라는 경우가 있다. 지필고사 점수는 시험공부에 투자한 시간이 아니라 정답을 얼마나 맞혔는지에 따라 결정된다. 시험공부를 열심히 했다는 증거를 아무리 많이 제시해도 시험공부를 열심히 한 것과 지필고사 점수는 관련이 없다. 이렇게 현재 논의되는 문제와 관련이 없는 것은 비판적 사고와 거리가 멀다. 즉, 비판적 사고를 하려면 논점에서 벗어나지 않아야 하므로 관련성은 비판적 사고의 평가 기준이 된다.

중요성(importance)은 가장 중요한 사항에 초점을 두고 어떤 주제나 주장을 분석하고 평가하는 것이다. 다시 말해 주제나 주장과 관련된 목적이나 개념, 정보 중에서 가장 중요한 것에 초점을 두고 비판적으로 사고하는 것이다. 문제와 연관된 개념이나 정보의 중요도는 모두 같지 않다. 그래서 가장 중요한 것을 중점적으로 사고하는 것이 필요하다. 그렇지 않으면 소소한 것에 매달려 정작 중요한 것을 놓칠 수 있다. 사고할 수 있는 시간과 에너지는 무한하지 않다. 유한한 시간과 에너지를 고려하면 더더욱 가장 중요한 것에 초점을 두고 비판적으로 사고하는 것이 필요하다.

논리성(logicalness)은 다양한 사고를 조리 있게 결합하여 전개하는 것으로, 결합한 사고들이 상호 지지하고 있는 상태를 말한다. 논리성은 결합한 사고들이 서로서로 뒷받침하면서 이치에 맞고, 모순적이지 않은 것이다. 다양한 사고가 결합하여 있으면서 유의미성이 확보되어 의미가 통하는 것이 논리성이다(김영정, 2005). 논리성이 떨어지는 것은 앞에서 한 말과 뒤에서 한 말이 다르거나 앞뒤 말이 모순되는 것으로 나타난다. 이렇게 일관적이지 않거나 모순적인 것은 비판적 사고와 거리가 멀다. 그래서 논리성 기준에 따라 비판적 사고를 평가하는 것이 필요하다.

충분성(sufficiency)은 비판적 사고의 목적에 맞게 문제와 관련된 사항을 철저히 고려하는 것이다. 문제에 대한 합리적 결론을 내리려면 문제와 연관된 모든 사항을 철저히 고려해야 한다. 그렇지 않으면 잘못된 결론을 성급하게 내릴 수 있다. 이런 이유로 충분성은 비판적 사고의 평가 기준이 된다. 정확성이나 관련성을 만족하더라도 충분성을 만족하지 않으면 비판적 사고라고 할 수 없는데, 왜냐하면 결론을 신뢰하기가 어렵기 때문이다. 비판적 사고는 목적에 맞게 문제와 관련된 사항을 철저히 고려하여 충분성 기준을 만족함으로써 합리적 결론을 도출하는 것이다.

다각성(breadth)은 여러 가지 관점에서 문제를 분석하고 평가하는 것으로, 폭넓게 사고하는 것을 말한다. 다각성은 자기 관점에서 벗어나 다른 사람의 관점에서 문제를 사고함으로써 합리적 결론을 도출하는 것이다. 다각성 기준을 만족하지 않으면 문제를 한쪽에서만 바라보기 때문에 편협하고 독선적 결론을 내릴 수 있다. 명료성과 정확성, 정밀성, 관련성 등의 기준을 만족하더라도 다각성 기준을 만족하지 않으면 비판적 사고라고 할 수 없다. 그러므로 자기 관점이 아무리 옳더라도 편견과 선입견이 있다는 점을 고려하여 여러모로 문제를 바라보면서 비판적으로 사고해야 한다.

심층성(depth)은 쟁점이나 문제를 피상적으로 다루지 않고 깊이 있게 사고하는 것이다(김영정, 2005). 문제를 수박 겉핥기식으로 다루지 않고 깊이 파고들어 문제의 본질을 파악하는 것이 심층성이다. 청소년 자살 문제를 다룬다면 청소년 자살을 유발하는 사회적·경제적·문화적 요인 등을 모두 파헤쳐 문제의 본질을 파악해야 한다. 특히 문제가 복잡할수록 심층성이 요구되는데, 왜냐하면 얽히고 설켜 있는 문제의 여러 가지 측면을 고려하여 깊이 있게 사고할 때 올바른 해결 방안을 도출할 수 있기 때문이다. 따라서 복잡하게 보이는 문제일수록 깊이 파고 들어 문제의 본질을 정확히 파악하는 것이 필요하다. 이런 이유로 비판적 사고는 심층성 기준을 만족해야 한다.

결론적으로 명료성, 정확성, 정밀성, 관련성, 중요성, 논리성, 충분성, 다각성, 심층성 등의 아홉 가지 기준에 따라 비판적 사고인지 아닌지가 평가된다. 아홉 가지의 평가 기준에 맞으면 비판적 사고지만, 아홉 가지의 평가 기준에 맞지 않으면 비판적 사고가 아니다. 언뜻 보기에 비판적 사고인 것 같아도 평가 기준을 만족하지 않으면 비판적 사고가 아니므로 평가 기준에 따라 비판적으로 사고해야 한다. 평가 기준을 적용하여 자신의 사고를 끊임없이 점검하는 과정이 없으면 스스로 자신이 비판적으로 사고한다고 착각할 수 있다. 이러한 착각이 고착하면 비판적으로 사고할 기회를 영원히 얻지 못할 수 있다. 따라서 비판적으로 사고하려면 평가 기준에 따라 자신의 사고에서 나타나는 문제점을 지속해서 파악하고 수정하는 것이 필요하다.

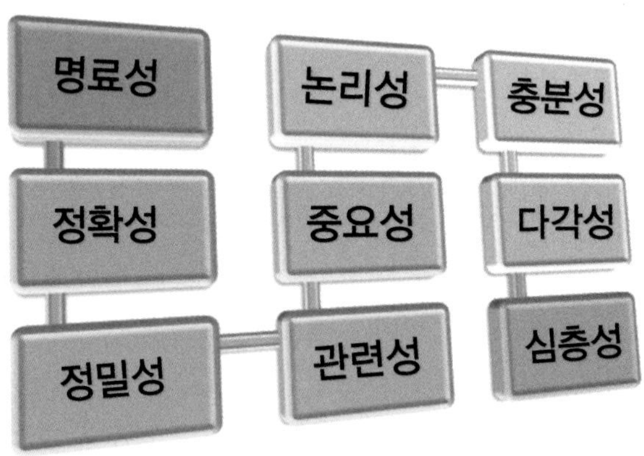

〈비판적 사고의 기준〉

3장 추론

추론(reasoning)은 어떤 판단을 근거로 다른 판단을 끌어내는 것으로, 이미 알려진 사실이나 명제를 바탕으로 판단이나 결론을 도출하는 행위 또는 과정이다. 추론은 서로 연관된 대상 사이의 관계를 발견하고 비교하는 것으로, 각각의 대상이 서로 어떻게 관계를 맺고 있는지를 밝혀내는 것을 말한다. 그래서 추론은 감각적으로 주어지는 것이 아니라 논리적으로 끌어내는 것이다. 탐정소설을 읽을 때 단순히 느낌만으로 범인을 찾아내기 어려운 것이 그 예다. 누가 범인인지를 찾아내려면 여러 가지 증거를 통해 범인과 주변 인물들과의 관계를 파악하면서 논리적으로 판단하는 것이 필요하다. 즉, 범인을 추론함으로써 범인을 찾아낼 수 있다. 그러므로 추론은 살아가면서 일상적으로 부딪히는 다양한 문제를 해결하는 데 필수적이다. 추론을 통해 문제가 발생한 앞뒤 상황을 고려하여 직접 드러나지 않은 사실을 밝혀냄으로써 문제를 합리적으로 해결할 수 있다. 더 나아가 추론은 원만한 사회생활을 유지하는 데도 필수적이다. 추론하지 못하면 말이나 글의 앞뒤 관계를 이해하지 못하고 멀뚱멀뚱하게 있음으로써 괜한 오해가 생길 수 있기 때문이다. 심지어 문장의 앞뒤 관계를 이해하지 못하여 웃어야 할 상황에서 웃지 못하는 경우가 발생하기도 한다(박우현, 2015).

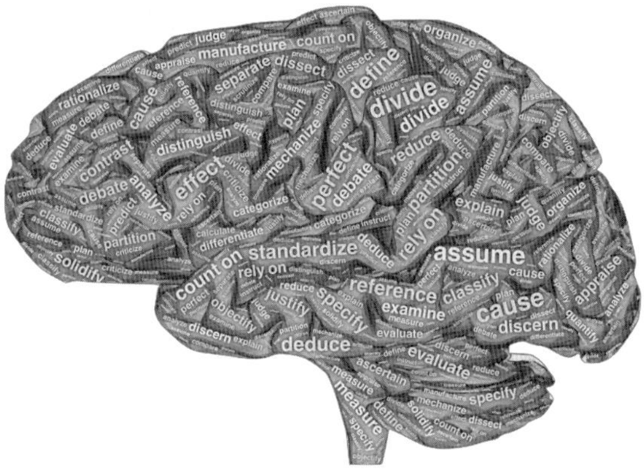

1. 연역 추론

추론은 전제(premise)와 결론(conclusion)의 관계로 구성된다. 추론에서 전제는 이미 알거나 믿고 있는 것이고, 결론은 그 전제로부터 도출되는 새로운 지식이나 믿음이다. 추론은 전제로부터 결론에 도달하는 일종의 심리적 과정으로, 전제에서 시작하여 결론으로 진행하는 사고과정이다. 그래서 추론은 전제로부터 결론이 필연적으로 도출되느냐 또는 개연적으로 도출되느냐에 따라 크게 연역 추론(deductive reasoning)과 귀납 추론(inductive reasoning)으로 구분된다. 연역 추론은 전제로부터 결론이 필연적으로 도출되는 추론방식으로, 수학처럼 합리성과 필연성을 강조하는 학문에서 이용된다. 가령 수학에서는 'A와 B가 같고, B와 C가 같으면 당연히 A와 C는 같다.'(A=B, B=C, A=C)라는 식이 성립한다. 'A와 B가 같다. B와 C가 같다.'라는 전제로부터 'A와 C는 같다.'라는 결론이 필연적으로 도출되는 것이다. 이렇게 필연적으로 도출된 결론이어서 연역 추론의 결론은 누구도 부정하거나 거부할 수 없다는 점이 특징이다. 또 연역 추론은 전제에 없는 내용이 결론에서 새롭게 만들어지지 않는다는 점이 특징이다. 이미 전제 속에 포함된 내용만 논리적으로 도출되기 때문에 새로운 지식으로 확장하지 못하는 것이다.

1) 개념

(1) 추론방식

연역 추론(deductive reasoning)은 가장 널리 알려진 추론방식으로, 이미 입증된 전제로부터 새로운 결론을 필연적으로 도출하는 것이다. 연역 추론은 이미 알고 있는 명제를 전제로 새로운 명제인 결론을 필연적으로 끌어내는 추론방식이다(Sternberg, 2011). **연역**(deduction)은 보통 일반적 사실이나 원리로부터 특수한 사실이나 원리를 끌어내는 것으로 정의된다. 이러한 연역의 정의를 연역 추론에 바로 적용하기는 어려운데, 왜냐하면 전제와 결론이 모두 특수한 사실에 관한 명제로만 구성될 수 있기 때문이다(조성민, 2011). 예를 들어, '모든 사람은 죽는다. 소크라테스는 사람이다. 따라서 소크라테스는 죽는다.'라는 연역 추론에서 '소크라테스는 사람이다.'라는 특수한 전제고, '소크라테스는 죽는다.'라는 특수한 결론이다. 그래서 연역 추론은 일반적 사실로부터 특수한 사실을 끌어내는 것이 아니라 이미 알고 있는 전제로부터 새로운 결론을 필연적으로 도출하는 추론방식으로 정의된다.

이처럼 결론이 전제로부터 필연적으로 도출되기 때문에(조성민, 2011) 연역 추론은 전제와 결론의 구체적 내용이 아니라 엄격한 논리적 규칙에 따라 추론하는 방식이다. 결론이 전제로부터 필연적으로 도출되므로 연역 추론에서 전제는 결론을 뒷받침하는 결정적 근거가 된다. 전제가 참이면 전제 때문에 뒷받침되는 결론 역시 반드시 참이 된다. 이렇게 전제가 참이면 결론도 반드시 참이 되는 것을 타당하다고 말한다. 그래서 연역 추론에서는 결론이 전제로부터 필연적으로 도출되느냐 마느냐가 논의된다. 필연성이 담보되면 타당한 추론이고, 그렇지 않으면 부당한 추론이 된다. 연역 추론은 타당한 추론과 부당한 추론의 두 가지만 있을 뿐이다.

전제와 결론의 필연성은 연역 추론의 장점이면서 동시에 단점이다(박우현, 2015). 연역 추론은 전제 속에 결론의 내용이 이미 포함되어 있어서 전제에 없는 내용이 새롭게 만들어지지 않는다. 새로운 지식으로 확장되지 않은 채 이미 전제

속에 포함된 정보가 명확하고 논리적으로 도출될 뿐이다. 그러므로 연역 추론은 새로운 지식을 창조하지 못한다는 단점이 제기된다. 이러한 단점에도 불구하고 연역 추론은 논리적 일관성과 체계성을 지니기 때문에 일상생활에서 널리 이용된다. 특히 어떤 행위가 옳은지 그른지를 따지는 윤리적 판단은 대부분 연역 추론에 따라 이루어진다. 규범을 전제로 행위의 옳고 그름이 필연적으로 판별되기 때문이다.

(2) 적용

연역 추론은 수학처럼 합리성과 필연성을 강조하는 학문에서 이용된다. 수학은 물건을 헤아리거나 측정하기 위해 오래전부터 발달한 학문으로, 연역 추론을 통해 수학적 명제의 진위를 가리는 데 중점을 둔다. 수학은 공리(axiom)라는 명제로부터 결론을 끌어내는 학문으로, 본질적인 것만을 파악하여 기호로 표현한다. 공리는 증명이 필요하지 않은 명제로, 조건 없이 전제된 명제로서 이론의 기초가 된다. 대표적 예로 유클리드 기하학에는 '한 평면 위의 한 직선이 그 평면 위의 다른 두 직선과 만날 때 같은 쪽에 있는 내각의 합이 180°보다 작으면 이 두 직선의 연장선은 합해서 180°보다 작은 각이 있는 쪽에서 만난다.'라는 공리가 있다. 이 공리로부터 피타고라스의 정리와 같은 명제가 필연적으로 도출되는 등 연역 추론을 통해 수많은 기하학적 명제가 증명된다.

수학에서 연역 추론은 수학적 명제의 진위를 가리기 위해 사용된다. 예를 들어, 누구의 땅이 가장 넓은지, 누가 가장 많은 양의 쌀을 수확하는지, 투자한 시간에 비교해 가장 효율적으로 일한 사람은 누구인지 등을 판단할 때 연역 추론이 사용된다. 땅의 모양이 사각형인 경우, 땅의 넓이는 가로 곱하기 세로의 값으로 구할 수 있다. 누구의 땅이 가장 넓은지를 알기 위해서는 '가로 곱하기 세로의 값이 가장 큰 사각형이 가장 넓다.'라는 전제로부터 출발한다. 각 땅의 가로 곱하기 세로의 값을 구하고 그 값을 비교한 후, 그 값이 가장 큰 땅이 가장 넓다는 결론에 도달하게 된다. 여기서 중요한 것은 결론이 도출되는 과정이 필연적이라는 것이다. 즉, 전제가 참이면 결론은 참일 수밖에 없다.

그러므로 연역 추론은 누구도 부정하거나 거부할 수 없는 결론을 끌어낸다는 점이 특징이다(박우현, 2015). 또 어떤 결론이건 거기에는 필연적 전제가 반드시 있다는 점이 연역 추론의 특징이다. 그렇게 될 수밖에 없는 전제로부터 도출된 결론이므로 연역 추론을 통해 도출된 결론은 부정하거나 거부할 수 없다. 이처럼 연역 추론에서는 결론이 전제로부터 필연적으로 도출되느냐 마느냐에 따라 타당한지 부당한지가 결정되므로 전제와 결론이 실제로 참인지 거짓인지는 타당성을 논의할 때 고려되지 않는다(생각공장, 2014). 전제가 거짓이고 결론이 거짓이어도 전제로부터 필연적으로 도출된 결론이라면 타당한 추론이다. 하지만 거짓인 결론은 받아들이기 어려우므로 참인 전제로부터 참인 결론이 도출되어야 한다.

2) 사례

연역 추론의 타당성은 내용이 아니라 형식에 의해 결정된다. 즉, 추론의 형식만을 고려하여 타당성 여부를 따진다. 타당한 추론의 기본 형식은 다음과 같다.

- A는 B다. (모든 사람은 죽는다.)
- C는 A다. (소크라테스는 사람이다.)
- C는 B다. (소크라테스는 죽는다.)

이 기본 형식은 두 개의 전제와 한 개의 결론으로 구성된다. 두 개의 전제는 다시 대전제(major premise)와 소전제(minor premise)로 구분된다. **대전제**는 대개념(major term)을 포함한 전제이고, **소전제**는 소개념(minor term)을 포함한 전제다(김희정, 박은진, 2016). 대개념과 소개념은 결론과 관계가 있으며, 결론의 주어 개념은 **소개념**, 결론의 술어 개념은 **대개념**이 된다. 두 전제 모두에 포함되지만, 결론에 포함되지 않으면서 두 전제를 연결하는 개념은 **매개념**(middle term)이라고 한다. 위 사례에서 소크라테스는 소개념, 죽는다는 대개념, 사람은 매개념에 해당한다.

연역 추론의 기본 형식은 '대전제 → 소전제 → 결론'의 형식으로 나타나며, 이 형식에 맞는 추론은 모두 타당하다. 추론의 형식만을 고려하여 추론의 타당성 여부를 따지기 때문이다. 이 형식에서 전제가 참이면 결론은 반드시 참이 된다. 그러나 전제와 결론이 참이어도 형식이 타당하지 않으면 타당한 추론이 되지 않는다.

- 모든 학생은 사람이다. (A는 B다.)
- 모든 대학생은 사람이다. (C는 B다.)
- 따라서 모든 대학생은 학생이다. (C는 A다.)

이 사례는 전제와 결론이 모두 참이지만, 형식이 타당하지 않기 때문에 타당한 추론이 되지 않는다. 이 사례가 타당한 추론이 되려면 다음과 같이 바뀌어야 한다.

- 모든 학생은 사람이다. (A는 B다.)
- 모든 대학생은 학생이다. (C는 A다.)
- 따라서 모든 대학생은 사람이다. (C는 B다.)

그러나 연역 추론의 타당성 여부를 판단하기는 쉽지 않은데, 왜냐하면 연역 추론이 일상생활에서 매우 다양하게 나타나기 때문이다. 즉, 연역 추론은 항상 기본 형식으로 나타나지 않는다. 따라서 연역 추론의 타당성 여부를 판단하려면 기본 형식으로 바꾸는 것이 필요하다(조성민, 2011). '모든 생물은 어차피 죽을 것이다. 사람도 생물이므로 언젠가는 죽을 것이다.'라는 연역 추론의 타당성 여부를 판단하려면 다음과 같이 기본 형식으로 바꾸는 것이 필요하다.

- 모든 생물은 죽을 수밖에 없다. (A는 B다.)
- 모든 사람은 생물이다. (C는 A다.)
- 모든 사람은 죽을 수밖에 없다. (C는 B다.)

연역 추론의 타당한 형식은 수십 개가 있지만, 이를 모두 외워서 사용하는 것은 어려우므로 몇 가지 타당한 형식을 알고 사용하는 것이 필요하다. 자주 사용되는 연역 추론의 타당한 형식은 다음과 같다.

〈연역 추론의 타당한 형식〉

<table>
<tr><td>① 모든 A는 B다.
모든 C는 A다.
모든 C는 B다.
● 모든 사람은 동물이다.
● 모든 학생은 사람이다.
● 모든 학생은 동물이다.</td><td>② 모든 A는 B다.
어떤 C는 A다.
어떤 C는 B다.
● 모든 은수저는 금속이다.
● 어떤 수저는 은수저다.
● 어떤 수저는 금속이다.</td></tr>
<tr><td>③ 모든 A는 B가 아니다.
모든 C는 A다.
모든 C는 B가 아니다.
● 모든 패스트푸드는 건강식품이 아니다.
● 모든 라면은 패스트푸드다.
● 모든 라면은 건강식품이 아니다.</td><td>④ 모든 A는 B가 아니다.
어떤 C는 A다.
어떤 C는 B가 아니다.
● 모든 드라마가 교육적인 것은 아니다.
● 어떤 텔레비전 프로그램은 드라마다.
● 어떤 텔레비전 프로그램은 교육적이지 않다</td></tr>
<tr><td>⑤ 모든 B는 A다.
모든 C는 A가 아니다.
모든 C는 B가 아니다.
● 모든 조류는 알을 낳는다.
● 모든 포유류는 알을 낳지 않는다.
● 모든 포유류는 조류가 아니다.</td><td>⑥ 모든 B는 A다.
어떤 C는 A가 아니다.
어떤 C는 B가 아니다.
● 모든 술은 알코올을 포함한다.
● 어떤 음료는 알코올을 포함하지 않는다.
● 어떤 음료는 술이 아니다.</td></tr>
<tr><td>⑦ 모든 B는 A가 아니다.
모든 C는 A다.
모든 C는 B가 아니다.
● 모든 육체노동자는 정신노동자가 아니다.
● 모든 작가는 정신노동자다.
● 모든 작가는 육체노동자가 아니다.</td><td>⑧ 모든 B는 A가 아니다.
어떤 C는 A다.
어떤 C는 B가 아니다.
● 모든 식물은 약이 아니다.
● 어떤 음식은 약이다.
● 어떤 음식은 식물이 아니다.</td></tr>
</table>

출처: 조성민 (2011). 논리와 토론 · 논술. 경기: 교육과학사.

2. 귀납 추론

연역 추론은 전제로부터 결론이 필연적으로 도출되기 때문에 전제에 없는 내용이 새롭게 만들어지지 않는 추론방식이다. 이런 이유로 연역 추론은 새로운 지식을 창조하지 못한다는 단점이 제기된다. 특히 시시각각 변화하는 자연현상을 설명하는 데 연역 추론은 적절하지 않다. 자연현상은 원인과 결과 사이에 필연적 관계가 성립하지 않기 때문이다. 자연현상은 어떤 원인에서 반드시 어떤 결과가 도출되는 것이 아니라 전혀 예상 밖의 결과가 빈번하게 나타나는 것이다. 기상현상이 가장 대표적인데, 예컨대 구름의 이동속도와 바람의 방향을 보면 당연히 1시간 후에 비가 와야 함에도 오지 않는 경우가 있다. 바람의 방향이 갑자기 바뀌거나 구름이 예상대로 이동하지 않는 등 여러 가지 변수가 생기면서 전혀 다른 결과가 도출되기 때문이다. 그래서 일기예보가 맞지 않는 경우가 흔하게 발생한다. 이렇듯 자연현상은 어떤 원인에 의해 필연적으로 어떤 결과가 도출되지 않기 때문에 연역 추론으로 설명되기 어렵다. 따라서 전제로부터 개연적으로 결론을 도출하는 귀납 추론이 자연현상을 설명할 때 이용된다. 귀납 추론은 자연과학 분야의 연구에 크게 이바지하는데, 왜냐하면 개연성을 높이기 위해 여러 번의 실험을 거쳐 결론을 끌어내기 때문이다.

1) 개념

(1) 추론방식

귀납 추론(inductive reasoning)은 연역 추론과 반대되는 개념으로, 전제로부터 결론이 개연적 또는 확률적으로 도출되는 추론방식이다. 귀납 추론은 고대 그리스의 철학자 아리스토텔레스(Aristoteles)가 처음으로 체계화한 이후, 근대에 이르러 베이컨(Francis Bacon)에 의해 과학적 방법으로 확립하게 된 추론방식이다(김희정, 박은진, 2016). **귀납**(induction)은 개개의 특수한 사실이나 현상으로부터 일반적 결론을 끌어내는 것으로 정의된다. 귀납은 관찰을 통해 획득한 낱낱의 구체적 사실이나 현상에 대한 인식을 일반적 인식으로 끌어가는 것으로, 인간의 다양한 경험이나 실천, 실험 등을 통해 도출된 결과를 일반화하는 사고방식이다. 귀납은 이미 알고 있는 비교적 소수의 사례로부터 일반적 결론을 도출하는 데 그 의의가 있다. 즉, 몇 개의 사례로부터 원인과 결과를 파악하고 사례 간 인과관계를 확정하는 데 귀납의 의의가 있다.

이러한 귀납의 정의를 귀납 추론에 바로 적용하기는 어려운데, 왜냐하면 전제와 결론이 모두 일반적 명제로 구성될 수 있기 때문이다(조성민, 2011). '모든 돼지는 포유류고 젖을 먹여 새끼를 기른다. 모든 염소는 포유류고 젖을 먹여 새끼를 기른다. 모든 고래는 포유류고 젖을 먹여 새끼를 기른다. 따라서 모든 포유류는 젖을 먹여 새끼를 기른다.'라는 귀납 추론이 그 예다. 더군다나 귀납 추론의 전제와 결론 모두 특수한 사실에 관한 명제로만 구성될 수도 있다. '독재자인 히틀러는 많은 사람을 죽였다. 독재자인 스탈린은 많은 사람을 죽였다. 독재자인 무솔리니는 많은 사람을 죽였다. 따라서 독재자인 프랑코도 많은 사람을 죽였을 것이다.'라는 귀납 추론이 그 예다. 이 추론은 전제에 있는 히틀러, 스탈린, 무솔리니로부터 결론에 있는 프랑코까지 모두 특수한 사실에 관한 명제로만 구성되어 있다. 따라서 귀납 추론은 구체적 사례로부터 일반적 결론을 도출하는 것이 아니라 전제로부터 결론이 개연적 또는 확률적으로 도출되는 추론방식이다.

연역 추론이냐 귀납 추론이냐는 전제로부터 결론이 필연적으로 도출되느냐, 개연적 또는 확률적으로 도출되느냐에 의해 결정된다. 연역 추론에서 결론은 전제로부터 필연적으로 도출되기 때문에 전제가 결론을 뒷받침하는 결정적 근거가 된다. 하지만 귀납 추론에서 결론은 전제로부터 개연적 또는 확률적으로 도출되기 때문에 전제가 결론을 결정적으로 뒷받침하지 못한다. 단지 전제가 점점 더 많아질수록 결론이 참일 확률이 높아질 뿐이다. 이렇게 전제가 추가될수록 결론이 참일 확률이 높아지기 때문에 귀납 추론은 '더 좋은 추론', '더 나쁜 추론' 등으로 구분된다(조성민, 2011). 반면에 연역 추론은 결론이 전제로부터 필연적으로 도출되느냐 마느냐에 따라 '타당한 추론'과 '부당한 추론'으로 구분된다. 그러므로 일반적 전제로부터 특수한 결론을 끌어내는 추론은 연역 추론이고, 특수한 전제로부터 일반적 결론을 끌어내는 추론은 귀납 추론이라는 주장은 폐기되어야 한다.

(2) 적용

귀납 추론에서 좋은 추론과 나쁜 추론은 개연성의 정도에 의해 결정된다. 개연성이 높으면 좋은 추론이 되고, 개연성이 낮으면 나쁜 추론이 된다(생각공장, 2014). **개연성**(probability)은 사건이 현실화할 가능성으로, 절대적으로 확실하지 않으나 아마도 그럴 것으로 생각하는 성질을 말한다. 개연성은 어떤 사건이 실제로 일어난다는 충분한 근거는 없으나 생길 가능성이 있음을 가리킨다. 개연성은 소설처럼 허구(fiction)를 다루는 문학 양식에서 문제시된다. 소설은 허구의 산물이므로 허구를 독자가 사실로 받아들일 수 있을 만큼 설득력이 있어야 한다. 소설은 허구를 그럴듯하게 만들어 개연성을 높임으로써 독자가 허구를 사실로 받아들이게 한다. 소설 속 사건의 인과관계가 사실처럼 보일수록 독자는 소설에 대한 신뢰감을 가지게 된다. 따라서 설득력 있는 소설이 되려면 소설의 개연성을 높이는 것이 필요하다. 마찬가지로 좋은 귀납 추론이 되려면 개연성이 높아야 한다.

귀납 추론의 개연성을 높이려면 가능한 한 많은 전제를 찾고 그로부터 결론을 도출해야 한다. 전제가 많을수록 결론이 참일 확률이 높아지기 때문이다. 많은 전제로부터 결론을 도출함으로써 얻을 수 있는 또 다른 이점은 지식의 폭이 넓어진다는 것이다(박우현, 2015). 많은 전제를 찾기 위해 여러 번의 실험이나 관찰을 시행하므로 지식이 확장하게 된다. 귀납 추론을 통한 지식의 확장은 특히 자연과학 분야의 연구에서 두드러진다. 자연과학 분야의 연구는 보통 수백, 수천, 많게는 수만 번의 실험을 통해 결론을 끌어내므로 귀납 추론을 통한 지식의 확장이 이루어진다. 어떤 물질의 끓는점을 알고 싶다면 과학자는 같은 조건에서 반복적으로 같은 결과가 나타날 때까지 여러 번의 실험을 한다. 다른 과학자의 거듭된 실험을 통해서도 같은 결과가 확인되면 그 결과는 진리로 확정된다(생각공장, 2014). 이런 식으로 자연과학의 법칙 대부분이 귀납 추론으로 밝혀지기 때문에 귀납 추론은 자연과학의 발전뿐만 아니라 지식의 확장에 크게 이바지하는 추론 방식이다(박우현, 2015).

귀납 추론의 개연성이 높다는 것은 검증 가능성(verifiability)이 크고 반증 가능성(falsifiability)이 작음을 의미한다(생각공장, 2014). 검증 가능성은 경험적으로 어떤 명제나 가설이 참임을 입증할 가능성이고, 반증 가능성은 경험적으로 어떤 명제나 가설이 거짓임을 입증할 가능성이다. 귀납 추론은 결론을 입증할 증거와 함께 결론에 반하는 증거가 나올 가능성을 고려해야 한다. 귀납 추론에 의한 결론은 단 한 번의 예외로 인해 거짓으로 판명될 수 있기 때문이다(박우현, 2015). 귀납 추론에서는 전제가 모두 참이어도 결론이 필연적으로 참이 되지 않으므로 귀납 추론의 결론에는 항상 위험이 내포된다. 어떤 과학적 명제나 가설도 절대적 진리나 참이 보장되지 않는 것이다. 이런 귀납 추론의 단점 때문에 귀납 추론에서는 검증 가능성과 반증 가능성이 모두 고려되어야 한다. 만약 어떤 명제가 검증 가능성만 있고 반증 가능성이 없다면 그 명제는 과학적 가설이 될 수 없다. 이렇듯 귀납 추론은 반증 가능성을 고려하기 때문에 개연성의 정도로만 표현된다. 좋은 귀납 추론은 개연성이 높은 것으로, 결론의 검증 가능성이 크고 반증 가능성이 작음을 가리킨다.

2) 사례

귀납 추론의 기본 형식은 '전제 1 + 전제 2 + 전제 3 → 결론'으로 나타난다. 그래서 귀납 추론의 결론은 전제의 질과 양에 따라 강한 결론이 될 수도 있고 약한 결론이 될 수도 있다. 전제에 여러 가지 종류의 통계자료가 다량으로 포함되면 강한 결론이 도출될 수 있다. 전제에 관찰내용이 포함되면 관찰 횟수가 많을수록, 전제에 인과관계가 있는 사건이 포함되면 사건의 발생 빈도가 높을수록 강한 결론이 도출될 수 있다(생각공장, 2014). '전제 1 + 전제 2 + 전제 3 → 결론'의 기본 형식에 전제 4, 전제 5, 전제 6이 더 포함되면 더 강한 결론이 도출된다.

- 철수는 아스피린을 먹고 편두통이 사라졌다. (전제 1)
- 영희는 아스피린을 먹고 편두통이 사라졌다. (전제 2)
- 동주는 아스피린을 먹고 편두통이 사라졌다. (전제 3)
- 따라서 나래도 아스피린을 먹으면 편두통이 사라질 것이다. (결론)

이 사례에 전제 4(희재는 아스피린을 먹고 편두통이 사라졌다.), 전제 5(슬지는 아스피린을 먹고 편두통이 사라졌다.), 전제 6(민우는 아스피린을 먹고 편두통이 사라졌다.) 등이 더 포함되면 더 강한 결론이 도출될 수 있다.

위 사례와 같이 전제를 추가하는 것 외에도 결론의 검증 가능성을 제시하는 전제를 보충함으로써 결론을 강화할 수 있다.

- 민재는 여름 방학 동안 호주에 어학연수를 다녀왔다고 말했다. (전제 1)
- 민재는 자신이 호주에서 찍은 사진을 보여주었다. (전제 2)
- 따라서 민재가 여름 방학 중에 어학연수를 다녀온 것은 확실하다. (결론)

이 사례는 결론이 참이라고 주장하기에 부족하다. 호주에 가지 않고도 사진을 합성하거나 조작하여 호주에서 찍었다고 할 수 있기 때문이다. 호주에서 찍은 사진은 호주에 어학연수를 다녀왔다는 증거가 되지 않는 것이다. 이 사례는 다음과 같이 전제를 보충함으로써 결론을 강화할 수 있다.

- 민재는 여름 방학 동안 호주에 어학연수를 다녀왔다고 말했다. (전제 1)
- 민재는 자신이 호주에서 찍은 사진을 보여주었다. (전제 2)
- 민재는 호주 어학원으로부터 받은 수료증을 자랑하였다. (전제 3)
- 따라서 민재가 여름 방학 중에 어학연수를 다녀온 것은 확실하다. (결론)

반대로 결론의 반증 가능성을 제시하는 전제가 보충됨으로써 귀납 추론의 결론이 약화할 수 있다(생각공장, 2014).

- 민재는 자신이 다닌 호주 어학원의 이름을 기억하지 못했다.
- 민재가 호주에서 찍은 사진에 외국인이 보이지 않았다.
- 민재가 보여준 호주 어학원의 수료증에 어학원의 직인이 찍혀있지 않았다.

이런 전제는 민재가 호주에 어학연수를 다녀왔다는 사실을 의심하게 만든다. 따라서 '민재가 여름 방학 중에 어학연수를 다녀온 것은 확실하다.'라는 결론이 약화하면서 귀납 추론의 개연성이 낮아지게 된다. 그러므로 귀납 추론은 어떤 전제가 추가되느냐에 따라 강한 결론이 도출될 수도 있고 약한 결론이 도출될 수도 있다(김희정, 박은진, 2016). 연역 추론의 타당성은 추론의 형식에 따라 '타당한' 추론과 '부당한' 추론으로 구분되지만, 귀납 추론에서는 추론의 형식과 상관없이 결론에 따라 '강한'과 '약한'으로 구분된다. 이렇듯 추론의 형식이 같더라도 강한 결론과 약한 결론으로 구분되는 등 귀납 추론에서는 추론의 형식이 추론의 강도를 결정하는 데 아무런 영향을 미치지 못한다.

결론적으로 강한 결론이 포함되는 귀납 추론이 되려면 결론을 강화하는 전제를 보충하는 것이 요구된다. 다시 말해 결론을 강화하는 전제를 보충함으로써 귀납 추론의 설득력을 높이는 것이 필요하다(김희정, 박은진, 2016). 설득력 있는 귀납 추론이 되려면 거짓 전제나 결론과 무관한 전제, 반증 가능성을 제시하는 전제 등이 포함되지 않아야 한다. 참인 전제가 많을수록, 전제와 결론의 관련성이 클수록, 전제의 종류가 다양할수록 강한 결론이 도출되어 설득력 있는 귀납 추론이 된다(생각공장, 2014). 귀납 추론은 관찰된 것을 바탕으로 아직 관찰되지 않은 것을 끌어내는 추론방식이므로 설득력 없는 귀납 추론은 그 결론을 상대방이 수용하지 않을 가능성이 크다는 것을 의미한다. 따라서 상대방에게 신뢰감을 줌으로써 상대방이 수용할 수 있는 귀납 추론이 되려면 참이면서 동시에 결론과의 관련성이 큰 전제를 충분히 포함하는 것이 필요하다.

3. 유비 추론

'시간은 돈이다.'라는 말은 시간이 돈만큼 소중하므로 아껴서 사용해야 함을 의미한다. 즉, 돈을 아껴서 꼭 써야 할 곳에만 쓰듯이 시간도 아껴서 반드시 써야 할 곳에만 써야 함을 강조하는 말이다. 이처럼 자기주장을 강조하고 싶을 때 사람들은 흔히 자기주장을 다른 것과 비교하는 경우가 많다. 만약 학교에 책을 안 가지고 온 학생이 있다면 교사는 전쟁터에 총을 들고 가지 않은 군인과 같다며 나무랄 수 있다. 이는 전쟁터에서 총이 없으면 목숨을 지키기 어렵듯이 학교에서 책이 없으면 공부하기가 어렵다는 것을 가리킨다. 군인과 학생, 책과 총, 학교와 전쟁터를 비교함으로써 학교에서 책은 전쟁터의 총만큼 중요함을 강조하는 것이다(박우현, 2015). 이렇게 비교를 이용하는 것은 직접 나무라는 것보다 더 효과적인데, 왜냐하면 공부를 목숨과 비교함으로써 책의 중요성을 더욱더 강조하기 때문이다. 비교를 이용하면 자기주장을 더욱더 분명하게 표현할 수 있어서 상대방을 설득하는 데 매우 효과적이다. 자신이 주장하는 바를 이미 알고 있는 다른 것과 비교함으로써 자기주장을 설득력 있게 제시할 수 있기 때문이다. 그래서 비교에 근거한 유비(analogy)를 통해 자기주장을 설득력 있게 제시하는 유비 추론이 일상적으로 이용되고 있다.

1) 개념

(1) 추론방식

유비는 서로 다른 대상 사이에 존재하는 유사성(similarity)을 일컫는 것으로, 서로 다른 대상의 비교에 근거한다. 유비는 어떤 두 개의 대상을 이루고 있는 각 부분의 관계가 대응하는 것으로, 대응하는 부분에서 나타나는 유사성을 말한다(박동호, 2005). 이러한 유사성에 기초한 추론방식이 유비 추론(analogical reasoning)이다. 유비 추론은 유비를 이용한 추론으로, 서로 다른 대상의 비교를 통해 나타나는 유사한 특성에 기초한 추론방식이다. 즉, 유비 추론은 어떤 대상의 속성이나 관계, 구조, 기능 등이 다른 대상과 유사할 때 대상의 다른 구성요소 역시 유사할 것이라고 추론하는 것이다. 가령 '지구에는 생명체가 있다. 화성은 여러 가지 점에서 지구와 매우 비슷하다. 따라서 화성에도 생명체가 있을 것이다.'라는 추론이 유비 추론에 해당한다. 유비 추론은 유비를 통해 자신의 주장을 설득력 있게 제시하는 것이다(박우현, 2015).

유비 추론은 보통 특수한 경우의 전제로부터 특수한 경우의 결론을 추론하는 식으로 나타난다(김희정, 박은진, 2016). 단지 유사한 특성을 비교하는 것이 아니라 유사한 특성에 기초하여 추론하는 것이 유비 추론이다. 유비 추론은 일반적으로 'X는 a, b, c, d의 성질을 가지고 있다. Y는 a, b, c의 성질을 가지고 있다. 따라서 Y도 d의 성질을 가지고 있을 것이다.'라는 형태를 띤다. 이러한 유비 추론은 일상생활에서 많이 사용된다. 어떤 상품을 구매할 때 이미 그 상품을 사용해 본 사람들의 평가를 살펴보거나 어떤 강의를 신청할 때 이전 학기에 수강한 사람들의 판단을 고려하는 것이 그 예다. 이를테면, 학점이나 과제 등에서 이전 학기 수업의 내용과 수준이 이러이러했으므로 이번 학기 수업의 내용과 수준도 이러이러할 것이라고 추론하는 식이다. 유비 추론은 일상생활뿐만 아니라 예술작품의 표현이나 자연과학 분야의 연구에서 많이 사용된다.

(2) 적용

유비 추론은 자연과학 분야에서 중요한 역할을 담당하는데, 왜냐하면 복잡하고 어려운 문제를 해결할 수 있는 단서를 제공하기 때문이다. 과학자는 단순하고 쉬운 문제와 비교하여 유사성을 발견함으로써 복잡하고 어려운 문제를 해결할 수 있다. 네덜란드의 물리학자인 하위헌스(Christiaan Huygens)가 소리의 성질과 빛의 성질 사이의 유사성에 근거하여 소리의 파동으로부터 빛의 파동설을 확립한 것이 그 예다. 아울러 유비 추론은 애매하고 불명확하며 완전하지 못한 문제를 해결할 때 자주 이용된다(Polya, 2005). 이를테면, 특정 약품에 대한 인간의 반응이 불확실하고 불투명하므로 과학자는 인간 대신 쥐에게 약품을 투여함으로써 약품의 효능을 밝혀낸다. 쥐와 인간이 생리학적으로 매우 유사하다는 점을 이용하여 그 약품을 인간에게 직접 투여하는 대신 쥐에게 투여하여 결과를 살펴보는 것이다. 즉, 과학자는 쥐와 인간의 유사성에 기초하여 특정 약품에 대한 쥐의 반응이 인간에게도 그대로 나타날 것이라고 추론함으로써 불확실하고 불투명한 문제를 해결한다(최훈, 2015).

이렇게 유사성에 기초하여 추론하기 때문에 유비 추론의 결론은 개연성을 가질 뿐이다. 그래서 강한 결론이 포함된 유비 추론이 되려면 개연성을 높이는 것이 필요하다. 유비 추론의 개연성을 높이려면 무엇보다도 비교하는 대상 사이에 비슷한 부분이 많아야 한다. 비교하는 대상이 얼마나 비슷하냐에 따라 강한 유비 추론이 되느냐, 약한 유비 추론이 되느냐가 결정된다(최훈, 2015). 비교하는 대상 사이에 비슷한 성질이 많을수록 강한 결론이 도출됨으로써 더욱 설득력 있는 유비 추론이 된다. 예를 들면, 쥐보다는 침팬지가 인간과 더 유사하므로 쥐보다는 침팬지를 이용한 실험에 의한 결론이 더 설득력이 있다. 반대로 비슷한 성질이 적을수록 약한 결론이 도출되어 설득력 없는 유비 추론이 된다. 쥐를 이용한 실험보다 파리나 모기를 이용한 실험에 의한 결론이 더 설득력이 없다. 따라서 유비 추론의 개연성을 높이려면 비슷한 부분이 많은 대상을 서로 비교하는 것이 필요하다.

유비 추론의 결론이 개연성을 가진다는 점에서 유비 추론은 귀납 추론의 한 종류다. 유비 추론은 전제로부터 결론이 개연적으로 도출되는 귀납 추론의 일종이다. 유비 추론은 귀납 추론의 일종이기 때문에 아무리 강한 결론을 포함하더라도 결론이 거짓일 가능성이 있다(최훈, 2015). 단 한 번의 예외로 유비 추론의 결론이 거짓으로 판명될 수도 있다. 가령 퓨전 사극 로맨스 드라마인 A가 흥행에 성공하고, B도 흥행에 성공하고, C도 흥행에 성공하는 등 연속적으로 퓨전 사극 로맨스 드라마가 성공함으로써 퓨전 사극 로맨스 드라마는 성공한다는 결론이 도출될 수 있다. 그러나 퓨전 사극 로맨스 드라마인 D가 흥행에 실패하면 퓨전 사극 로맨스 드라마는 성공한다는 결론은 거짓으로 판명된다. 즉, 유비 추론의 결론은 항상 참이라고 말할 수 없다. 귀납 추론과 마찬가지로 유비 추론의 결론에는 항상 위험이 내포된다.

실제로 인간과 동물의 유사성에 근거한 동물실험을 거친 약품일지라도 동물에게 나타나지 않던 부작용이 인간에게 나타나는 경우가 비일비재하다. 동물에게 아무리 뛰어난 효능이 나타나는 약품이라도 인간에게 부작용이 나타나면 그 약품은 더는 사용될 수 없다. 이는 모든 약이 효과보다 부작용을 더 고려해야 하는 이유이기도 하다. 더군다나 인간은 모두 제각각이기 때문에 예외로 인한 부작용이 나타날 확률이 매우 높다. 1950년대 후반에 임신부의 입덧 치료제로 사용된 약물인 탈리도마이드(thalidomide)의 경우, 쥐를 이용한 동물실험에서는 일부만 선천성 기형이 나타났다. 그러나 탈리도마이드를 복용한 임신부 중 대다수에서 기형아가 출생하였으며 그중 만여 명이 사망하였다. 인간과 생리학적으로 유사하다는 쥐를 대상으로 한 실험을 거친 약물이었음에도 부작용이 나타났으며, 같은 인간 내에서도 효과가 다르게 나타났다.

이처럼 유비 추론의 결론에 항상 위험이 내포되므로 유비 추론의 결론 역시 검증 가능성뿐만 아니라 반증 가능성이 고려되어야 한다. 유비 추론은 결론을 입증할 증거와 더불어 결론에 반하는 증거가 나타날 가능성이 고려되어야 한다. 반증 가능성을 고려하는 유비 추론은 법률적 문제를 해결하는 과정에 자주 이용된다. 법률적 문제는 보통 같거나 비슷한 사건에 대한 재판의 선례인 **판례**(precedent)에 의해 해결된다. 판단의 일관성을 유지함으로써 안정된 법질서를 수립하는 것이 필요하기 때문이다. 같은 범죄에 대해 어떨 때는 유죄를 선고하고 어떨 때는 무죄를 선고한다면 법원의 판단에 대한 신뢰성이 떨어지면서 법질서가 무너지게 된다. 그러나 항상 예외적 상황이 발생하기 때문에 모든 법률적 문제가 판례에 의해 해결될 수는 없다. 판례에 따라 내린 결정이 오히려 유무죄에 대해 잘못된 결론을 도출하여 무고한 사람을 죄인으로 만들 수 있기 때문이다. 따라서 법률적 문제에 관한 판단은 판례를 따르더라도 항상 예외적 상황을 고려하여 신중하게 결정되어야 한다. 즉, 반증 가능성을 고려하여 추론한 후 결론을 내려야 한다.

2) 사례

유비 추론의 기본 형식은 다음과 같다.

- X는 a, b, c, d의 성질을 가지고 있다.
  (언니는 공부도 잘하고 노래도 잘하고 춤도 잘 추고 그림도 잘 그린다.)
- Y는 a, b, c의 성질을 가지고 있다.
  (동생은 공부도 잘하고 노래도 잘하고 춤도 잘 춘다.)
- 따라서 Y도 d의 성질을 가지고 있을 것이다.
  (따라서 동생도 그림을 잘 그릴 것이다.)

유비 추론의 기본 형식이 조금 달리 표현되면 다음과 같이 나타날 수 있다.

- X는 a, b, c의 성질을 가지고 있다.
  (언니는 공부도 잘하고 노래도 잘하고 춤도 잘 춘다.)
- Y는 a, b, c의 성질을 가지고 있다.
  (동생은 공부도 잘하고 노래도 잘하고 춤도 잘 춘다.)
- X는 d의 성질을 가지고 있다.

(언니는 그림을 잘 그린다.)

- 따라서 Y도 d의 성질을 가지고 있을 것이다.

  (따라서 동생도 그림을 잘 그릴 것이다.)

비교하는 대상이 셋 이상일 경우에는 다음과 같이 표현될 수 있다.

- W는 a, b, c의 성질을 가지고 있다.

  (영희는 김치찌개와 김치전, 김치 수제비를 좋아한다.)
- X는 a, b, c의 성질을 가지고 있다.

  (민수는 김치찌개와 김치전, 김치 수제비를 좋아한다.)
- Y는 a, b, c의 성질을 가지고 있다.

  (예지는 김치찌개와 김치전, 김치 수제비를 좋아한다.)
- Z는 a, b, c의 성질을 가지고 있다.

  (경재는 김치찌개와 김치전, 김치 수제비를 좋아한다.)
- W, X, Y는 d의 성질을 가지고 있다.

  (영희, 민수, 예지는 김치김밥을 좋아한다.)
- Z도 d의 성질을 가지고 있을 것이다.

  (경재도 김치김밥을 좋아할 것이다.)

강한 결론이 포함된 유비 추론이 되느냐 마느냐는 여러 가지 요인에 의해 좌우된다. 다시 말해 유비 추론의 강도는 다양한 요인에 의해 영향을 받는다. 유비 추론의 강도에 영향을 미치는 첫 번째 요인은 비교되는 대상(W, X, Y, Z)이 공유하는 성질(a, b, c)과 목표로 하는 성질(d) 사이의 관련성 정도다(김희정, 박은진, 2016). 공유하는 성질과 목표로 하는 성질 사이에 관련성이 크면 클수록 유비 추론의 강도는 높아진다. 위 사례에서 목표로 하는 성질이 김치김밥이 아니라 참외라면 유비 추론의 강도는 떨어지게 된다. 김치김밥은 공유하는 성질(김치찌개, 김치전, 김치 수제비)과 똑같이 김치를 재료로 한다는 점에서 관련성이 크지만, 참외는 공유하는 성질과 관련성이 거의 없기 때문이다.

유비 추론의 강도에 영향을 미치는 두 번째 요인은 비교되는 대상이 공유하는 성질과 목표로 하는 성질 간 유사성의 수다(생각공장, 2014). 공유하는 성질 중 목표로 하는 성질과 연관된 유사성의 수가 많아질수록 유비 추론은 강해진다. 반대로 공유하는 성질 중 목표로 하는 성질과 연관된 비유사성의 수가 많아지면 유비 추론은 약해진다. 위 사례에서 공유하는 성질(김치찌개, 김치전, 김치 수제비)에 김치만두가 추가되면 김치라는 점에서 유사성이 많아지므로 유비 추론은 강해진다. 반면에 계란밥이 추가되면 밥이라는 점에서 김치김밥과 연관됨에도 오히려 비유사성이 많아져서 유비 추론은 약해진다. 따라서 유비 추론이 강해지려면 유사성의 수가 많아지고 비유사성의 수가 적어져야 한다.

유비 추론의 강도에 영향을 미치는 세 번째 요인은 비교되는 대상의 수와 종류다. 비교되는 대상의 수가 많아질수록 유비 추론은 강해진다. 비교되는 대상이 공유하는 성질과 목표로 하는 성질 사이의 관련성이 더욱더 분명해지기 때문이다. 또 비교되는 대상의 종류가 많아질수록 유비 추론은 강해진다. 즉, 비교되는 대상의 다양성이 크면 클수록 유비 추론은 더 강해진다. 다양한 대상 사이에서 공유하는 성질임을 보여주기 때문에 공유하는 성질이 목표로 하는 성질과 관련이 있다는 점이 더 그럴듯해지는 것이다(김희정, 박은진, 2016). 유비 추론의 강도는 다양한 요인에 의해 영향을 받으므로 강한 결론을 포함하는 유비 추론이 되려면 여러 가지 요인을 세심하게 고려하는 것이 필요하다.

4장 논증

논증(argument)은 전제(premise)와 결론(conclusion)으로 구성된 명제들의 집합이다. 전제는 결론을 끌어내거나 정당화하는 명제로, 어떤 명제를 근거로 다른 명제를 도출해 낼 때 근거가 되는 명제를 말한다. 결론은 전제와 상대적으로 성립되는 명제로, 옳음을 증명하는 것이 목적인 명제를 말한다. 따라서 논증은 참임을 증명하려는 명제(결론)와 증명하기 위해 제시되는 명제(전제)로 구성된 집합이다. 논증은 주장하려는 결론과 그 결론을 지지하거나 옹호하는 명제들의 집합인 셈이다(탁석산, 2002). 논증은 전제와 결론으로 이루어진다는 점에서 추론과 유사하다. 그러나 논증과 추론은 전제와 결론의 진행 방향이 다르다는 점에서 차이가 있다. 추론은 전제로부터 결론을 도출하므로 전제에서 결론 방향으로 진행한다. 반면에 논증은 결론을 뒷받침하는 근거를 찾는 데 중점을 두기 때문에 결론에서 전제 방향으로 진행한다. 논증은 결론이 주장으로 제시되고 그 주장을 뒷받침하는 이유나 증거를 모색하는 과정이다. 그러므로 논증은 단순한 의견의 진술이 아니라 참이라고 주장되는 의견과 그 의견을 증명할 만한 이유나 증거가 함께 제시된 진술이다. 논증은 주장을 뒷받침하는 근거를 가지고 자기주장을 내세우는 것이다.

1. 논증이란 무엇인가

논증은 자기주장이 참임을 증명함으로써 궁극적으로 상대방이 자기 의견을 받아들이도록 설득하는 것이다. 일상생활에서 자기 의견을 내세우면서 상대방을 설득해야 할 경우는 많다. 점심으로 어떤 음식을 먹을지, 저녁에 회식은 어디에서 할지, 프로젝트의 주제는 무엇으로 정할지 등 개인 간의 소소한 일부터 조직 차원의 일까지 자기주장을 관철해야 할 상황은 항시 발생한다. 이때 상대방을 설득하려면 자기주장에 대한 근거가 분명히 제시되어야 한다. 즉, 상대방이 수긍할 수 있는 타당한 이유가 제시되어야 한다. 그렇지 않으면 각자 자기 의견을 고집하면서 서로의 감정이 상하게 되고 급기야 문제해결이 요원해지게 된다. 예를 들어, 각자 자신이 생각하는 프로젝트의 주제만을 고집하다가 결국 마감이 다가오도록 주제를 정하지 못하는 상황이 벌어질 수 있다. 따라서 일상적으로 접하는 다종다양한 문제를 해결하려면 자기주장에 대한 근거를 분명히 밝히는 것이 매우 중요하다. 어떤 문제에 대해 자기 생각을 가지고 그 생각에 대한 근거를 제시하면서 다른 사람을 설득할 때 문제는 해결된다. 논증은 다른 사람과 함께 살아가면서 부딪히는 일상적 문제를 합리적으로 해결하는 데 필수적이다.

1) 논증의 구조

논증은 전제와 결론의 두 부분으로 구성된다(생각공장, 2014). 논증에서 전제는 증거로 제시되는 명제를, 결론은 참임을 증명하려는 명제를 말한다. 결론이 참임을 증명하려면 가능한 한 많은 증거를 제시하는 것이 필요하므로 논증은 보통 하나 이상의 전제와 하나의 결론으로 이루어진다. 가능한 한 많은 증거가 제시되어야 상대방을 효과적으로 설득할 수 있으므로 전제가 많이 요구된다. 논증은 결론이 참임을 증명하기 위해 제시되는 명제들의 무리다(탁석산, 2002). 따라서 논증은 주장과 구별된다. 주장은 결론만 제시되지만, 논증은 결론과 결론을 뒷받침하는 전제로 구성되기 때문이다. 다시 말해 결론과 그 결론이 참임을 증명하기 위한 전제로 이루어지지 않으면 논증이 아니다.

추론 역시 전제와 결론으로 구성되지만, 논증이 아니다. 추론에서 결론은 전제로부터 도출될 뿐이며 전제는 결론을 뒷받침하기 위한 것이 아니기 때문이다. 전제와 결론으로 구성되어도 추론과 논증에서 전제와 결론은 그 역할이 매우 다르다. 그러므로 추론과 논증을 구별하려면 전제와 결론의 역할을 살펴보는 것이 필요하다. 아울러 전제와 결론의 상관관계를 살펴보는 것이 필요하다. 추론에서는 전제가 앞에 오고 결론이 뒤에 오지만, 논증에서는 전제와 결론의 순서가 정해지지 않아서 전제가 앞에 올 수도 있고 결론이 앞에 올 수도 있다. 논증은 주장을 내세우고 주장을 뒷받침하는 근거를 찾기 위해 결론에서 전제 방향으로 진행하지만, 실제로 말이나 글에서 전제와 결론은 순서 없이 나타난다. 따라서 추론과 논증을 구별하려면 전제와 결론의 순서가 아니라 상관관계를 파악하는 것이 필요하다(김희정, 박은진, 2016).

일반적으로 논증에서 전제는 이유에 해당하는 문장을, 결론은 주장에 해당하는 문장을 말한다. 전제는 '왜냐하면', '그 이유는'과 같이 전제임을 암시하거나 나타내는 말인 **전제 지시어**(premise indicator)를 포함한다. 결론은 '그러므로', '따라서'와 같이 결론임을 암시하거나 나타내는 말인 **결론 지시어**(conclusion indicator)를 포함한다. 그러나 전제와 결론에 해당하는 문장이 항상 전제 지시어나 결론 지시어를 포함하는 것은 아니다. 전제 지시어나 결론 지시어를 포함하지 않아도 전제와 결론에 해당하는 문장은 많다. 그렇지만 전제 지시어나 결론 지시어가 문장에 포함되면 문장의 성격이 더욱 분명해지므로 전제와 결론을 구분하기가 훨씬 쉬워진다(박우현, 2015).

말이나 글에서 중요한 것은 결론이 아니라 전제다. 전제가 없는 결론은 이유 없이 억지 주장만을 내세우는 것이 되기 때문이다. 좋아하든 싫어하든 그 이유를 분명히 말할 때 대화가 가능하다. 예를 들어, '오늘 점심으로 물냉면 먹자.'라고 다짜고짜 말하는 것보다 '오늘 날씨가 더우니까 점심에 시원하게 물냉면 먹자.'라고 말할 때 상대방이 자기 의견을 받아들일 가능성이 더 크다. 따라서 자기주장을 내세울 때는 전제 지시어나 결론 지시어를 적절히 사용함으로써 이유를 분명히 밝히는 것이 필요하다. 그뿐만 아니라 타인의 의도를 정확히 파악하기 위해서 타인의 말이나 글에 포함된 전제와 결론을 꼼꼼히 찾는 것이 필요하다.

〈전제 지시어와 결론 지시어〉

전제 지시어	결론 지시어
• ~ 하므로 (since) • 왜냐하면 (because) • 그 이유는 (the reason for) • ~ 때문에 (on account of) • ~ 을 고려하면 (given that) • ~ 라는 이유에서 (for the reason that) • ~ 을 보니 (seeing that)	• 그러므로 (therefore) • 따라서 (thus) • 그러니까 (so) • 결과적으로 (as a result) • 그래서 (consequently) • 그 결과는 (It follows that) • 그런 까닭에 (accordingly)

2) 논증이 아닌 것

(1) 묘사

묘사(description)는 어떤 사물이나 현상을 마치 그림을 그리는 것처럼 생생하게 표현하는 것이다(권재술 외, 2012). 묘사는 원래 그림을 그린다는 뜻으로 사용되었지만, 현재는 모습을 말로 나타낸다는 의미로 사용된다. 모습을 말로 나타낸다는 것은 어떤 대상의 빛깔이나 감촉과 같은 특성을 비롯하여 상황이나 행동 등을 구체적으로 기술하는 것을 말한다. 묘사는 글쓴이의 마음에 떠오른 모습이 독자의 마음에도 떠오르도록 하는 것이다. 글쓴이의 마음에 떠오른 모습은 보통 글쓴이가 관찰이나 지각 등을 통해 현실 세계에서 본 적이 있는 것이다. 가령 지리산 천왕봉의 일출을 경험하고 그 상황을 있는 그대로 묘사한다면 몇 시 몇 분에 태양이 떠오르고 그때 색깔은 어떠하며 시간이 지나면서 주변 경관이 어떻게 변한다는 식으로 기술할 수 있다. 이렇게 마치 직접 일출 과정을 보고 있는 것처럼 구체적으로 기술함으로써 글쓴이가 본 모습과 같은 모습이 독자의 마음에 떠오르게 하는 것이 묘사다.

묘사가 잘 된 글은 생동감이 있다(윤호병, 2008). 글쓴이의 마음에 떠오른 모습이 마치 현실 세계에서 실제로 살아 움직이는 것처럼 느껴지면서 독자의 머릿속에 어떤 사물이나 현상이 그대로 그려지기 때문이다. 예를 들어, '그는 뚱뚱하다.'라는 표현은 어느 정도 살이 찐 것인지에 관한 구체적 정보를 제공하지 못하므로 독자는 그의 모습을 상상하는 데 어려움을 겪는다. 게다가 사람마다 뚱뚱하다는 기준도 달라서 머릿속에 그리는 모습이 다를 수 있다. 반면에 '그의 신장은 170㎝이고, 체중은 120㎏이며, 허리둘레는 45인치다.'라는 표현은 그의 모습에 관한 구체적 정보를 제공하기 때문에 독자는 그의 모습을 머릿속에 생생하게 그릴 수 있다. 따라서 묘사가 잘 된 글은 구체적이고 감각적 정보를 제공함으로써 생동감이 있다는 점이 특징이다.

묘사는 어떤 대상의 특징을 일반화하거나 유형화하여 표현하는 것이 아니라 구체적이고 감각적으로 그려내는 것이다(김미자, 1998). 그래서 어떤 대상을 묘사할 때는 그 대상의 전체와 부분, 부분과 부분이 서로 연관되어 전체적으로 조화를 이루도록 표현하는 것이 중요하다. 즉, 대상의 전체나 어느 한 부분에 치우치지 않고 전체와 부분, 부분과 부분이 서로 밀접한 관계를 맺으면서 균형 있게 표현되어야 한다. 대상에 대한 단편적이고 편향적 정보로는 대상의 모습을 있는 그대로 그려낼 수 없기 때문이다. 이렇게 묘사는 대상을 있는 그대로 그려냄으로써 대상의 모습을 생생하게 전달하지만, 전제와 결론으로 이루어져 있지 않다. 묘사는 결론을 뒷받침하는 전제를 제시하면서 어떤 주장을 내세우지 않는다. 그러므로 묘사는 논증이 아니다.

(2) 서사

서사(narrative)는 사건이나 인물의 변화를 시간의 흐름에 따라 표현하는 것이다. 서사는 사건이나 행동의 변화 과정을 시간의 흐름에 따라 보여주기 때문에 사건의 원인과 결과를 구체적으로 포함한다. 그래서 서사에는 어떤 사건이 언제 어떻게 일어났는지, 왜 그런 일이 발생했는지, 어떤 과정을 거쳐 끝났는지 등이 시간의 흐름에 따라 표현된다. 이를테면, '어제 점심시간에 친구가 나한테 꼴통이라고 놀렸다. 처음에는 그냥 웃고 넘어갔지만, 시간이 지날수록 화가 났다. 밤새워 고민하다가 오늘 아침에 친구에게 가서 나를 놀린 것에 대해 사과하라고 요구했다. 친구는 나쁜 의도가 아니었다면서 미안하다고 말했다.'처럼 나타나는 것이 서사다. 서사 속 낱낱의 사건은 개별적으로 존재하는 것이 아니라 유기적으로 연관되어 서로에게 영향을 미친다(윤호병, 2008). 따라서 서사에는 어떤 사건이 어떤 원인으로 발생하고 어떤 결과를 가져왔는지가 잘 연결되어 표현된다. 또 인물의 행동이 모여서 사건을 이루고, 사건이 모여서 서사를 구성하기 때문에 서사는 인물의 행동 하나하나를 구체적으로 표현한다.

서사 속 사건은 내가 직접 겪은 것, 영화에서 본 것, 동화책에서 읽은 것, 역사적으로 있었던 것 등이다. 그러므로 서사는 줄거리가 있는 이야기의 형태로 나타난다. 누가 언제 어디서 무엇을 어떻게 했고, 그 일로 인해 다른 사람에게 어떤 일이 일어났으며, 결과적으로 일이 어떻게 마무리되었다는 식으로 전개된다. 이야기를 이끄는 인물과 다양한 인물의 말과 행동, 사건이 발생한 시간적·공간적 배경, 사건의 원인과 결과 등이 줄거리를 가지고 서사에 담겨 있다. 서사할 때는 일어난 사건에 대해 생각하는 것이 우선이다. 언제 어디에서 누구에게 무슨 일이 일어났는지를 우선으로 생각한다. 그다음에 시간적·공간적 변화에 따라 일어난 사건을 순서대로 배열한다. 이때 낱낱의 사건을 이야기의 시작과 끝을 고려하여 연관 짓는 것이 중요하다. 단순히 시간적 순서에 따라 사건을 나열하는 것이 아니라 사건 간의 관계를 고려하여 논리적으로 사건을 배열하여 줄거리를 만들어야 한다. 서사는 낱낱의 사건을 서로 연관 지어 일관성 있게 배열함으로써 집중적 인상을 주도록 구성되어야 한다(김미자, 1998).

서사는 인간의 행동과 연관된 일련의 사건을 언어적으로 표현하는 것이기 때문에 소설이나 희곡과 같은 문학작품에서 자주 이용된다. 신문 기사나 역사적 기록물, 전기, 자서전, 신화, 민담, 전설 등에서도 서사가 이용된다. 서사는 기자의 취재일지, 의사의 병상일지, 과학자의 실험일지, 예술가의 공연일지 등에도 이용된다. 서사가 사실과 경험을 다루면서 일상생활에서 부딪히는 다양한 사건을 논리적으로 전개하기 때문이다. 즉, 서사는 인간의 모든 활동과 연관되면서 매우 보편적으로 이용되는 표현양식이다. 이렇게 사실과 경험을 다루는 서사는 경험적 서사로서 글쓴이의 상상력에 의해 만들어지는 허구적 서사와 구분된다(전상국, 2012). 그러나 허구적 서사는 경험적 서사에 그 기반을 둔다고 할 수 있는데(문영진, 2000), 왜냐하면 글쓴이의 상상력 역시 사실과 경험에 바탕을 두기 때문이다. 허구적 서사는 소설이나 희곡과 같은 문학작품에서 주로 이용된다. 이를테면, 일어날 수 있는 것을 마치 일어났던 것처럼 꾸며내기 위해 인물을 만들어내고, 인물의 행동을 꾸며내고, 그 행동을 현실적으로 보여주기 위해 가공의 시간과 공간을 만들어 구체성을 부여한다.

서사는 글쓰기의 첫걸음이다. 사람들은 보통 자신이 겪은 일을 글로 쓰면서 글쓰기를 시작하므로 서사는 글쓰기의 첫걸음이 된다. 가장 대표적 예로 일기(diary)

가 있다. **일기**는 막연하게 쓰는 것이 아니라 하루 중 가장 가치 있었던 일을 매일 매일 기록하는 것이다(김문수, 2017). 일기의 생명은 자신이 경험한 일을 솔직하게 쓰는 것이다. 일기를 쓸 때는 자신이 보고 듣고 해 본 것을 보태거나 꾸미지 않고 자세하게 쓰는 것이 무엇보다 중요하다. 자신이 겪지도 않은 일을 꾸며서 쓴 일기는 사실을 왜곡하면서 자신을 속이는 것이 되므로 더는 일기라고 할 수 없다. 일기와 마찬가지로 기행문(travel essay)도 서사의 일종이다. **기행문**은 여행하면서 자신이 겪은 일을 솔직하게 쓰는 것으로, 여행 일정을 중심으로 시간의 흐름에 따라 쓰는 것이 일반적이다. 일정에 따라 자신이 보거나 들은 것을 있는 그대로 쓰기 때문에 기행문에는 언제 어디에서 무슨 일이 있었는지가 자세하게 드러난다. 이처럼 사람들은 자신이 겪은 일을 시간의 흐름에 따라 솔직하게 쓰면서 글쓰기를 시작하므로 서사는 글쓰기의 첫걸음이 된다. 그러나 서사는 주장이나 주장을 뒷받침하는 근거를 포함하지 않으므로 논증이 아니다.

(3) 설명

설명(explanation)은 어떤 상황이나 대상의 내용을 상대방이 이해할 수 있도록 상세히 표현하는 것이다. 즉, 어떤 사실이나 문제의 본질이 무엇인지를 상대방이 알 수 있도록 자세하게 표현하는 것이 설명이다. 예를 들면, 설명은 어떤 단어의 의미가 무엇인지, 무엇이 왜 거기에 있는지, 무엇이 어떻게 그런 상태가 되었는지, 무슨 일이 발생하면 어떻게 해야 하는지 등을 상대방이 알 수 있도록 자세히 표현한다. 그러므로 설명은 상대방에게 어떤 대상의 실체에 관한 정보를 제공한다. 이러한 정보를 활용하여 상대방은 문제를 해결할 수 있으므로 설명은 문제해결에 도움을 주는 표현양식이다. 가장 비근한 예로 제품의 사용설명서가 있다. **사용설명서**는 제품의 사용에 관한 여러 가지 정보를 담고 있는 것으로, 제품을 사용하기 위한 절차와 방법 등을 상세히 설명한다. 사람들은 보통 어떤 제품을 새로 구매한 후 그 제품의 사용설명서를 통해 사용법에 대한 정보를 얻고 사용하게 된다. 특히 사용설명서는 제품의 오작동이나 고장의 원인 등을 설명하기 때문에 사람들은 사용설명서를 통해 문제해결을 위한 정보를 얻을 수 있다.

설명은 어떤 상황이나 대상의 내용을 상대방이 이해하기 쉽도록 표현하는 것이므로 논리적이고 과학적이어야 한다. 설명은 독단이나 편견과 같은 글쓴이의 주관적 판단이 포함되지 않고 객관적이어야 한다(김미자, 1998). 그렇지 않으면 상대방이 잘못된 정보나 지식을 가짐으로써 어떤 상황이나 대상을 오해할 수 있기 때문이다. 따라서 무언가를 설명할 때는 객관적으로 판명된 정확한 정보만을 포함하고 자신의 주관적 생각이나 판단을 배제해야 한다. 특히 어떤 대상을 설명하려면 그것에 대한 충분한 정보를 모은 후 정확히 아는 것이 필요하다. 잘 알지 못한 채 설명하면 내용이 충분하지 못할 뿐만 아니라 잘못된 내용을 전달할 수 있기 때문이다. 그리고 설명할 때는 상대방이 이해하기 쉬운 표현을 사용하는 것이 중요하다. 상대방이 이해하기 어려운 한자어나 외래어를 사용하면 의미가 제대로 전달되지 않을 수 있다.

설명에서 중요한 것은 대상을 얼마나 쉽고 정확하게 표현하느냐다. 그래서 설명에서는 대상을 쉽고 정확하게 표현하기 위한 다양한 방법이 사용된다. 설명에서 사용하는 방법에는 정의, 예시, 비교, 대조, 분류, 분석 등이 있다(권재술 외, 2012). 이 중에서 어떤 방법을 사용하여 설명하느냐는 설명하려는 대상의 내용에 따라 달라진다. 가령 어려운 말이나 전문용어의 뜻을 설명할 때는 단어의 뜻을 밝히는 정의를 사용한다. 전체의 의미를 분명하게 이해시키고자 할 때는 일화나 본보기와 같이 대상과 관련된 사례를 보여주는 예시를 이용한다. 비교와 대조는 둘 이상의 대상을 견주어서 서로 간의 유사점이나 공통점, 차이점 등을 밝히는 것이다. 비교는 공통점을 중심으로, 대조는 차이점을 중심으로 설명할 때 이용된다(윤호병, 2008). 분류는 대상을 일정한 기준에 따라 나누어 설명할 때, 분석은 하나의 대상을 부분으로 나누어 설명할 때 사용된다.

설명은 논증이 아닌 것 중 가장 논증처럼 보이면서 논증과 쉽게 혼동되는 것이다(김희정, 박은진, 2016). 설명과 논증을 혼동하는 이유는 설명에 '왜냐하면 ~이기 때문이다.'라는 표현이 자주 포함되기 때문이다(생각공장, 2014). 논증에 포함되는 '왜냐하면 ~이기 때문이다.'라는 표현이 설명에 자주 포함되어서 설명과 논증을 구별하기가 쉽지 않다. 예를 들어, '나는 오늘 아침 회사에 지각하였다. 왜냐하면 어제 감기약을 먹고 늦잠을 잤기 때문이다.'라는 회사에 지각한 이유를 설명한다. 지각했다는 사실에 대한 이유를 설명하기 위해 '왜냐하면 ~이기 때문이다.'라는 표현을 사용한 것으로, 설명이지 논증은 아니다. 지각했다는 것은 사실이지 주장이 아니다. 또 '왜냐하면 ~이기 때문이다.'라는 표현은 지각한 사실에 대한 이유를 밝히기 위해 사용된 것일 뿐 주장이 참임을 증명하기 위한 것이 아니다. 따라서 설명과 논증을 구별하려면 어떤 맥락에서 전제 지시어나 결론 지시어가 사용되는지를 살펴봐야 한다. 전제 지시어나 결론 지시어가 결론이 참임을 증명하기 위해 사용되는지 아닌지를 살펴본 후 설명이냐 논증이냐를 판단해야 한다.

(4) 보고

보고(report)는 어떤 주제에 관해 연구하거나 조사한 결과를 정리하여 일목요연하게 표현하는 것이다. 즉, 연구나 조사를 통해 밝혀진 사실이나 업무에 관한 사항 등을 타인에게 전달하기 위해 작성하는 것이 보고다. 보고는 특정한 정보를 전달하는 데 그 목적이 있으므로(생각공장, 2014) 꼭 필요한 정보를 제때 정확히 전달하는 것이 보고에서 중요하다. 따라서 보고를 쓸 때는 전달받는 사람에게 가치 있는 정보만을 정확하고 완전하게 정리하여 작성해야 한다. 또 보고할 내용을 간결한 형식으로 이해하기 쉽게 표현해야 하며, 어려운 용어나 불필요한 사항은 배세해야 한다.

보고는 회사에서 자주 사용되는데, 예컨대 실적보고, 회계보고, 업무보고, 평가보고 등이 있다. 이 외에도 회사나 직종에 따라 조사보고, 연구보고, 분석보고, 출장보고, 결과보고, 동향보고 등의 다양한 보고가 있다(임정섭, 2009). 회사나 기관은 보고를 통해 업무의 진행 상황을 파악하고 적절한 지시나 조언을 제공함으로써 업무의 효율을 높일 수 있다. 그러므로 보고는 신속하게 작성되는 것뿐만 아니라 신속하게 전달되는 것이 중요하다. 더 나아가 자료 수집을 비롯하여 보고 작성에 걸리는 시간이나 인력, 비용 등이 효율적이어야 한다. 그렇지 않으면 보고 작성에 불필요한 시간과 인력을 낭비함으로써 오히려 업무의 효율을 떨어뜨리는 결과를 초래할 수 있다.

보고에는 보고할 내용이나 대상, 보고의 순서나 방법 등이 포함되며, 효과적인 정보 전달을 위해 표나 그림, 사진 등의 자료가 사용되기도 한다. 보고의 앞부분에는 조사나 연구의 주제, 목적, 방법, 경과 등이, 중간 부분에는 보고할 내용과 결과 등이, 끝부분에는 문제점이나 부작용 등이 포함된다. 이러한 전개가 보고에서 일반적이지만, 보고의 유형이나 목적, 주제의 성격 등에 따라 보고는 다양하게 전개된다. 어떻게 전개되건 보고는 보고받는 사람의 상황이나 조건을 고려하여 최대한 간결하게 작성되는 것이 중요하다. 이처럼 보고는 특정한 정보를 전달하는 것으로, 전제와 결론으로 구성되어 있지 않다. 보고는 결론과 그 결론이 참임을 뒷받침하는 전제로 이루어지지 않으므로 논증이 아니다.

2. 좋은 논증의 조건

논증은 상대방을 설득하기 위한 것이다. 그러나 상대방을 설득하기는 쉽지 않다. 상대방은 자신만의 신념과 지식체계를 가지고 나름대로 판단하기 때문이다. 상대방을 설득하려면 좋은 논증을 제시해야 한다. 모든 논증은 전제와 결론으로 구성되므로 어떤 논증이 좋은지 나쁜지를 판단할 때는 일반적으로 전제와 결론을 중심으로 그 기준을 세운다. 결론을 입증하기 위해 제시된 전제가 수용될 수 있는지, 전제와 결론이 연관되는지, 전제가 결론을 충분히 지지하는지 등에 따라 좋은 논증인지 아닌지가 결정된다(생각공장, 2014). 이 기준에 따라 좋은 논증인지 아닌지가 결정되므로 이 기준은 좋은 논증을 위한 조건이 된다. 다시 말해 세 가지 조건 중 어느 하나라도 충족되지 않으면 좋은 논증이 되지 않는다. 따라서 좋은 논증이 되려면 좋은 논증의 조건을 위반해서는 안 된다. 전제가 수용될 수 있어도 전제와 결론이 연관되지 않거나, 전제와 결론의 연관성이 높아도 전제가 결론을 충분히 지지하지 않으면 좋은 논증이 되지 않는다. 좋은 논증은 좋은 논증이 되기 위한 세 가지 조건인 수용성, 연관성, 충분성을 모두 충족함으로써 논증의 결론이 받아들여질 수 있는 논증을 말한다.

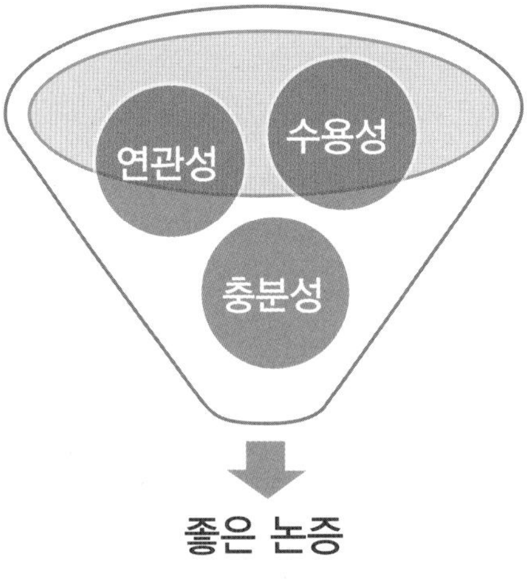

〈좋은 논증의 조건〉

1) 수용성

좋은 논증의 첫 번째 조건은 전제의 수용성이다. 즉, 논증의 결론을 뒷받침하기 위해 제시된 전제가 수용될 수 있어야 한다(생각공장, 2014). 전제가 수용될 수 있으려면 전제가 참이어야 한다. 전제의 수용성은 전제가 참이어야 함을 의미한다. 비록 전제와 결론이 연관되어도 전제가 참이 아니면 그 전제에 바탕을 둔 결론은 무너질 수밖에 없다. 거짓인 전제가 지지하는 결론은 누구도 받아들이지 않기 때문이다. 또 아무리 많은 이유나 증거가 제시된 논증이어도 전제가 거짓이면 상대방은 그 논증을 믿지 않으므로 그 논증은 좋은 논증이 될 수 없다. 설령 그럴싸한 논리로 말해도 거짓인 전제로는 상대방을 설득할 수 없다. 그러므로 논증에서 결론을 지지하는 모든 전제가 참일 때 그 논증은 신뢰를 얻으면서 좋은 논증이 될 수 있다.

그러나 전제를 구성하는 명제의 성격 때문에 전제가 참인지 거짓인지를 판단하기가 쉽지 않다. 전제를 구성하는 명제는 사실판단(factual judgment)과 가치판단(value judgment)으로 구분된다(탁석산, 2002). **사실판단**은 현실 세계에 존재하는 사건이나 대상에 대한 진술로서 경험적으로 검증될 수 있는 명제다. 반면에 **가치판단**은 해야 하거나 하지 말아야 하는 것에 대한 진술로서 객관적 검증이 불가능한 명제다. 사실판단의 검증결과는 객관화할 수 있지만, 가치판단의 검증결과는 가치관이 개입되어서 객관화가 어렵다. '그녀는 아름답다.'라는 명제의 경우, 아름다움의 기준은 사람마다 달라서 사람에 따라 그녀를 아름답다고 할 수도 있고 그렇지 않을 수도 있다. 그녀가 아름다운지 그렇지 않은지를 객관적으로 판단하기 어려운 것이다. 가치판단은 진위의 객관적 검증이 어려우므로 전제에 가치판단이 포함되면 전제의 진위를 판별하기가 곤란해진다.

이렇듯 전제가 참인지 거짓인지를 판단하기가 어려우므로 좋은 논증의 조건으로 전제의 수용성이 언급된다. 좋은 논증인지 아닌지는 전제가 수용될 수 있느냐 없느냐에 의해 결정되는 것이다. 수용될 수 있는 전제로 논란의 여지가 없는 상식적 문제, 개인이 직접 경험한 증거, 권위 있는 보고서나 청문회 등에서 지지하는 결과, 다른 좋은 논증의 결론 등이 있다(생각공장, 2014). 많은 사람에 의해 의심 없이 수용될 수 있는 전제가 제시되면 전제의 수용성은 높아지게 된다. 예를 들어, '올해 한국의 경제적 불평등은 매우 심각한 상태다.'라는 전제보다 '통계청 발표에 따르면 금년도 한국의 상위 1%와 하위 1%의 소득 격차는 전년도보다 3배 더 늘어난 상태다.'라는 전제의 수용성이 훨씬 더 높다. 따라서 좋은 논증이 되려면 전제의 수용성을 높일 수 있는 다양한 진술을 사용하는 것이 필요하다.

집값 불안 가라앉히려면 '공급대책' 실효성 확보부터

정부가 18일 최상목 부총리 겸 기획재정부 장관 주재로 부동산 관계 장관회의를 열었다. 지난해 9월 26일 3기 새 도시를 포함해 주택 공급 물량을 5만 5천 가구 늘리겠다는 대책을 결정하는 회의를 연 지 10개월 만이다. 정부는 이날 기존 공급대책의 차질 없는 이행을 다짐하고, 다음 달 중 추가 공급대책을 내놓기로 했다. 가계 부채 증가 억제책까지 좀 더 촘촘하게 마련해, 정부가 집값 상승을 방치하고 부추기려는 것 아니냐는 의심을 불식해야 할 것이다.

정부가 부동산 관계 장관회의를 연 것은 서울을 중심으로 집값 불안 심리가 퍼지는 현실을 인정한 것이라고 본다. 한국부동산원 집계를 보면, 7월 셋째 주(15일 기준) 서울 아파트값은 전주 대비 0.28% 오르며 3월 25일 이후 17주 연속 올랐다. 최 부총리는 "서울·수도권 일부 아파트를 중심으로 가격 상승 폭이 확대되는 등 변동성이 커지는 모습"이라고 말했다. 집값 불안은 서울과 수도권의 아파트가 핵심이다.

윤석열 정부는 공급 확대를 통해 집값을 안정시키겠다고 표방해 왔다. 그러나 올해 1분기 전국 아파트 착공 실적이 지난해 같은 기간에 견줘 18% 줄고, 주택 인허가 건수도 5월까지 24%나 감소해, 향후 주택 공급에 대한 불안이 커져 왔다. 정부의 대책이 불안 심리를 잠재우려면 무엇보다 실행 가능성이 커야 한다.

향후 금리가 내리면 집값이 다시 오를 것이라는 기대심리도 변수다. 정부는 그동안 '부동산 시장 연착륙'을 강조하면서 특례보금자리론, 신생아 특례대출 등 정책대출을 적극적으로 공급했다. 시장금리 하락도 유도해 왔다. '스트레스 디에스알(DSR)'(총부채원리금상환비율 규제) 2단계 적용은 두 달 늦췄다. 그런 가운데 주택담보대출을 중심으로 가계대출이 큰 폭으로 늘고 있다. 정부는 연착륙을 말하지만, 내심 집값 상승을 바라는 것 아니냐고 의심하는 사람도 많다.

> 가장 우려스러운 것은 주택 투기 수요가 일면서 집값이 오르고 주택담보대출이 심하게 증가하는 악순환이 다시 일어나는 것이다. 정부는 집값 상승과 주택 경기 회복이 부동산 피에프(PF) 문제해결이나 내수 활성화에 더 좋을 수도 있다는 위험한 생각은 버려야 한다. 그런 의심을 받지 않게 태도와 행동을 명확히 해야 한다. 이를 위해 한국은행이 기준금리를 인하하기 전에 디에스알 규제 강화 등 가계대출의 팽창을 억제할 대책을 내놓아야 한다.
>
> (출처: 한겨레 사설, 2024.07.18.)

위 사례의 결론은 '한국은행이 기준금리를 인하하기 전에 디에스알 규제 강화 등 가계대출의 팽창을 억제할 대책을 내놓아야 한다.'라는 것이다. 이 결론을 뒷받침하기 위해 '한국부동산원 집계를 보면, 7월 셋째 주(15일 기준) 서울 아파트값은 전주 대비 0.28% 오르며 3월 25일 이후 17주 연속 올랐다.', '최 부총리는 "서울·수도권 일부 아파트를 중심으로 가격 상승 폭이 확대되는 등 변동성이 커지는 모습"이라고 말했다.', '올해 1분기 전국 아파트 착공 실적이 지난해 같은 기간에 견줘 18% 줄고, 주택 인허가 건수도 5월까지 24%나 감소해, 향후 주택 공급에 대한 불안이 커져 왔다.', '정부는 그동안 부동산 시장 연착륙을 강조하면서 특례보금자리론, 신생아 특례대출 등 정책대출을 적극적으로 공급했다. 시장금리 하락도 유도해 왔다. 스트레스 디에스알(DSR)(총부채원리금상환비율 규제) 2단계 적용은 두 달 늦췄다.', '주택담보대출을 중심으로 가계대출이 큰 폭으로 늘고 있다.' 등의 전제를 제시한다. 위 사례는 통계자료를 제시하거나 부총리와 같이 권위 있는 사람의 말을 인용하는 등 전제의 수용성을 높일 수 있는 다양한 진술을 사용한다.

2) 연관성

좋은 논증의 두 번째 조건은 전제의 연관성이다. 즉, 전제가 결론과 연관되어야 한다는 것이다. 전제가 비록 수용될 수 있어도 결론과 연관되지 않으면 좋은 논증이 되지 않는다. 결론과 관계없는 전제는 아무리 많이 제시되어도 결론을 뒷받침하지 못하기 때문이다. 전제와 결론의 연관성 여부는 전제의 참이나 거짓이 결론의 참이나 거짓에 영향을 미치느냐 미치지 않느냐로 판단된다(탁석산, 2002). 낱낱의 전제가 결론의 참이나 거짓에 영향을 미치면 연관성이 있는 것이고, 영향을 미치지 않으면 연관성이 없는 것이다.

가령 '대통령은 의사소통능력이 뛰어나야 한다.'라는 결론을 뒷받침하는 전제로 '대통령의 중요한 결정 대부분은 골프를 치면서 내려진다.'가 제시되면 전제와 결론은 연관되지 않는다. '대통령의 중요한 결정 대부분은 골프를 치면서 내려진다.'라는 전제는 참일 수도 있고 거짓일 수도 있다. 그러나 '대통령의 중요한 결정 대부분은 골프를 치면서 내려진다.'라는 전제가 참이건 거짓이건 그 전제는 '대통령은 의사소통능력이 뛰어나야 한다.'라는 결론의 참이나 거짓에 영향을 미치지 않는다. 설령 대통령이 골프를 치는 동안 중요한 결정을 내리더라도 골프와 의사소통능력은 상관이 없기 때문이다.

반면에 '대통령은 의사소통능력이 뛰어나야 한다.'라는 결론을 뒷받침하는 전제로 '대통령의 업무 중 상당수는 사람들을 만나면서 이루어진다.', '대통령은 다양한 사람들의 목소리에 귀를 기울여야 한다.' 등이 제시되면 전제와 결론은 연관된다. 전제가 참이면 결론도 참이 되고, 전제가 거짓이면 결론도 거짓이 되기 때문이다. 따라서 좋은 논증이 되려면 전제와 결론이 연관되어야 한다. 하지만 전제와 결론이 아무리 연관되어도 거짓인 전제에 근거한 결론은 받아들여지기 어렵다. 그러므로 전제가 참이면서 동시에 결론과 연관될 때 좋은 논증이 된다.

뉴노멀이 된 극한 호우…치수 전략 다시 손질해야

장마가 북상해 수도권에 폭포 같은 비를 이틀째 쏟아부었다. 요즘 장마는 남북으로 좁은 강수대 안에서도 일부 지역에만 집중적으로 비를 뿌리는 양상을 보인다. 지난주 전북 군산의 어청도에 한 시간 동안 146㎜가 내린 것을 비롯해 시간당 100㎜ 넘는 비가 온 곳이 속출했고, 경기도 파주와 인천시 강화 등 하루 300㎜가 넘는 강수량을 기록한 곳도 많다. 인적·물적 피해도 상당하다.

100~200년 만에 한 번 올 수 있는 확률에 해당하는 극한의 강수량이 요즘은 이처럼 수시로 나타나고 있다. 대부분의 기존 기반시설은 100년 빈도의 호우에 맞춰 설계됐지만, 이를 훌쩍 넘는 비가 내리면 재난으로 이어질 수밖에 없다. 2022년 서울 신도림 반지하 주택 침수로 주민이 사망할 당시 동작구엔 시간당 141㎜가 쏟아졌다. 지난해 오송 참사의 원인이 된 미호천 임시 제방은 100년 빈도의 홍수에 대비한 높이보다 1m가량 높았는데도 붕괴했다.

극한의 호우가 뉴노멀이 된 만큼 전반적인 치수(治水) 전략도 새롭게 정비해야 할 필요성이 커지고 있다. 환경부는 2년 연속 대형 물난리를 겪고 난 지난해 말에야 댐 10곳을 새로 짓거나 리모델링하겠다고 밝혔다. 하지만 아직 대상지도 정하지 못했다. 지방하천 일부를 국가가 관리하는 방안을 추진하겠다고 했지만, 세부적 내용은 감감무소식이다. 수질 관리에만 천착해 온 환경부의 특성상 바뀐 상황에 민첩하게 대처하기 어렵다면 물관리 컨트롤타워에 대해 재고해 보는 것도 필요한 시점이다.

제방과 하수 처리 능력의 기준이 되는 홍수 방어 설계 기준에 대한 재검토도 필요하다. 현재 국가하천은 100~200년, 지방하천은 50~200년 빈도의 호우에 대비할 수 있도록 제방 설계 기준이 정해져 있다. 소하천의 경우 올 초에야 도심 지역만 50~200년으로 높였다. 그나마 새로 정비사업을 할 경우에나 적용된다. 하수 처리 능력 기준은 대체로 50~80년 빈도의 강수량에 맞춰져 있고, 서울만 2022년 100년 빈도인 시간당 100~110㎜로 높였다. 그런데 이 정도 비는 그리 대단한 양도 아닌 상황이다. 비가 내릴 때마다 하천이 넘치거나 하수도가 역류할 가능성을 걱정해야 한다면 기준 자체를 높이는 게 마땅하다. 아울러 지하차도와 주차장, 반지하 주택 등 수없이 늘어난 지하 공간에 대한 홍수 방어 대책도 이번 기회에 근본적으로 정립할 필요가 있다.

기후 재앙은 현실이 됐다. 최근 25년간 극한 호우(시간당 50㎜ 이상, 세 시간 90㎜ 이상)가 이전 25년보다 85%나 늘었다고 한다. 앞으로는 더 빈번해지고 규모도 커질 것이다. 예고된 상황에서 준비하지 않는 것은 국민 생명을 가벼이 여기는 중대한 직무 태만이다.

(출처: 중앙일보 사설, 2024.07.19.)

위 사례의 결론은 '극한의 호우가 뉴노멀이 된 만큼 전반적인 치수(治水) 전략도 새롭게 정비해야 할 필요성이 커지고 있다.'라는 것이다. 이 결론을 뒷받침하기 위해 '지난주 전북 군산의 어청도에 한 시간 동안 146㎜가 내린 것을 비롯해 시간당 100㎜ 넘는 비가 온 곳이 속출했고, 경기도 파주와 인천시 강화 등 하루 300㎜가 넘는 강수량을 기록한 곳도 많다.', '지난해 오송 참사의 원인이 된 미호천 임시 제방은 100년 빈도의 홍수에 대비한 높이보다 1m가량 높았는데도 붕괴했다.', '현재 국가하천은 100~200년, 지방하천은 50~200년 빈도의 호우에 대비할 수 있도록 제방 설계 기준이 정해져 있다.', '하수 처리 능력 기준은 대체로 50~80년 빈도의 강수량에 맞춰져 있고, 서울만 2022년 100년 빈도인 시간당 100~110㎜로 높였다.', '최근 25년간 극한 호우(시간당 50㎜ 이상, 세 시간 90㎜ 이상)가 이전 25년보다 85%나 늘었다고 한다.' 등의 전제를 제시한다. 위 사례는 시간당 강수량, 제방 붕괴, 제방 설계 기준, 하수 처리 능력 기준, 극한 호우 등 결론과 연관된 전제를 다양하게 제시함으로써 전제의 연관성을 높인다.

3) 충분성

좋은 논증의 세 번째 조건은 전제의 충분성이다. 즉, 결론을 지지하는 전제가 충분해야 한다는 것이다. 좋은 논증의 두 가지 조건을 만족하더라도 전제가 충분하지 않으면 좋은 논증이 되지 않는다. 결론을 뒷받침하는 전제가 충분하지 않으면 상대방은 의구심을 갖게 된다. 뭔가 미심쩍고 왠지 속는 듯한 느낌을 받거나 일방적이고 편향된 주장에 강요당하는 느낌을 받는 것이다. 한마디로 설득되지 않는다. 그래서 좋은 논증이 되려면 충분성의 조건을 만족해야 한다. 전제의 충분성은 양적으로 충분하고, 질적으로 다양하며, 반박을 차단할 수 있어야 함을 의미한다(생각공장, 2014). 즉, 전제의 충분성은 양적 충분성, 질적 다양성, 반박 차단 가능성을 포함하는 것이다.

먼저 양적 충분성은 결론을 뒷받침하는 전제가 양적으로 충분히 제시되는 것이다. 결론이 참임을 증명하는 전제가 충분히 제시되지 않으면 설득력 있는 논증이 되지 못한다. 상대방을 설득할 수 있는 좋은 논증이 되려면 결론을 지지하기에 충분히 많은 양의 전제가 제시되어야 한다. 다음으로 질적 다양성은 결론을 뒷받침하는 전제가 질적으로 다양하게 제시되는 것이다. 아무리 충분한 양의 전제가 제시되어도 비슷한 내용이 반복된다면 충분성의 조건을 만족하지 못한다. 비슷한 내용의 반복은 같은 전제를 다르게 표현하는 것에 지나지 않기 때문이다. 마지막으로 반박 차단 가능성은 상대방이 제기할 수 있는 반박을 예상하고 그 반박을 효과적으로 차단할 수 있어야 한다는 것이다. 반박은 어떤 주장을 반대하는 것이므로 결론을 지지하는 전제가 충분히 제시되어도 반박으로 결론이 거짓으로 판명될 수 있다. 반박 때문에 결론이 무너지는 것이다. 따라서 반박을 예상하고 반박을 차단할 수 있는 전제를 제시함으로써 결론의 신뢰성을 높이는 것이 필요하다.

좋은 논증의 세 번째 조건은 첫 번째나 두 번째 조건과 차이가 있는데, 왜냐하면 충분성은 정도의 문제기 때문이다(생각공장, 2014). 첫 번째 조건의 경우, 전제가 수용될 수 없다면 그 전제는 결론이 참이라고 판단할 어떤 이유도 제시하지 못한다. 두 번째 조건의 경우, 전제와 결론이 연관되지 않으면 그 전제는 결론의 참이나 거짓에 영향을 미치지 않는다. 첫 번째나 두 번째 조건은 그 기준을 만족하지 않으면 결론이 참이라고 판단하기 어려운 것이다. 세 번째 조건인 충분성은 정도의 문제기 때문에 설령 그 기준을 만족하지 않더라도 결론이 참일 수 있다. 다시 말해 결론을 받아들이기에 전제가 충분하지 않더라도 전제가 결론을 지지할 수 있다. 그러나 논증의 결론이 강하지 못하기 때문에 '~할 것이다.'와 같이 불확실한 주장이 된다. 불확실한 주장은 신뢰성을 떨어뜨리기 때문에 상대방을 설득하지 못하는 결과를 초래한다. 따라서 강한 결론이 포함되는 좋은 논증이 되려면 결론을 지지하는 전제가 충분히 제시되어 전제의 충분성을 만족해야 한다.

단순·임시직 내몰리는 2차 베이비부머, 954만 대기 중인데…

총 954만 명이나 되는 '2차 베이비부머'의 은퇴가 올해부터 본격화하는데 우리 사회의 대비는 턱없이 부족하다는 경고가 나오고 있다. 전체 인구의 18.6%가 10년 안에 산업 현장에서 단계적으로 퇴장하고, 이후 세대는 인구가 급격히 줄어 노동력 부족을 피할 수 없는 상황이다. 그런데도 수십 년간 대기업에서 일하면서 경험과 전문성을 쌓은 50, 60대 '젊은 은퇴자'들이 아파트 관리인, 편의점 알바 같은 저임금 단순직이나 임시직으로 일하고 있다.

1964~1974년 출생자인 2차 베이비부머는 올해 최연장자가 60세에 도달했다. 1955~1963년에 태어난 705만 명의 1차 베이비붐 세대보다 대학 진학률이 높고, 고도 성장기였던 1980, 90년대에 어렵지 않게 취직해 오랫동안 일했다. 그래서 이들이 모두 은퇴할 경우 노동력 부족으로 연간 경제성장률이 최대 0.38%포인트 떨어질 것으로 한국은행은 전망한다.

더욱이 고학력에 건강 상태도 좋은 2차 베이비부머는 70세 넘어서까지도 일하겠다는 열의가 강하다. 청년들이 기피하는 중소기업들은 이 세대 숙련공들이 그만두고 나면 공장을 돌리는 게 어려운 상황이다. 국가적으로도 이들이 산업 현장에 오래 머물러야 이득이다. 복지비용 증가, 국민연금 고갈 속도를 늦출 수 있어서다. 경제협력개발기구(OECD)도 최근 "노동 수명, 노인 고용을 늘리면 국내총생산(GDP)과 재정 사정이 나아질 것"이라고 조언했다.

다만 이 문제를 해결하려면 정년 제도와 경직적인 연공서열형 임금 구조를 근본적으로 손봐야 한다. 미국, 영국은 나이로 인한 근로자 차별을 없앤다는 취지로 오래전 정년을 폐지했다. 유럽의 선진국들은 연금 수급 시기를 늦춰 일하는 나이를 60대 중반까지 속속 늘리고 있다. 법정 정년이 한국처럼 60세인 일본은 기업들이 재계약 등을 통해 임금을 낮추면서 적게는 65세, 많게는 70세까지 근로자들을 '계속 고용'할 수 있도록 제도를 정비했다.

현대차 노사가 최근 정년퇴직한 기술·정비직을 신입 초봉 대우로 2년 더 일할 수 있도록 하는 방안에 합의한 건 그런 점에서 시사하는 바가 크다. 이런 기업이 많아지면 갈수록 심각해지는 노동인구 감소 문제를 상당 부분 완화할 수 있다. 정부도 노동력 쇼크에 대비해 2차 베이비부머의 축적된 역량을 제대로 활용할 수 있도록 재고용 프로그램을 확충해야 한다.

(출처: 동아일보 사설, 2024.07.16.)

위 사례의 결론은 '정부도 노동력 쇼크에 대비해 2차 베이비부머의 축적된 역량을 제대로 활용할 수 있도록 재고용 프로그램을 확충해야 한다.'라는 것이다. 이 결론을 뒷받침하기 위해 '전체 인구의 18.6%가 10년 안에 산업 현장에서 단계적으로 퇴장하고, 이후 세대는 인구가 급격히 줄어 노동력 부족을 피할 수 없는 상황이다.', '1964~1974년 출생자인 2차 베이비부머는 1차 베이비붐 세대보다 대학 진학률이 높고, 고도 성장기였던 1980, 90년대에 어렵지 않게 취직해 오랫동안 일했다.', '이들이 모두 은퇴할 경우 노동력 부족으로 연간 경제성장률이 최대 0.38%포인트 떨어질 것으로 한국은행은 전망한다.', '유럽의 선진국들은 연금 수급 시기를 늦춰 일하는 나이를 60대 중반까지 속속 늘리고 있다.' 등의 전제를 제시한다. 위 사례는 2차 베이비부머를 위한 재고용 프로그램을 확충해야 한다는 결론을 지지하기 위해 2차 베이비부머의 특성과 노동력 부족 등의 전제를 충분히 제시한다. 특히 위 사례는 '다만 이 문제를 해결하려면 정년 제도와 경직적인 연공서열형 임금 구조를 근본적으로 손봐야 한다.'처럼 반박을 차단할 수 있는 전제를 제시하여 결론의 신뢰성을 높인다.

5장 오류

오류(fallacy)는 겉으로 좋은 논증으로 보이지만, 실제로는 좋은 논증의 조건 중 하나를 위반하는 것을 말한다. 오류는 좋은 논증의 조건인 수용성, 연관성, 충분성을 위반함으로써 좋은 논증이 되지 못하게 하는 것이다. 논증에서 오류를 범하는 것은 의도적일 수도 있고 비의도적일 수도 있다. 잘못된 지식이나 믿음, 좋은 논증에 대한 무지 등에 의해 비의도적으로 오류를 범할 수도 있고, 의도적으로 타인을 속이기 위해 오류를 범할 수도 있다. 어떤 경우든 논증에서 오류를 범해서는 안 되는데, 왜냐하면 오류를 범한 논증의 잘못된 결론이 사실인 것처럼 퍼질 수 있기 때문이다. 게다가 오류는 사람들 사이에서 좋은 논증이 오가는 것을 방해하므로 원만한 대화를 가로막는 요인이 된다(탁석산, 2002). 오류를 범한 논증 때문에 서로의 말꼬리를 잡고 늘어지면서 대화가 제대로 이루어지지 않는 것이다. 따라서 오류를 범하지 않는 것은 논증에서 매우 중요하다. 오류를 범하지 않으려면 각각의 오류를 구체적으로 이해하는 것이 우선이다. 각각의 오류를 이해함으로써 타인의 논증을 정확히 평가하고 자신의 논증에서 나타난 잘못을 수정할 수 있기 때문이다. 오류는 크게 불수용성의 오류, 무연관성의 오류, 불충분성의 오류 등으로 구분된다(생각공장, 2014).

1. 불수용성의 오류

불수용성의 오류는 수용할 수 없는 전제를 포함해서 나타나는 오류다. 좋은 논증의 조건 중 하나인 수용성을 위반하는 것이 불수용성의 오류다. 불수용성의 오류는 전제를 수용할 수 없다면 결론도 결코 수용할 수 없음을 의미한다. 좋은 논증이 되려면 전제가 참이어야 한다(탁석산, 2002). 그러나 전제가 참인지 거짓인지를 판단하기는 어려우므로 전제의 수용성 여부가 좋은 논증의 조건이 된다. 즉, 전제가 수용될 수 있는지 없는지에 따라 좋은 논증이 될 수도 있고 되지 않을 수도 있다. 전제의 수용성은 결론을 뒷받침하는 전제가 가능한 한 많은 사람에 의해 의심 없이 수용될 수 있음을 말한다. 보통 상식이나 경험, 권위 있는 보고서 등에 근거할 때 수용할 수 있는 전제가 된다. 따라서 전제를 수용할 가능성이 커질수록 좋은 논증이 된다. 전제에 의문을 품고 전제를 수용할 가능성이 작아지면 좋은 논증이 되지 않는다. 불수용성의 오류를 범하는 논증이 되는 것이다. 불수용성의 오류에는 순환 논리의 오류, 권위에 호소하는 오류, 흑백사고의 오류 등이 포함된다(생각공장, 2014). 별로 믿을 수 없는 전제를 사용하는 것이나 증명하려는 결론을 슬며시 전제로 사용하는 것 등이 불수용성의 오류에 해당한다.

1) 순환 논리의 오류

순환 논리(circulation logic)의 오류는 입증이 필요한 결론을 슬며시 전제로 사용하는 것으로, 전제와 같은 결론을 내릴 때 나타나는 오류다. 순환 논리의 오류는 결론을 입증하기 위해 증거를 제시하는 것이 아니라 결론을 다른 방식으로 주장하면서 결론을 입증한 것처럼 보여줄 때 나타난다. 결론이 전제로 사용되어서 전제가 수용될 수 없으므로 순환 논리의 오류는 불수용성의 오류에 해당한다. 순환 논리의 오류는 아무리 복잡하더라도 기본적으로 'A는 옳다. 왜냐하면 A기 때문이다.'라는 식으로 나타난다(이상욱 외, 2010). '성경이 진리임은 맞다. 왜냐하면 성경에서 성경은 진리라고 말하기 때문이다.'라는 주장이 그 예다(탁석산,

2017b). '성경에서 성경이 진리라고 말하니까 성경은 진리다.'라고 되돌이표처럼 주장하므로 순환 논리의 오류를 범하는 것이다.

순환 논리의 오류는 결론이 전제로 사용되어도 보통 결론과 전제에서 사용하는 말이 달라서 쉽게 드러나지 않는다(이상욱 외, 2010). 다시 말해 결론과 전제에서 사용하는 말이 달라서 순환 논리의 오류가 쉽게 발견되지 않는다. '국가안보를 위해서는 경제발전이 우선이다. 왜냐하면 나라를 지키려면 돈이 필요하기 때문이다.'가 그 예다(탁석산, 2017b). 여기에서 국가안보는 나라를 지키는 것을, 경제발전은 돈이 필요하다는 것을 가리킨다. 국가안보와 경제발전이라는 말을 사용하지만, 결국 '나라를 지키기 위해서는 돈을 벌어야 한다. 왜냐하면 나라를 지키려면 돈이 필요하기 때문이다.'라고 쓴 셈이다. 이렇게 같은 말을 반복해서 쓰고 있음에도 그럴싸한 말로 바꾸어 표현하기 때문에 순환 논리의 오류는 알아차리기가 쉽지 않다.

순환 논리의 오류를 범하지 않으려면 전제에 결론이 옳음을 입증하기 위한 근거가 제시되어야 한다. 단지 'A기 때문에 A다.'라는 식으로 자꾸 되풀이해서 빙글빙글 도는 것이 아니라 결론이 옳다는 증거를 분명히 제시하면서 자기 견해를 주장해야 한다. 이를테면, '분열을 치유하기 위해 서로 이해하고 협력하는 것이 필요하다. 왜냐하면 분열은 화합과 상호 이해를 통해 극복할 수 있기 때문이다.'라는 같은 말이 반복되므로 순환 논리의 오류가 나타난다. 이를 '분열을 치유하기 위해 서로 이해하고 협력하는 것이 필요하다. 왜냐하면 분열에 의한 사회적 비용의 증대는 더 큰 혼란을 초래하기 때문이다.'로 바꾸면 전제에 결론이 참임을 입증하기 위한 근거가 분명히 제시되어서 순환 논리의 오류를 피할 수 있다. 따라서 그럴듯한 말로 자기주장을 내세우는 것이 아니라 자기주장이 옳다는 근거를 충분히 제시하면서 자기주장을 내세울 수 있도록 항시 주의를 기울여야 한다.

2) 권위에 호소하는 오류

권위에 호소하는 오류는 자기주장의 옳음을 내세우기 위해 주제와 관련 없는 분야의 권위자에 의존하는 오류다. 아인슈타인(Albert Einstein)과 같은 물리학 분야의 권위자에 의존하여 종교적 주장의 옳음을 입증하는 것이 그 예다(이상욱 외, 2010). 아인슈타인은 물리학 분야의 대가로서 혁혁한 공을 세웠으며, 물리학 이외의 분야에도 많은 관심을 보이면서 의미 있는 발언을 하였다. 그런데도 아인슈타인이 종교학 분야의 전문가는 아니므로 아인슈타인을 언급하는 것이 종교적 주장의 옳음을 입증하는 근거가 되지 않는다. 아인슈타인은 물리학 분야의 권위자지만, 그러한 권위가 다른 분야까지 미치지 않기 때문이다. 아무리 권위 있는 사람이라도 그 사람이 주제와 관련이 없다면 그 사람의 말이나 글은 수용될 수 없다. 그러므로 주제와 상관없는 분야의 권위자에 의존하는 오류는 불수용성의 오류에 해당한다.

권위에 호소하는 오류는 상업적 광고에서 비근하게 나타난다. 유명 운동선수가 화장품이나 커피를 광고하는 것, 유명 연예인이 아파트나 자동차를 광고하는 것 등이 그 예다. 운동선수는 화장품이나 커피의 권위자가 아님에도 판매자는 상품을 많이 팔기 위해 대중에게 널리 알려진 운동선수의 명망을 이용한다. 판매자는 그 선수가 사용하는 화장품이니까 또는 그 선수가 마시는 커피니까 좋을 것이라는 인식을 대중에게 심어줌으로써 상품을 많이 팔기 위해 권위에 호소하는 오류를 범하는 것이다. 특히 유명 연예인이 아동이나 청소년에게 미치는 영향이 지대하다는 점을 이용하여 판매자는 상품과 관련 없는 유명 연예인을 광고에 비일비재하게 등장시키고 있다.

권위에 호소하는 오류를 범하지 않으려면 주제와 관련된 분야에 있는 권위자의 견해를 이용하여 자기주장의 옳음을 입증하는 것이 필요하다. 어느 분야의 권위자는 그 분야에 관한 지식이나 경험이 풍부한 사람으로서 그 사람의 견해는 믿을 수 있기 때문이다. 가령 장마철에 효과적으로 자동차를 관리하는 방법에 관한 자기주장의 옳음을 입증하려면 자동차를 설계한 사람보다 자동차를 수리하는 사람의 말을 인용하는 것이 훨씬 더 설득력이 있다. 하지만 권위자의 말이 항상 옳은 것은 아니므로 권위자의 말을 인용하는 것으로 자기주장의 정당성이 무조건 확보되지 않는다. 그러므로 권위자의 견해를 비롯하여 충분한 객관적 자료에 근거하여 자기주장의 옳음을 입증하는 것이 필요하다.

3) 흑백사고의 오류

흑백사고(black-and-white thinking)의 오류는 흑과 백 이외의 여러 가지 색이 있음을 무시하거나 고려하지 않는 식으로 모든 문제를 양극단으로만 구분하면서 나타나는 오류다. 흑백사고의 오류는 흑 아니면 백, 선 아니면 악, 득 아니면 실처럼 세상을 단순히 둘로 나누어 사고함으로써 범하는 오류다(탁석산, 2017b). 세상에는 흑이면서 동시에 백인 것은 없다. 하지만 흑도 아니고 백도 아닌 것은 많다. 즉, 흑이 아닌 것이 모두 백은 아니다. 어떤 것이 흑이 아니므로 백이라고 말하는 것은 흑백사고의 오류에 해당한다(조성민, 2011). 흑백사고의 오류는 어떤 견해를 긍정하지 않는 것은 바로 부정이라고 주장하는 등 이것 아니면 저것이라고 사고함으로써 발생한다. 흑백사고에서 전제는 흑 아니면 백만 있으므로 그 전제는 수용되기 어렵다. 그래서 흑백사고의 오류는 불수용성의 오류에 해당한다.

흑백사고의 오류는 서로 반대되는 견해가 충돌할 때 하나를 부정하면 다른 하나를 긍정할 수밖에 없다는 식으로 나타난다(조성민, 2011). 누군가가 어떤 견해에 대해 찬성하지 않으면 바로 반대한다고 단정해 버리는 것에서 흑백사고의 오류가 나타난다. 지금 찬성이나 반대를 결정하기 어려워서 기권할 수도 있고 각각의 견해에서 문제점을 발견하여 좀 더 논의가 필요하다고 판단할 수도 있다. 이러한 상황을 고려하지 않고 무조건 찬성 아니면 반대라고 단정해 버리는 것이 흑백사고의 오류다. 이렇게 찬성 아니면 반대라고 단정해 버리면 더는 논의가 진전되지 못하고 급기야 잘못된 결론이 도출될 수 있다. 충분한 논의를 통해 최선의 문제해결방안을 찾은 후 찬반을 결정해야 함에도 찬반을 정하는 데 급급해서 잘못된 결론이 도출되는 것이다.

따라서 흑백사고의 오류는 활발한 논의를 가로막음으로써 잘못된 결과를 초래할 수 있다는 문제점이 제기된다. 더군다나 흑백사고의 오류는 감정적 대응을 유발하기 때문에 논의 자체가 유지되기 어렵다는 데 문제의 심각성이 있다. 찬성 아니면 반대라고 단정 짓고 선을 긋기 때문에 상대방의 기분이 나빠지고 언성이 높아지면서 합의점을 찾기가 어려워지는 것이다. 부모가 자녀에게 공부를 잘하면 나중에 의사가 되지만, 공부를 못하면 거지가 된다고 말하는 것이 그 예다(탁석산, 2017b). 공부를 잘하느냐 못하느냐는 그 기준이 무엇이냐에 따라 달라지며, 공부를 잘하는 정도가 미래의 직업을 결정짓는 것도 아니다. 그런데도 부모는 공부를 잘하는 것과 못하는 것으로만 구분하고, 공부를 잘하면 좋은 직업을 가지고, 공부를 못하면 나쁜 직업을 가진다고 말한다. 이렇듯 부모가 흑백사고의 오류를 범하면 부모와 자녀 사이의 대화가 감정적으로 흘러 서로 언성이 높아지고 더는 대화가 이어지지 않는다.

흑백사고의 오류를 범하지 않으려면 흑과 백 이외의 여러 가지 색이 있음을 항시 염두에 두어야 한다. 너무나 당연하고 옳다고 받아들여지는 생각도 틀릴 수 있으며, 지금은 굉장히 엉뚱하고 이상하게 보이는 생각도 언젠가는 진실로 밝혀질 수 있다. 전혀 예상하지 못한 상황이 다양하게 발생할 수 있는 것이다. 그러므로 모든 경우의 수를 고려하여 여러모로 생각하고 판단하는 것이 필요하다. 그렇지 않으면 세상을 내 편과 네 편으로 갈라놓음으로써 최악의 결론이 도출될 수 있다. 이는 다수결이 찬성 아니면 반대 이외의 다른 결정을 고려하지 않아서 다수결에 의한 결정이 언제든지 옳지 않으며 심지어 누군가가 심각한 피해를 본다는 사실에서 잘 드러난다. 따라서 최선의 해결방안을 찾으려면 다양한 각도에서 문제를 바라보고 여러 가지 경우의 수를 고려하는 등 흑백사고의 오류를 범하지 않는 것이 중요하다.

2. 무연관성의 오류

무연관성의 오류는 전제와 결론이 연관되지 않아서 나타나는 오류다. 좋은 논증의 조건 중 하나인 연관성을 위반하는 것이 무연관성의 오류다. 즉, 전제와 결론이 연관되지 않음에도 마치 연관된 것처럼 꾸밀 때 발생하는 오류가 무연관성의 오류다(생각공장, 2014). 전제가 참이어도 결론과 연관되지 않으면 좋은 논증이 아니므로 오류를 범하는 것이 된다. 결론과 관계없는 전제는 아무리 많이 제시되어도 결론을 뒷받침하지 못한다. 낱낱의 전제가 결론의 참이나 거짓에 영향을 미치지 않기 때문이다. 간혹 대화하거나 글을 읽는 도중에 '그런데 여기서 이 말을 왜 하는 거지?'라는 의문을 가질 때가 있다. 이는 앞에서 하던 말과 연관되지 않은 말이 갑자기 튀어나올 때 나타나는 반응으로, 무연관성의 오류를 범하고 있음을 가리킨다. 불수용성의 오류는 전제 자체에서 발생하지만, 무연관성의 오류는 전제와 결론의 관계에서 발생한다는 점에서 차이가 있다. 무연관성의 오류에는 결론과 상관없는 대중이나 동정, 전통, 공포 등에 호소하는 것, 상대방의 주장과 비슷한 환상을 만들어서 반박하는 것, 주장하는 사람의 신상을 공격하는 것, 전제가 발생 당시의 성질에만 초점을 두는 것 등이 포함된다.

1) 대중에 호소하는 오류

대중에 호소하는 오류는 대중의 편견이나 감정 등을 자극하여 자기주장의 옳음을 내세우는 오류다. 대중에 호소하는 오류는 자신의 견해에 대한 타당한 근거를 제시하는 대신 대중에 호소하여 자기주장이 옳다고 말하는 것이다. 대중에 호소하는 오류는 보통 내 생각은 많은 사람이 찬성하니까 옳고, 네 생각은 많은 사람이 반대하니까 옳지 않다는 식으로 나타난다. 그러므로 대중에 호소하는 오류는 어떤 견해의 타당성 여부가 아니라 많은 사람의 지지 여부에 의해 자기 견해의 옳음을 주장하는 오류다. 대중에 호소하는 오류는 단지 많은 사람이 지지한다는 이유로 어떤 전제를 내세우면서 자기주장의 옳음을 주장하기 때문에 전제와 결론이 연관되지 않는 무연관성의 오류에 해당한다.

어떤 견해의 옳고 그름은 많은 사람의 지지 여부와 상관없는 문제다(최훈, 2015). 많은 사람이 항상 합리적으로 판단하고 행동하지 않기 때문이다. 대중은 잘못 알고 있거나 잘못 판단하는 경우가 많으며, 정확한 정보를 확인하기보다 다수의 선택을 따르는 경향이 있다. 다수를 따르는 것이 더 이롭다고 판단하여 많은 사람이 선택한 행동을 따르는 현상인 **군중심리**(crowd mind)가 대표적이다. 많은 사람이 구매한 물건을 사거나 맛있다고 소문난 식당을 찾아가는 것이 군중심리의 예다. 그러나 구매한 사람이 많아서 산 물건이나 소문난 식당의 음식에 실망하는 경우가 비일비재하게 나타나는 등 군중심리에 따른 행동은 후회스러운 결과로 이어지기 쉽다.

군중심리는 대중을 선동하여 자신의 정치적 목적을 달성하려는 정치가(politician)에 의해 자주 이용된다. 정치가는 자신의 정치적 생명을 유지하려면 반드시 대중이 자기주장을 믿고 따르도록 해야 하므로 군중심리를 이용한다. 이를테면, 자신이 추진하려는 정책이나 제도에 대한 정당성을 확보할 때 정치가는 어떤 제도가 세계 대부분의 나라에서 시행되니까 그 제도를 채택해야 한다거나 어떤 정책은 다수가 인정하니까 좋은 정책이라고 주장한다(조성민, 2011). 이처럼 군중심리는 정치가의 정치적 목적 달성에 자주 이용되기 때문에 공적 이익보다 사적 이익을 위해 악용되는 경우가 많다. 심지어 군중심리는 종종 비도덕적으로 이용되어 여러 사람에게 심각한 피해를 주기도 한다. 나치가 군중심리를 이용하여 독일민족의 우수성을 믿게 하면서 유대인 학살을 정당화한 것이 그 예다.

따라서 대중에 호소하는 오류는 단지 오류에 그치는 것이 아니라 사회적으로 매우 심각한 문제를 일으킬 수 있다. 많은 사람이 선택한다는 이유로 따르는 것이나 따르게 하는 것 모두 개인이나 사회에 심각한 피해를 줄 수 있다. 지지율이 조작된 것도 모른 채 지지율이 높은 후보를 선출함으로써 낭패를 볼 수 있으며, 환경호르몬을 유발하는 물건임에도 구매 고객이 많다는 이유로 샀다가 건강이 심각하게 나빠질 수 있다. 게다가 피해가 일회성으로 그치는 것이 아니라 장기화하여 목숨을 잃는 경우가 발생할 수도 있다. 이처럼 대중에 호소하는 오류 때문에

일상생활에서 피해를 볼 수 있으므로 자신뿐만 아니라 타인에게 대중에 호소하는 오류가 나타나는지를 항시 예의주시하는 것이 필요하다.

글에서 대중에 호소하는 오류는 대다수 사람을 언급하거나 여론조사 결과만으로 자기 견해의 옳음을 주장하는 식으로 나타난다. 많은 사람이 어떤 견해를 지지한다는 사실이 그 견해의 옳음을 증명하는 것이 아님에도 많은 사람이 지지하므로 옳다는 식으로 글을 쓰는 것이다. 반대로 많은 사람이 지지하지 않으므로 옳지 않다는 식으로 글을 쓰기도 한다. 예를 들어, 어떤 정책을 비판할 때 그 정책의 문제점을 객관적으로 쓰는 것이 아니라 대다수 국민이 원하지 않으므로 정책을 폐기해야 한다고 쓸 수 있다. 이런 식의 비판은 감정적으로 문제를 바라보게 하면서 비효율적 논쟁을 불러일으키므로 문제를 해결하는 데 전혀 도움이 되지 않는다. 따라서 대중에 호소하는 오류를 범하지 않으려면 결론과 연관된 객관적 자료에 근거하여 글을 쓰는 것이 필요하다.

2) 동정에 호소하는 오류

동정에 호소하는 오류는 타당한 근거를 제시하는 대신 상대방의 동정이나 연민을 유발하여 자기주장을 받아들이게 하는 오류다. 이 오류는 법정에서 자주 사용되는데, 왜냐하면 변호사는 의뢰인의 무죄를 입증하는 데 판사의 동정심을 유발하는 것이 효과적이라고 판단하기 때문이다(조성민, 2011). 도둑질을 한 사람의 무죄를 주장할 때 생계를 연명하기 어려운 형편이라거나 심신미약 상태라는 등의 이유를 제시하는 것이 그 예다. 의뢰인의 형편은 유죄 선고 후 형벌을 가볍게 하려는 정상참작에서 고려될 수 있지만, 도둑질의 유죄 여부와는 전혀 상관이 없다(최훈, 2015). 의뢰인의 어려운 형편이 사실일지라도 의뢰인의 형편이 도둑질의 무죄를 입증하는 증거가 되지 않기 때문이다. 그런데도 변호사는 동정심을 유발하여 의뢰인의 무죄를 입증하기 위해 동정에 호소하는 오류를 자주 이용한다.

동정(sympathy)은 다른 사람의 어려운 처지를 안타깝게 여기는 것으로, 동정심 유발은 자기주장에 대한 심정적 공감대를 형성하는 데 도움이 된다(생각공장, 2014). 동정심을 유발함으로써 자기주장에 대한 상대방의 감정적 지지를 끌어낼 수 있다. 예를 들어, 독거노인을 도와주어야 한다는 당위성을 강조하는 것보다 독거노인이 실제 사는 모습을 직접 보여주어서 동정심을 유발하는 것이 독거노인을 위한 후원금 모집에 더 효과적이다. 동정에 호소하는 것 자체가 잘못된 행동은 아니다. 하지만 어떤 견해의 타당성을 입증하기 위해 동정에 호소한다면 이는 오류를 범하는 것이 된다. 어떤 견해에 대한 감정적 지지가 그 견해의 옳고 그름을 입증하는 근거가 되지 않기 때문이다.

동정에 호소하는 오류를 범하지 않으려면 자기주장이 경험적 증거나 합리적 이유에 의해 뒷받침되는지를 항시 점검하는 것이 필요하다. 상대방의 심금을 울리는 미사여구가 아닌 결론과 연관된 전제를 사용하여 자기주장의 타당성을 입증해야 한다. 이를테면, 일자리를 구할 때 자신의 절박한 사정이 아니라 자신이 얼마나 그 일에 적합한 능력과 열정을 가졌는지를 자기소개서에 설명해야 한다. 자신은 그 일을 하는 데 필수적으로 요구되는 이러이러한 능력과 열정을 갖춘 사람이므로 자신이 반드시 뽑혀야 한다는 식으로 자기소개서를 작성해야 한다. 객관적 증거를 통해 자신이 뽑혀야 하는 이유를 설명함으로써 자기주장의 타당성을 보여주어야 한다. 동정에 호소하는 오류를 피하려면 감정적 지지가 아니라 결론과 연관된 전제를 반드시 제시해야 한다.

3) 전통에 호소하는 오류

전통에 호소하는 오류는 어떤 관행이나 사고방식이 오랫동안 유지되었기 때문에 옳다고 주장하는 오류다. 단지 오래되어서, 전통이어서, 언제나 그렇게 해서 등의 이유로 어떤 견해의 옳음을 주장하는 것이 전통에 호소하는 오류다. 전통에 호소하는 오류는 전통이 항상 올바르다고 전제하면서 자기 견해가 전통에 비추어 옳다고 주장한다. 하지만 전통은 항상 올바르지 않으며, 시대가 변함에 따라 사회적 가치는 계속 변하기 때문에 전통에 대한 해석도 바뀌게 된다. 과거에 옳았던 전통이 가치관의 변화에 따라 현재 옳지 않다고 판단될 수 있다. 전통은 항상 올바르지 않으므로 주장에 대한 근거가 되지 않는 것이다. 따라서 전통을 근거로 자기주장의 옳음을 내세우는 것은 명백한 오류다.

지금은 폐지된 호주제의 경우, 호주제 폐지를 반대하는 쪽에서 내세운 이유가 바로 전통이었다. 호주제 폐지를 반대하는 쪽은 호주제의 정당성을 주장하는 대신 호주제는 오랫동안 유지된 전통이어서 앞으로도 지속해야 한다고 주장하였다. 즉, 호주제의 정당성을 주장하기 위해 호주제와 상관없는 전통을 언급하는 오류를 범한 것이다(박정하, 2002). 반면에 호주제 폐지를 주장하는 쪽은 호주제가 가족 구성원 사이에 주종 관계를 만들어 개인의 자율성과 존엄성을 부정하고 평등한 가족관계 형성을 방해한다고 주장하였다. 호주제가 변화한 시대상을 반영하지 못한다고 주장한 것이다. 결과적으로 호주제는 남녀차별을 조장하고 가족 구성원의 복리를 저해하는 전근대적 관념이라는 이유로 폐지되었다.

전통에 호소하는 오류는 대중에 호소하는 오류의 한 형태로 볼 수 있다(최훈, 2015). 대중에 호소하는 오류가 자기주장의 옳음을 내세우기 위해 많은 사람의 지지를 언급하는 것처럼 전통에 호소하는 오류는 오랫동안의 지지를 언급함으로써 자기주장의 옳음을 내세우기 때문이다. 그러나 어떤 견해의 진위는 오랫동안의 지지와 상관없다. 잘못된 견해라도 얼마든지 오랫동안 지지를 받을 수 있기 때문이다. 지배집단이 자신의 정치적 목적을 달성하기 위해 잘못된 견해를 옳은 견해로 포장하여 퍼뜨림으로써 잘못된 견해가 오랫동안 유지된 경우가 역사에서 비일비재하다. 따라서 오랫동안의 지지는 자기주장의 옳음을 뒷받침하는 근거가 되지 않는다.

한국 사회에서는 전통에 호소하는 오류가 자주 나타나는데, 왜냐하면 오백여 년 동안 지배했던 조선 왕조가 유교를 숭상한 결과로 가부장적 위계질서가 사회 곳곳에 만연해 있기 때문이다. 아랫사람은 윗사람을 무조건 공경하고 따라야 한다는 사고방식이 뿌리 깊어서 전통이 강조되는 것이다. 윗사람이 원래 그런 것이니까 해야 한다고 말하면 아랫사람은 어쩔 수 없이 따라야 하는 문화 때문에 전통에 호소하는 오류가 자주 나타난다. 아랫사람이 자기 의견과 다른 의견을 제시할 때 윗사람은 전통을 강조하면서 자기 의견을 관철하는 경우가 부지기수다. 전통을 내세우면 윗사람의 의견이 쉽게 관철되는 한국 사회의 분위기 때문에 전통에 호소하는 오류가 자주 나타나는 것이다.

따라서 전통에 호소하는 오류는 새로운 시각이나 변화를 허용하지 않는다는 문제점이 제기된다. 전통에 호소하는 오류는 전통에 매달려 낡은 사고방식을 강요하므로 시대에 따라 변화하는 가치관을 반영하지 못하는 것이다. 이는 다양한 관점으로 문제를 바라보지 못하는 것으로, 진일보한 해결방안의 도출을 방해함으로써 사회발전을 가로막는 결과를 초래한다. 전통에 호소하는 오류는 단지 잘못된 판단을 끌어내는 차원을 넘어서서 사회발전의 걸림돌이 되는 것이다. 더군다나 사회가 급변하여 새로운 가치관이 계속 요구되는 상황에서 세대 간 갈등을 유발하는 요인이 되기도 한다. 그러므로 다양한 가치관을 수용함으로써 합리적 결론을 도출하려면 전통에 호소하는 오류는 반드시 피해야 한다.

4) 공포에 호소하는 오류

공포에 호소하는 오류는 무력을 사용하거나 협박하여 상대방이 공포심을 느끼게 함으로써 자기주장을 관철하는 오류다(생각공장, 2014). 자기주장에 대한 객관적 근거를 제시하는 대신 공포를 이용하여 상대방을 협박함으로써 자신의 요구를 관철하는 것이 공포에 호소하는 오류다. 공포에 호소하는 오류는 자기주장과 상관없는 공포를 전제로 내세우기 때문에 무연관성의 오류에 해당한다. 내 말을 듣지 않으면 돈을 주지 않겠다거나 집에 들어오지 못하게 한다는 등의 발언이 그 예다. 이런 발언은 부모와 자녀 사이에서 흔히 나타나는데, 왜냐하면 돈을 받지 못하거나 집에 들어가지 못한다는 공포감이 들게 함으로써 부모는 손쉽게 자기 의견을 관철할 수 있기 때문이다. 엄마 말을 안 들으면 경찰관이 잡아간다거나 하느님을 믿지 않으면 지옥에 간다는 등의 발언 모두 공포에 호소하는 오류에 해당한다(최훈, 2015).

공포에 호소하는 오류는 남북분단이라는 특수한 상황에 놓여있는 한국 사회에서 매우 자주 나타난다. 과거에 빨갱이로 몰리면 자신을 비롯하여 온 가족이 고문을 당하거나 교도소에서 생을 마감하는 경우가 많았기 때문에 한국 사회에는 빨갱이에 대한 과도한 공포가 있다. 빨갱이로 몰리면 죽을 수도 있다는 공포심 때문에 사람들은 빨갱이로 몰리지 않으려고 말이나 행동을 조심하게 되는 것이다. 이를테면, 사람들은 빨갱이로 몰릴 수 있다는 두려움 때문에 합법적 절차에 따른 시위나 집회에 참여하는 것도 꺼린다. 그러므로 과거에 통치자는 시위나 집회를 막기 위해 시위나 집회가 빨갱이에 의한 것이라고 말하는 등 공포에 호소하는 오류를 자주 사용하였다. 한국 사회에서 통치자는 빨갱이에 대한 공포심을 이용하여 자기주장의 정당성을 확보함으로써 기득권을 쉽게 유지할 수 있었다.

공포에 호소하는 오류는 특히 선거 때마다 단골로 등장한다. 개혁 성향 후보가 당선되지 못하게 하려고 보수 세력이 적극적으로 공포에 호소하는 오류를 사용하기 때문이다. 보수 세력은 개혁 성향 후보의 발언이 사회 혼란을 일으키고 국가를 위태롭게 하며, 이러한 혼란을 이용하여 북한이 쳐들어와 전쟁이 일어날 것이라고 주장한다. 보수 세력은 객관적 자료에 근거하여 발언의 문제점을 지적하는 것이 아니라 전쟁에 대한 공포감을 조성함으로써 더는 사람들이 그 후보를 지지하지 못하게 만든다. 보수 세력은 이미 빨갱이로 몰리는 것에 대해 두려움이 있는 사람들에게 전쟁에 대한 공포심까지 느끼게 함으로써 당선되려는 것이다. 사람들은 후보의 공약을 비교하여 합리적으로 어떤 후보를 선택하는 것이 아니라 빨갱이나 전쟁에 대해 두려움을 느끼면서 잘못된 선택을 할 수 있다.

따라서 공포에 호소하는 오류는 사람들의 사고능력을 저하한다는 문제점이 제기된다. 두려움이 있는 상태에서 문제의 잘잘못을 따지고 올바르게 판단하기가 쉽지 않기 때문이다. 어릴 때 개에게 물렸던 경험이 있는 사람은 보통 성인이 되어도 개를 보면 공포심을 느낀다. 세상에서 가장 작은 개로 알려진 치와와를 만나도 그 사람은 공포심을 느끼고 그 순간부터 정상적으로 사고하는 것이 힘들어진다. 즉, 사람들은 두려움에 떨게 되면 생각이 마비된다. 마찬가지로 사람들은 공포심을 느끼는 순간부터 어떤 주장의 논리적 오류를 찾아서 반박할 사고능력이 떨어지게 된다. 빨갱이로 몰릴 것에 대한 두려움 때문에 어떤 주장의 오류를 찾겠다는 생각조차 못 하는 것이 그 예다. 이는 어떤 주장의 문제점이 은폐된 채 잘못된 주장이 횡행하는 결과를 초래할 수 있다. 잘못된 주장이 난무하는 현상이 발생하지 않으려면 공포에 호소하는 오류가 더는 사용되지 않아야 한다.

5) 허수아비 공격의 오류

허수아비 공격의 오류는 상대방의 주장과 겉으로 비슷해 보이는 환상을 만든 다음 그 환상을 반박하는 오류다. 이때 환상을 아무리 반박해도 상대방의 원래 주장은 전혀 반박되지 않고 그대로 남아 있게 된다. 즉, 진짜 주장이 아닌 공격하기 쉬운 허수아비를 만들고 허수아비를 공격하는 것이 허수아비 공격의 오류다(최훈, 2015). 허수아비 공격의 오류는 상대방의 원래 주장을 자의적으로 해석하여 공격하기 쉬운 주장으로 바꾸는 것에서 시작한다. 이렇게 바꾼 주장을 공격하여 무너뜨린 후 상대방의 원래 주장이 무너진 것으로 선전하는 것이다. 하지만 상대방의 원래 주장은 전혀 다루어지지 않은 채 남아 있으므로 논리적 오류를 범하게 된다. 원래 주장이 아닌 허수아비에 대한 근거를 제시하기 때문에 허수아비 공격의 오류는 결론과 전제가 상관없는 무연관성의 오류에 해당한다.

허수아비 공격의 오류는 긴장이 매우 고조된 격렬한 논쟁에서 자주 나타난다. 상대방의 주장을 왜곡해서라도 상대방의 주장이 틀렸음을 입증해야 하는 긴급한 상황에서 허수아비 공격의 오류가 빈번하게 나타난다. 국가보안법이 인권침해 소지가 있으니 폐지해야 한다는 주장을 공산주의를 옹호하는 주장으로 왜곡한 다음 공산주의의 문제점을 반박하는 것이 그 예다(조성민, 2011). 국가보안법 폐지라는 원래 주장을 공산주의 옹호라는 허수아비로 바꾼 다음 허수아비를 한 방에 날려버림으로써 논쟁에서 우위를 점하려는 것이다. 그러나 상대방은 국가보안법 폐지를 주장한 것이지 공산주의를 옹호한 것이 아니므로 허수아비를 쓰러뜨려도 논쟁에서 우위를 점할 수 없다. 국가보안법 폐지를 직접 반박하지 않는 한 국가보안법 폐지라는 상대방의 원래 주장은 그대로 남아 있게 된다.

허수아비 공격의 오류를 범하지 않으려면 상대방의 원래 주장을 제대로 이해하고 왜곡하지 않는 것이 우선이다. 자의적으로 상대방의 주장을 해석하고 허수아비를 만드는 대신 객관적 자세로 상대방의 주장을 꼼꼼하고 끈질기게 파악해야 한다(최훈, 2015). 그다음에 상대방의 주장을 반박할 수 있는 충분한 근거를 마련한 후 반박해야 한다. 그렇지 않으면 아무리 반박해도 상대방의 원래 주장은 그대로 남아 있어서 결국 아무것도 반박하지 않은 꼴이 된다. 또 허수아비 공격의 오류를 범하지 않으려면 상대방의 주장에 대해 감정적으로 대응하지 않아야 한다. 감정적 대응은 상대방의 주장이 제기되는 맥락과 의도를 파악하는 데 걸림돌로 작용하여 상대방의 원래 주장을 제대로 반박할 수 없도록 만들기 때문이다. 흥분한 상태에서는 논리적으로 판단하기가 어려운 것이다.

6) 인신공격의 오류

인신공격(personal attack)의 오류는 주장하는 내용이 아니라 주장하는 사람의 신상을 공격함으로써 범하는 오류다. 상대방의 주장과 상관없는 상대방의 성격이나 직업, 과거 행적 등을 문제 삼으면서 상대방의 주장을 반박하는 것이 인신공격의 오류다. 이렇게 결론과 상관없는 개인의 신상을 근거로 제시하기 때문에 인신공격의 오류는 무연관성의 오류에 해당한다. 예를 들어, 어떤 가수의 조부모가 친일파라는 이유로 그 가수의 노래 실력을 문제 삼는 것이 인신공격의 오류다. 가수의 노래가 아니라 가수의 노래와 상관없는 조상의 행적을 언급하여 가수의 노래를 평가하기 때문이다. 교통사고 목격자가 흑인이거나 노인이라는 이유로 목격자의 진술을 거짓이라고 판단하는 것도 인신공격의 오류다. 말하는 사람의 주장과 상관없는 인종이나 나이 등을 문제 삼아 그 주장의 진위를 판단하기 때문이다.

인신공격의 오류는 공포에 호소하는 오류와 마찬가지로 국회의원이나 대통령 선거 때마다 단골로 등장하는 오류다(탁석산, 2002). 선거 때는 상대 후보의 정책이나 정치적 견해가 아니라 사생활을 문제 삼아 공격하는 일이 비일비재하다. 이

혼이나 재혼, 종교, 성적 지향(sexual orientation) 등과 같은 사생활에 대해 문제를 제기하면서 상대 후보의 도덕성에 흠집을 내는 식이다. 이러한 인신공격의 오류는 유권자가 후보의 국정 수행 능력보다 도덕성에 관심을 두게 함으로써 상대 후보를 떨어뜨리려는 데 그 목적이 있다. 사생활과 국정 수행 능력이 무관함에도 사생활을 문제 삼아 후보의 자질에 흠집을 내고 정책 대결을 피하려는 수작인 것이다. 인신공격의 오류가 난무할수록 선거에서 정책 검증은 점점 더 사라지고 급기야 능력이 부족한 후보가 선출되는 최악의 결과가 나타날 수 있다.

인신공격의 오류는 주장이 아닌 사람에 초점을 둠으로써 대중의 관심이 주장 자체로부터 멀어지게 한다는 데 문제가 있다. 말하는 사람이 누구냐는 데만 관심을 둠으로써 대중이 주장의 진위를 판단할 기회를 얻지 못하기 때문이다. 이혼 경력이 있는 사람이 쓴 논평이니까 읽을 필요도 없다는 식으로 인신공격하는 것이 그 예다. 이렇게 논평보다 논평을 쓴 사람의 과거 행적에만 초점을 둔다면 대중은 논평의 진위를 판단할 기회를 얻기 어렵다. 인신공격의 오류가 내포한 또 다른 문제는 인신공격을 받을까 봐 두려워 과감히 자기 견해를 피력하지 못하는 풍토가 조성될 수 있다는 점이다. 인신공격을 받지 않으려고 좋은 게 좋다는 식의 견해만을 주장함으로써 다양한 견해가 자유롭게 오가는 분위기가 형성되지 않는 것이다. 따라서 주장 자체에 초점을 두고 주장의 진위를 판단하는 논쟁이 이루어지려면 인신공격의 오류가 사용되어서는 안 된다.

7) 발생학적 오류

발생학적 오류는 과거의 속성이 이후에도 지속한다고 가정함으로써 나타나는 오류다. 즉, 발생학적 오류는 현재의 성질이 발생 당시의 성질과 같다고 가정한 후 자기주장의 정당성을 내세우는 것이다. 발생학적 오류는 시간이 지나면서 발생 당시의 성질이 변할 수 있음을 무시하고 발생 당시의 성질에만 초점을 두고 일방적으로 자기주장을 내세우면서 나타나는 오류다(탁석산, 2002). 현재 제기되는 주장과 상관없는 발생 당시의 성질을 근거로 자기주장을 내세우기 때문에 발생학적 오류는 무연관성의 오류에 해당한다. 누군가가 시골에서 나고 자라서 문화적 혜택을 적게 받았기 때문에 아무리 좋은 대학을 나와도 교양이 없다고 주장하는 것이 그 예다. 어릴 때 시골에 살아서 문화적 혜택을 적게 받았을지라도 이후에 얼마든지 다양한 방법으로 충분히 많은 문화적 경험을 쌓아서 교양 수준이 높을 수 있기 때문이다. 누군가가 명문가 출신이어서 행실이 좋다고 하는 것이나 의료보험제도는 사회주의국가에서 처음 생겨난 것이므로 자본주의국가에서 철폐되어야 한다는 등의 주장 역시 발생학적 오류에 해당한다(조성민, 2011).

발생학적 오류는 발생 당시의 성질에만 초점을 두기 때문에 오히려 자기주장의 정당성을 확보하지 못하는 우를 범하게 된다. 언제 어디서 어떻게 발생했다는 것과 자기주장의 정당성 여부는 상관이 없음에도 발생 당시의 성질에만 초점을 둠으로써 자기주장의 정당성을 확보하지 못하는 것이다(생각공장, 2014). 결혼반지가 성차별을 상징하므로 여성 운동가가 결혼반지를 끼는 것은 잘못이라는 주장이 그 예다. 결혼반지가 성차별에 뿌리를 두기 때문에 성차별을 반대하는 여성 운동가가 결혼반지를 끼는 것은 잘못이라고 주장하는 것이다. 하지만 현재 결혼반지는 성차별을 의미하지 않을뿐더러 사회마다 부여하는 의미가 달라서 성차별을 반대하는 여성 운동가가 결혼반지를 끼는 것이 잘못이라고 말할 수 없다. 여성 운동가의 결혼반지가 잘못이라는 주장은 결혼반지의 기원에만 초점을 두는 발생학적 오류를 범함으로써 그 정당성이 확보되지 못하는 것이다.

또 발생학적 오류는 변화를 인정하지 않는다는 문제점이 제기된다. 현재의 행동이 과거의 행동에서 유래하여 지속한다고 가정하기 때문에 발생학적 오류는 변화를 인정하지 않는다. 이를테면, 연예인의 뿌리가 사당패이므로 연예인은 비천한 직업이라는 주장에는 변화를 인정하지 않는 발생학적 오류가 나타난다(생각공장, 2014). 연예인의 기원이 무엇이건 오랜 세월을 거치면서 연예인에 대한 사회적 인식과 연예인의 사회적 지위는 많이 변하였다. 연예인은 청소년이 가장 선망하는 직업 중 하나로, 연예인이 비천한 직업이라는 증거는 이제 그 어디에서도 찾기 힘들다. 발생 당시의 상황과 현재 상황은 다르므로 발생 당시의 의미와 현재의 의미가 같기 어렵다. 발생 당시의 의미가 이후에 전혀 다른 의미나 정반

대의 의미를 지닐 수 있는 것이다. 이러한 변화를 인정하지 않기 때문에 발생학적 오류가 포함된 주장은 정당화하기 어렵다.

그러므로 자기주장의 정당성을 확보하려면 발생학적 오류를 범하지 않도록 주의를 기울여야 한다. 과거가 아닌 현재에 초점을 두고 자기주장의 정당성을 확보할 수 있는 증거를 찾아야 한다. 발생 당시의 의미가 아니라 현재 통용되는 의미를 정확히 파악한 후 현재의 의미에 초점을 두고 자기주장을 논리적으로 전개하는 것이 필요하다. 특히 글을 쓸 때 시대적·사회적 상황이 변화함에 따라 의미가 지속해서 바뀌고 있다는 사실을 염두에 두어야 한다. 현재의 의미에 기초하여 쓴 글이 독자의 공감대를 끌어내는 데 훨씬 더 효과적이다. 이미 지나간 과거의 의미는 자기주장의 정당성을 뒷받침하지 못할뿐더러 독자의 반감을 불러일으킬 수 있다. 심지어 과거에 집착하여 글을 쓰는 것이 반복되면 독자로부터 외면당할 수 있다. 독자는 현재의 문제를 해결하고 싶기 때문이다. 따라서 현재의 의미에 초점을 두고 증거를 충분히 수집한 후 글을 쓰는 것이 중요하다.

3. 불충분성의 오류

불충분성의 오류는 전제가 결론을 충분히 뒷받침하지 못하여 나타나는 오류다(생각공장, 2014). 좋은 논증의 조건 중 하나인 충분성을 위반하는 것이 불충분성의 오류다. 전제가 참이고 결론과 연관되어도 그 전제가 결론을 충분히 지지하지 못하면 좋은 논증이 되지 않는다. 전제가 참일 뿐만 아니라 참인 전제가 충분히 제시될 때 전제가 결론을 강하게 지지하면서 좋은 논증이 된다. 즉, 참인 전제가 결론을 받아들일 수 있을 만큼 충분히 제시된 논증이 좋은 논증이다(탁석산, 2002). 아무리 참인 전제가 포함된 논증이라도 다른 적절한 전제가 충분히 제시되지 않으면 그 논증은 설득력이 약해서 좋은 논증이 될 수 없다. 너무 적은 증거나 편향된 증거, 겉모습만 번지르르한 증거 등이 제시되거나 증거가 전혀 제시되지 않으면 좋은 논증이 되지 않는다. 불충분성의 오류를 범하는 논증이 되는 것이다. 불충분성의 오류를 범하면 결론을 내리기에 뭔가 미흡한 느낌이 들거나 더 많은 증거를 모은 후 결론을 내려야겠다는 생각이 든다. 따라서 불충분성의 오류를 범하지 않으려면 자기주장의 정당성을 뒷받침할 수 있는 충분한 증거를 다양하게 모은 후 결론을 내리는 것이 필요하다. 불충분성의 오류에는 성급한 일반화의 오류, 무지에 호소하는 오류 등이 포함된다.

1) 성급한 일반화의 오류

성급한 일반화(generalization)의 오류는 몇몇 사례로부터 추출한 공통점이 모든 사례에 적용된다고 주장하는 오류다. 많은 사례로부터 공통점을 추출하여 일반화해야 함에도 너무 적은 사례에 근거하여 일반화함으로써 잘못된 결론을 내리는 것이 성급한 일반화의 오류다(탁석산, 2017b). 앞집 강아지도 예쁘고, 뒷집 강아지도 예쁘고, 옆집 강아지도 예쁘니 모든 강아지는 예쁘다고 결론을 내리는 것이 그 예다. 겨우 세 마리의 강아지가 예쁠 뿐인데도 모든 강아지가 예쁘다는 결론을 내리기 때문에 성급한 일반화의 오류에 해당한다. 어떤 식당에서 된장찌

개를 먹었는데 매우 맛이 없어서 다시는 그 식당에 가지 않겠다는 것도 성급한 일반화의 오류다. 단지 한 종류의 음식만으로 식당 전체의 음식을 평가함으로써 모든 종류의 음식에 대한 결론을 내리기 때문이다.

성급한 일반화의 오류는 무작위로 선택한 표본으로 전체 집단을 대표하려는 경우나 결론을 내리기 위해 추출한 표본이 너무 적으면 발생한다(김희정, 박은진, 2016). 가령 체육복 구매에 대한 찬반을 묻는다면 전체 학생을 대상으로 설문조사를 시행해야 한다. 하지만 시간이나 비용 등의 문제로 회장단과 같이 몇몇 학생에게만 설문지를 돌린 후 결론을 내린다면 성급한 일반화의 오류를 범하게 된다. 회장단이 체육복 구매를 원하지 않으므로 모든 학생은 체육복 구매를 원하지 않는다거나 반대로 회장단이 체육복 구매를 원하니 모든 학생은 체육복 구매를 원한다는 결론을 내리기 때문이다. 추출한 표본이 전체 집단을 대표할 수 없는 특수한 표본임에도 전체 집단을 대표하는 표본으로 간주하고 결론을 내리기 때문에 성급한 일반화의 오류를 범하는 것이다.

성급한 일반화의 오류는 단지 잘못된 판단으로 그치는 것이 아니라 잘못된 판단 때문에 막대한 피해가 유발될 수 있는 오류다. 중국에 판로를 개척하고자 한다면 알려진 몇 개 도시가 아니라 지역별 특징을 대표하는 여러 개 도시를 방문하여 정보를 수집해야 한다. 어떤 도시는 산간 지역에, 어떤 도시는 사막 지역에 분포하는 등 중국에 있는 수백 개의 도시는 그 특징이 고르지 않다(최훈, 2015). 몇 개 도시의 특징이 전체 도시의 특징을 대변하지 못하는 것이다. 그런데도 몇 개 도시를 방문한 후 중국에 대한 결론을 내리고 판로를 개척한다면 판로가 개척되기도 어려울뿐더러 개척된다고 하더라도 수익보다 손실이 더 클 수 있다. 성급한 일반화에 의한 잘못된 판단으로 막대한 피해가 유발될 수 있는 것이다.

성급한 일반화의 오류를 범하지 않으려면 추출한 표본이 전체 집단을 대표하는지 아닌지를 자세히 살펴보는 것이 중요하다. 예를 들어, 어느 제과점의 빵이 맛이 있는지 없는지를 판단하려면 한두 개가 아닌 종류별로 여러 개의 빵을 먹어본 후 결론을 내려야 한다. 또 성급한 일반화의 오류를 범하지 않으려면 충분히 많은 표본을 살펴보고 결론을 내려야 한다. 표본이 많을수록 더 많은 정보를 획득하여 더 정확한 결론을 내릴 수 있기 때문이다. 많은 수의 표본에서 계속 공통점이 발견될 때 전체적으로 이렇다는 식의 결론에 도달할 수 있다. 일반화할 만한 충분한 양의 표본을 살펴본 후 결론을 내려야 성급한 일반화의 오류를 범하지 않게 된다.

2) 무지에 호소하는 오류

무지에 호소하는 오류는 어떤 견해가 거짓이라는 증거가 없다는 이유로 그것을 참이라고 주장하거나, 어떤 견해가 참이라는 증거가 없다는 이유로 그것을 거짓이라고 주장하는 오류다. 즉, 논증의 결론을 정당화하는 근거로 무지를 사용하는 것이 무지에 호소하는 오류다(탁석산, 2002). 외계인이 있다는 증거가 없으므로 외계인은 없다거나, 반대로 외계인이 없다는 증거가 없으므로 외계인은 있다고 주장하는 것이 무지에 호소하는 오류의 예다. 외계인이 존재한다거나 존재하지 않는다는 결론을 정당화하는 실증적 근거를 제시하지 않고 단지 증거가 없다는 이유로 결론을 정당화하고 있기 때문이다. 무지에 호소하는 오류는 결론을 뒷받침할 충분한 전제를 제시하지 않으므로 불충분성의 오류에 해당한다.

무지에 호소하는 오류는 귀신이나 외계인, 텔레파시(telepathy)와 같이 입증하기 어려운 사실을 주장할 때 자주 범하는 오류다(박정하, 정은주, 최훈, 2002). 화성에 생명체가 있다는 증거가 없으므로 생명체는 없다거나, 신이 존재하지 않는다는 증거가 없으므로 신은 존재한다고 주장하는 것이 그 예다. 또 무지에 호소하는 오류는 상대방이 무지하거나 지식이 부족해서 자기주장을 반박하지 못한다는 점을 이용하여 자기주장을 정당화하고자 할 때 범하는 오류다(권혁래 외, 2009). 상대방이 자기주장을 반박할 충분한 증거를 가지고 있지 않다는 점을 이용하여 자기주장의 옳음을 입증하고자 할 때 무지에 호소하는 오류를 범하게 된다. 당당하게 자기주장의 옳음을 입증하지 못하고 상대방의 허점을 이용하는 것이다.

무지에 호소하는 오류를 범하지 않으려면 자기주장을 뒷받침할 증거를 충분히 수집한 후 결론을 내려야 한다. 특히 자기주장의 정당성을 확보하기 위해 상대방이 무지하다는 점을 이용해서는 안 된다. 이는 상대방의 약점을 악용하는 것으로, 논쟁을 통해 자기주장의 정당성을 밝히려는 자세가 아니기 때문이다. 증거는 현재 밝혀지지 않아도 언젠가는 발견될 수 있다. 상대방이 지금 증거를 제시하지 못하더라도 나중에 증거를 제시하면서 반박할 수 있다. 증거가 없다는 이유로 어떤 견해의 참과 거짓을 단정적으로 판단해서는 안 되는 것이다. 결론적으로 자기주장의 정당성을 확보하려면 무엇보다도 자기주장의 옳음을 입증하는 근거를 충분히 제시하는 것이 중요하다.

6장 논술

논술(essay)은 어떤 문제에 대한 자기주장을 논리적으로 서술하는 것이다. 논술은 비판적 사고를 바탕으로 충분한 근거를 제시하면서 자기주장을 글로 표현하는 것이다. 논술은 흔히 자기주장이 참임을 증명함으로써 다른 사람을 설득하거나 다른 사람의 주장을 반박하는 논증적 글쓰기를 가리킨다(박구용, 2006). 논증적 글쓰기는 묘사적 글쓰기나 서사적 글쓰기, 설명적 글쓰기 등과 다른데, 왜냐하면 묘사나 서사, 설명 등은 논증이 아니기 때문이다. 즉, 논술은 논증이 글로 표현된 것이다. 논증이 말로 표현된 것에는 토론이나 변론, 웅변, 연설 등이 있다(이상욱 외, 2010). 논술은 글쓰기의 일반적 원리를 따르면서 동시에 논증적이다. 단지 자기 생각을 글로 표현하거나 논증적이지 않은 글은 논술이 아니다(여영서, 정규태, 2006). 자기주장과 그 주장을 뒷받침하는 근거가 분명히 제시되면서 글쓰기의 일반적 원리에 따라 작성된 글만 논술이다. 따라서 논술은 글쓰기 능력뿐만 아니라 비판적으로 사고하고 문제를 파악하고 해결하는 등의 능력을 요구한다. 역으로 논술을 쓰면서 글쓰기 능력을 비롯한 다양한 능력이 개발된다. 논술은 다양한 능력을 반영하기 때문에 개인의 능력을 평가하는 도구로 이용되기도 한다.

1. 논술의 특성

논술은 어떤 문제에 대한 자신의 견해를 선택하고 나름대로 올바른 해결방안을 제시하는 것이다. 그래서 논술을 쓰려면 문제의식을 느끼는 것이 우선이다. 자신의 주변에서 발생하는 사건이나 사고를 그냥 지나치지 않고 '왜'라는 궁금증을 가지는 것에서 논술은 시작한다. 왜 전쟁이 발발하는지, 왜 산재 사고가 발생하는지, 왜 학교폭력이 일어나는지 등의 질문을 던지면서 논술은 시작한다. 즉, 자기 주변에서 일어나는 사건이나 사고를 자기 문제로 간주하고 깊이 고민하면서 문제를 해결하는 것이 논술이다. 논술을 쓰려면 주제에 대한 풍부한 배경지식과 독창적 대안을 마련할 수 있는 창의력이 있어야 한다(최훈, 2015). 이러한 지식과 능력을 바탕으로 자기주장에 대한 근거를 논리적으로 서술함으로써 독자를 설득하는 것이 논술이다. 특히 논술은 자신과 다른 견해를 가진 사람을 설득할 수 있을 정도로 충분한 근거가 일목요연하게 전개되어야 한다. 글쓴이의 생각뿐만 아니라 그 생각이 표현되는 글쓰기가 논리적으로 전개되어야 한다. 아무리 생각이 논리적이어도 그 생각이 드러나는 글이 논리적이지 않으면 논술이라고 할 수 없다. 따라서 문제 발견, 문제해결, 비판적 사고, 글쓰기가 논술의 특성으로 언급된다.

1) 문제 발견

논술은 문제를 해결하는 것이다. 문제해결을 위해 우선으로 문제를 발견해야 한다. 문제 발견(problem finding)은 설명이나 해결, 개선, 입증, 분석 등이 요구되는 문제를 글쓴이 스스로 찾아내는 것이다. **문제 발견**은 문제를 찾아내고 형성하고 창조하기 위한 행동이나 태도, 사고과정 등을 말한다(조연순, 성진숙, 이혜주, 2008). 문제를 표현하고, 구성하고, 제기하고, 형성하고, 확인하는 등의 행동이나 기술의 복합체가 문제 발견이다. 문제 발견은 문제해결의 출발점으로, 문제를 해결하려면 해결해야 할 문제를 정확히 찾아내는 것이 우선이다.

그러나 문제 발견은 쉬운 일이 아니다. 문제를 발견하겠다는 의지만으로 문제가 발견되지 않는다. 같은 사건을 접하고도 어떤 사람은 그 사건을 심각하게 생각하고 사건의 원인을 파헤치지만, 어떤 사람은 이상하다는 생각을 전혀 못 하고 그냥 지나친다. 같은 사건에 대해 사람마다 다르게 반응하는 것은 문제의식의 차이에서 비롯한다. 문제의식은 상황을 이해하고 분석하는 능력에 의해 길러진다. 상황을 세심히 관찰하고 다면적으로 파악하여 통찰하는 능력이 있어야 문제의식을 느낄 수 있다.

통찰력이 있어야 문제의식을 느끼고, 문제의식을 느껴야 문제를 발견할 수 있다. 이렇게 발견한 문제를 해결하는 것이 논술이다. 그래서 문제 발견이 논술의 첫 번째 특성이 된다. 해결해야 할 문제를 글쓴이 스스로 발견하지 않으면 논술을 쓸 수 없다. 학교에서 주어지는 과제나 논술시험과 같이 논술의 주제가 정해질 때도 글쓴이 스스로 문제를 발견해야 논술을 쓸 수 있다. 같은 주제라도 사람에 따라 전혀 다르게 접근하여 전혀 다른 문제를 발견하기 때문이다. 그러므로 논술은 기본적으로 무엇이 문제인지를 글쓴이 스스로 판단하고 찾아내는 데서 출발한다.

2) 문제해결

문제해결(problem solving)은 어렵고 난처한 문제 상황(problem situation)을 합리적으로 해결하는 것이다. **문제 상황**은 좀 더 나은 방향으로 바꾸고 싶은 상황을 말한다. 학교 앞에 공사장이 있어서 통학하기에 위험하다거나 음식물 쓰레기 양이 급증하는 것 등이 문제 상황에 해당한다. 문제해결은 문제를 파악하고, 해결방안을 모색하고, 해결방안을 선정하여 수행한 후 평가하는 등의 과정을 거친다. 즉, 문제해결은 일련의 계획적이고 체계적 과정을 통해 설정된 목표를 달성하는 것이다. 문제해결은 문제를 해결하는 방안을 모색하는 과정이지만, 문제를 해결하는 동안 새로운 문제가 발생하기도 한다.

논술의 두 번째 특성인 문제해결은 글쓴이 스스로 모든 지식과 정보를 활용하여 자신이 발견한 문제를 해결하는 것으로 나타난다. 글쓴이는 먼저 자신이 발견한 문제를 다각적이고 포괄적으로 파악하여 문제의 성격을 분명히 밝힌다. 다음에 문제를 해결하는 방안을 모색하고 최선의 해결방안을 제시한다. 문제해결방안은 실현 가능성이 있는 것으로, 다른 사람이 공감할 수 있어야 한다. 다시 말해 문제해결방안은 논리적이고 타당하게 서술되어 보편성이 있어야 한다. 글쓴이는 모든 사람의 삶이 좀 더 나은 방향으로 나아갈 해결방안을 제시해야 한다.

이러한 해결방안을 제시하려면 고정관념이나 선입견을 버리고 새로운 시각에서 문제를 바라보는 자세가 요구된다. 관습이나 타성에서 벗어나 다른 사람이 미처 생각하지 못한 방식으로 문제를 바라보아야 한다(장인선, 2003). 항상 하던 방식으로 문제를 바라보면 낡은 해결방안이 도출되어 설득력 없는 글이 되기 때문이다. 글쓴이의 독창적 아이디어는 없고 하나 마나 한 이야기로만 꽉 찬 글이 되는 것이다. 한마디로 논술로서의 가치가 없는 글이 된다. 따라서 글쓴이는 자신의 모든 지적기능을 활용하여 창의적 문제해결방안을 논리적으로 도출하는 것이 필요하다.

3) 비판적 사고

비판적 사고(critical thinking)는 어떤 주제나 주장을 객관적으로 분석하고 평가하는 것으로, 논리적 사고와 창의적 사고, 전략적 사고를 모두 포함한다. 비판적 사고는 문제를 해결하기 위해 관련 정보를 효과적으로 찾고 이용하여 새로운 결론을 끌어내는 사고과정이다. 비판적 사고는 단순히 어떤 주장을 비난하는 것이 아니라 어떤 주장에 대해 문제를 제기하고 문제해결방안을 모색하는 것이다. 비판적 사고가 없으면 글쓴이 스스로 문제를 발견하고 여러모로 검토한 후 합리적 해결방안을 제시하기 어렵다. 따라서 비판적 사고는 논술의 세 번째 특성이 된다.

논술은 문제를 해결하는 과정이 글로 나타난 것이기 때문에 분석력이나 문제해결력, 비판력, 창의력 등과 같은 고등정신기능(higher mental function)을 요구한다(박은영, 2010). 논술은 문제를 종합적으로 분석하고, 자신의 이해관계에서 벗어나 객관적으로 문제를 비판하며, 새로운 해결방안을 도출하는 등의 능력을 요구한다. 이러한 능력은 하루아침에 생겨나지 않으며, 장기간의 부단한 노력과 훈련으로 길러지게 된다. 많이 읽고, 많이 생각하고, 많이 써야 길러지는 것이다. 논술은 고등정신기능을 요구하지만, 논술을 쓰면서 고등정신기능이 길러지게 된다.

특히 논술을 쓰려면 비판적 읽기가 선행되어야 한다. 비판적 읽기는 글의 내용을 이해하는 수준을 넘어서서 글을 평가하고 판단하는 것이다(김영채, 2011). 다른 사람이 쓴 글을 읽고 그 사람이 제시하는 논증을 평가하고 진위를 판단함으로써 글을 더 깊이 이해하는 것이 비판적 읽기다. 즉, 비판적 읽기는 글의 정확성, 객관성, 타당성, 효용성 등을 판단하면서 읽는 것이다. 비판적 읽기는 글의 주제를 찾고, 내용을 요약하고, 구성을 확인하는 등의 절차에 따라 이루어진다. 그다음에 글쓴이의 주장과 주장을 뒷받침하는 근거가 충분히 제시되어 있는지, 객관적이고 타당한 결론이 논리적으로 도출되는지 등을 평가한다.

비판적 읽기를 통해 비판적 사고가 형성되고, 비판적 사고를 바탕으로 논술을 쓸 수 있다. 비판적 읽기가 선행되지 않으면 논리적이고 창의적 글쓰기는 불가능하다(권혁래 외, 2009). 단지 글쓴이의 의도를 따라가는 것이 아니라 끊임없이 생각하고 질문하고 비판하면서 글을 읽을 때 비판적 사고가 형성되어 논술을 쓸 수 있다. 역으로 논술을 쓰면서 비판적 사고가 증진하는데, 왜냐하면 글을 쓰는 동안 자기주장의 논리적 오류를 끊임없이 점검할 기회를 얻기 때문이다. 그러므로 논술은 비판적 사고를 바탕으로 이루어지는 글쓰기이면서 동시에 비판적 사고를 효과적으로 증진하는 글쓰기다.

4) 글쓰기

글쓰기(writing)는 생각이나 사실 따위를 글로 표현하는 것이다. 글쓰기는 단순히 단어를 연결하여 문장을 만드는 행위가 아니라 사실이나 의견 등을 일정한 질서에 따라 쓰는 행위다. 그러므로 글쓰기를 하는 동안 생각이 질서정연하게 가다듬어지고 정교해지게 된다. 미처 몰랐던 사실을 깨달으면서 생각이 바뀌거나 새로운 생각이 떠오르기도 한다. 보통 말하기를 통해서 의미가 새롭게 드러나거나 확연해지듯이 글쓰기를 통해서도 새로운 의미가 깨달아지는 것이다.

그러나 글쓰기는 말하기보다 고등정신기능을 훨씬 더 많이 요구한다. 논리적으로 글이 전개되지 않으면 내용이 전달되지 않기 때문이다. 말할 때는 문법이 완벽하지 않더라도 다른 사람에게 자기 생각이나 느낌을 전달할 수 있다. 하지만 문법에 맞지 않는 글은 읽히지 않아서 다른 사람에게 의미를 전달할 수 없다. 게다가 글은 일정한 절차에 따라 내용과 형식을 갖춰 체계적으로 쓸 때 완성될 수 있다. 따라서 말하기와 비교할 수 없을 정도로 글쓰기는 고등정신기능을 훨씬 더 많이 요구한다.

좋은 글을 쓰려면 많은 시간과 노력을 들여야 한다. 좋은 글은 글쓴이의 생각이나 주장이 독자에게 효과적으로 전달되는 것이다. 내용 측면에서 가치 있고 진실하며 참신한 내용이 담겨야 하고, 글의 내용이 처음부터 끝까지 글의 주제에서 벗어나지 않아야 한다. 형식 측면에서는 간결한 표현으로 과장되지 않으면서 짜임새 있게 전개되고, 문장과 문장, 문단과 문단이 논리적으로 연결되어야 한다. 독자를 고려하여 단어와 문장을 선택하고 정확한 문장 부호를 사용하는 등 문법에 맞게 글이 전개될 때 좋은 글이 된다.

글쓰기는 보통 주제를 설정하고, 자료를 수집하고, 개요를 작성하고, 집필하고, 퇴고하는 등의 다섯 단계를 거쳐 이루어진다. 주제 설정과 자료 수집, 개요 작성의 단계를 거친 후에 본격적으로 글을 쓰는 집필 단계에 들어가게 된다. 집필 단계에서 쓰는 글은 초고에 지나지 않으며, 퇴고 단계를 거친 후에야 한 편의 글이 완성된다. 논술 역시 논증적 글쓰기이므로 글쓰기의 일반적 절차에 따라 작성되어야 한다. 그렇지 않으면 글쓴이의 주장이 논리적으로 전개되지 않으면서 논술이 완성되지 않는다. 그래서 글쓰기가 논술의 네 번째 특성이 된다.

2. 논술의 구조

논술은 논증적 글쓰기이므로 논술에는 주장과 자기주장이 참임을 증명하기 위한 근거가 포함된다. 논술은 객관적이고 타당한 근거를 충분히 제시하여 자기주장이 옳음을 증명함으로써 독자를 설득할 수 있어야 한다. 자기주장의 옳음을 논리적으로 입증함으로써 독자를 설득하기 위해 논술은 기본적으로 서론, 본론, 결론의 구조에 따라 작성된다. 서론에서 문제를 제기하고, 본론에서 문제에 대한 글쓴이의 주장과 근거를 내세우고, 결론에서 자기주장을 한 번 더 강조하면서 글을 마무리한다. 논술에서 가장 핵심적 부분은 본론이다. 본격적인 논증이 이루어지는 부분이 본론이기 때문이다. 따라서 논술을 쓸 때는 본론을 먼저 쓰는 것이 바람직하다. 본론에서 글쓴이의 주장을 충분히 입증한 후 서론과 결론을 쓰는 것이 효과적이다. 대부분 사람이 논술을 쓰기 어려워하는 이유 중 하나가 서론부터 시작하기 때문이다. 서론은 글의 내용을 전체적으로 보여주는 부분이다. 그런데 아직 본론에서 어떤 내용이 어떻게 전개될지도 모르는 상태에서 글 전체의 내용을 보여주는 서론부터 쓰려고 시도하기 때문에 글쓰기가 진척되지 않는 것이다. 따라서 논술을 쓸 때는 자기주장과 주장을 뒷받침하는 근거를 충분히 제시하는 본론부터 작성하는 것이 효과적이다.

1) 서론

(1) 서론의 목적

서론은 논술의 첫인상을 결정하는 부분으로, 독자가 글을 읽게 만드는 데 그 목적이 있다(이창후, 2011). 독자는 서론에서 처음으로 한 편의 글과 만난다. 서론을 읽으면서 독자는 글을 계속 읽을지 말지를 결정한다. 따라서 서론은 독자를 유혹할 만큼 충분히 인상적이어야 한다(오병곤, 홍승완, 2008). 이는 가게에 들어간 손님이 발길을 돌리지 않도록 매력적인 물건을 가게 초입에 배치하는 것과 같다. 그러므로 누구나 뻔히 알고 있는 문장으로 서론이 시작되어서는 안 된다. 독자의 관심을 끌 수 있는 일화나 놀라운 사실, 인용 등으로 글의 첫머리를 시작하여 독자의 눈길을 사로잡아야 한다(이상욱 외, 2010).

서론은 본론에 있는 내용을 한눈에 볼 수 있도록 짜여야 한다. 본론에 있는 내용이 일목요연하게 제시되어 독자가 궁금증을 가지고 본론을 읽게 만드는 것이 서론이다. 그러나 서론은 길면 안 된다. 서론이 길어지면 독자는 서론을 읽다가 이미 글에 대한 흥미를 잃어버리게 된다. 서론이 길다는 것 자체가 잘못된 서론임을 가리킨다. 따라서 서론은 최대한 많은 내용을 담으면서 짧아야 한다(이창후,

2011). 서론은 글 전체 길이의 1/5 정도로 쓰는 것이 적절하다. 원고지 1,500자 내외의 논술을 작성한다면 300자 내외로 서론을 쓰는 것이 바람직하다.

(2) 서론에 포함되는 내용

서론에는 글쓴이가 어떤 주제를 가지고 어떤 문제를 해결하려는지가 전반적으로 드러나야 한다. 그래서 보통 서론에는 독자의 주의를 환기하는 문장이나 문제 제기, 논술의 주제인 논제의 전반적 개괄 등이 포함된다(이은경, 이은하, 2014). 글의 주제나 글쓴이가 글을 쓰는 이유, 제목에 대한 설명, 글에서 제시하는 문제 소개, 논제의 배경이나 역사적 상황, 본론에서 다루어질 주장, 독자의 흥미를 끌면서 글의 내용을 짐작할 만한 인용구, 본론에서 설명될 구체적 사례, 글쓴이와 독자 사이의 관계 등이 서론에 포함된다(Creme & Lea, 2006).

서론에 반드시 포함되어야 하는 내용은 본론에서 글쓴이가 주장하려는 문제에 대한 언급이다. 앞으로 어떤 내용이 전개될 것인지를 독자가 짐작하고 기대할 수 있도록 문제가 제기되어야 한다. 다시 말해 글쓴이가 증명하려는 문제가 무엇인지, 그 문제를 왜 지금 여기에서 제기하려는지 등이 서론에서 언급되어야 한다. 이러한 내용을 바탕으로 독자는 본론에서 전개될 문제를 기대하면서 글쓴이의 주장에 귀를 기울이게 된다. 문제 제기에 대한 언급이 없다면 독자는 자신이 글을 읽어야 할 필요성을 느끼지 못하기 때문에 글에 대한 흥미가 떨어지게 된다.

종종 주의를 끌기 위해 의문문이나 은유문으로 서론을 시작할 수 있는데, 이는 오히려 글 전체의 논리성을 떨어뜨리는 결과를 초래할 수 있다(이은경, 이은하, 2014). 의문문이나 은유문은 암시적으로 독자에게 의미를 전달하므로 독자가 주제에 대한 윤곽을 정확히 그리는 것을 방해하기 때문이다. 또 글쓴이의 주장을 단정적으로 파악하려는 독자의 기대를 충족시키지 못하기 때문이다. 따라서 글쓴이는 독자의 주의를 끄는 데만 너무 집중하지 말고 글을 통해 자신이 무엇을 말하려는지가 명확히 드러나도록 서론을 작성하는 것이 요구된다.

(3) 서론 쓰는 방법

논술의 서론에 포함되어야 하는 내용은 기본적으로 정해져 있다. 그래서 대부분 서론은 언뜻 보면 비슷해 보인다. 그러나 서론을 쓰는 방법은 글의 주제에 따라 매우 다양하다. 자기주장을 논리적으로 서술하는 논술이라도 주제에 따라 수집되는 자료가 달라서 서론은 다양하게 나타난다. 서론을 쓰는 방법은 글쓴이의 개성에 따라서도 다양하게 나타난다. 모든 사람이 같은 논제에 대해 논술을 쓰더라도 사람마다 글을 쓰는 스타일이 달라서 서론은 다양하게 나타난다.

서론의 다양함은 서론을 시작하는 방법에 따라 크게 좌우된다. 서론을 시작하는 첫 번째 방법은 개념이나 정의로 시작하는 것이다(이은경, 이은하, 2014). 글쓴이는 논제를 정확하게 파악한 다음에 자신의 글에서 가장 핵심적 용어에 대한 개념이나 정의로 서론을 시작할 수 있다. 이는 논제의 이론적 배경을 언급함으로써 글의 객관성과 신뢰성을 높이는 데 이바지한다. 그뿐만 아니라 글이 분명한 개념이나 정의에 의존함으로써 혼란스럽지 않고 일관되게 전개될 수 있도록 도와준다. 하지만 용어의 설명이 논술의 목적은 아니므로 용어에 대한 설명이 지나치게 길어지면 안 된다.

서론을 시작하는 두 번째 방법은 최근 사회적 이슈나 상황을 제시하는 것이다. 최근에 발생한 사건이나 사고를 언급하면서 글을 시작하는 것으로, 독자의 관심을 끌기에 매우 효과적이다. 사회적 이슈는 보통 독자도 관심이 있는 것이므로 독자의 궁금증을 증폭시켜 글에 대한 흥미를 유발할 수 있다. 그러나 논제에서 벗어난 사회적 이슈는 글의 방향을 흐트러뜨리면서 글의 전개를 방해할 수 있다. 따라서 글쓴이는 논제와 연관된 사회적 이슈나 상황을 제시하는 것이 필요하다.

서론을 시작하는 세 번째 방법은 속담이나 격언을 이용하는 것이다. 논제와 연관된 속담이나 격언을 이용하여 서론을 시작하는 방법으로, 독자의 호기심을 자극하는 데 효과적이다. 속담이나 격언을 제시하면 독자는 '어, 무슨 말을 하려는 거지?'라는 궁금증을 가지게 되고, 그다음 문장을 읽게 된다. 예를 들어, '원인 없는 결과는 없다.'라는 문장으로 시작하는 것보다 '아니 땐 굴뚝에 연기 나랴'라는 속담으로 시작하는 것이 독자의 호기심을 자극하는 데 더 효과적이다.

서론을 시작하는 네 번째 방법은 논제의 배경이나 역사적 상황을 제시하는 것이다. 논제가 기후변화에 관한 것이라면 기후변화에 관한 정보를 제공하면서 서론을 시작할 수 있다. 기후변화가 무엇인지, 왜 나타나고 있는지, 전 세계적으로 어떻게 진행되고 있는지 등을 설명하면서 서론을 시작하는 것이다. 이는 논제에 관한 배경지식을 독자에게 설명함으로써 독자가 논제를 더욱 쉽게 이해할 수 있도록 도와준다는 장점이 있다. 그러나 용어의 설명과 마찬가지로 배경의 설명이 논술의 목적은 아니므로 글쓴이는 배경지식에 대한 설명이 길어지지 않도록 주의를 기울여야 한다.

서론은 독자에게 강한 첫인상을 안겨주어야 하므로 사실상 본론이나 결론보다 서론을 쓰는 것이 훨씬 더 힘들다. 본론이나 결론보다 서론을 쓰는 데 훨씬 더 많은 시간과 노력이 소요된다. 이렇듯 서론을 쓰는 것이 힘들어서 서론을 붙들고 있다가 본론이나 결론으로 나가지 못하고 급기야 글쓰기를 포기하기도 한다. 그래서 본론을 먼저 작성하고 서론을 나중에 쓰는 것이 글을 쓰는 데 효과적이다 (Creme & Lea, 2006). 글쓴이의 머릿속 생각이 아무리 명확하더라도 생각이 그대로 글로 표현되지 않는다. 글을 다 쓰고 난 후 글로 표현된 것을 보고 글쓴이 자신도 글의 내용을 파악할 수 있다. 따라서 다 쓴 글을 보고 글 전체를 소개하는 서론을 쓰는 것이 바람직하다.

만약 서론을 먼저 쓴 후 본론이나 결론을 쓴다면 글을 쓰는 도중에 여러 번 서론으로 돌아가 고쳐 써야 한다. 서론에서 제대로 방향을 제시하고 있는지, 본론이나 결론에 쓴 내용을 서론에서 언급하는지 등을 점검하고 수정해야 한다. 그러므로 서론을 먼저 쓸 때는 서론을 완벽하게 쓰기 위해 많은 시간과 노력을 들이지 않는 것이 현명하다. 어차피 글을 쓰면서 서론을 지속해서 수정할 것이므로 서론을 잘 써야 한다는 생각에 얽매일 필요가 없다. 짧은 시간 안에 신속하게 서론을 쓴 후 글을 쓰면서 서론을 바꾸는 것이 필요하다. 많은 시간을 들인다고 더 논리적인 글이 완성되는 것이 아니므로 효율적으로 글을 쓰는 것이 요구된다.

2) 본론

(1) 본론의 목적

본론은 논술의 가장 핵심적 부분으로, 글쓴이의 주장을 입증하는 데 그 목적이 있다. 즉, 본론의 목적은 논제에 대한 글쓴이 자신의 주장과 그 주장에 대한 근거를 제시하여 독자를 설득하는 것이다(장인선, 2003). 단지 자기주장을 내세우는 데 그치지 않고 독자의 동조를 얻는 데까지 나아가는 것이 본론의 목적이다. 그러므로 본론에서는 자기주장을 논리적으로 서술하기 위해 분명한 근거를 제시하는 것이 중요하다. 얼마나 타당하고 객관적 근거를 제시하여 자기주장을 내세우느냐에 따라 본론의 질이 결정된다. 본론의 길이는 글 전체의 3/5 정도가 적절하다. 가령 5쪽짜리 논술을 쓴다면 3쪽 정도로 본론을 쓰는 것이 바람직하다.

본론에서는 글쓴이의 주장을 뒷받침하는 근거가 분명하고 일관성 있게 제시되어야 한다. 근거가 아무리 많이 제시되어도 인과관계가 불분명하게 전개되면 독자는 글쓴이의 주장을 이해하기 어렵다. 따라서 논리적 관계가 분명하도록 주장과 근거가 전개되어야 한다. 더불어 본론은 논제에서 벗어나지 않으면서 서론과 긴밀하게 연결되어야 한다(장인선, 2003). 본론이 논제에서 벗어나면 논리적 비약이 나타나기 쉽다. 자기주장의 옳음을 입증하는 데 치중하여 이 얘기 저 얘기를 하다가 논제에서 벗어나면서 논리적 비약이 나타나는 것이다. 논제에서 벗어나지 않으려면 이미 작성된 개요에 따라 본론을 쓰는 것이 필요하다.

본론은 서론에서 제기된 문제를 구체적으로 해결하는 부분이다(이은경, 이은하, 2014). 문제를 해결하는 일련의 과정이 논리적으로 전개되는 부분이 본론이다. 본론은 논제에 대한 글쓴이의 주장이 집약되어 있으므로 논술에서 가장 중심이 되는 부분이다. 그러므로 본론을 쓸 때는 논제에서 벗어난 엉뚱한 주장을 하지 않는 것이 중요하다. 논제에서 벗어나는 순간 논술의 중심이 흔들리기 때문이다. 본론에서 글쓴이의 주장이 논리적으로 전개되지 못하면 결론이 흐지부지되어 결과적으로 자기주장이 없는 글이 된다. 본론의 각 문단은 전제와 결론으로 이루어진 논증임을 잊어서는 안 된다.

(2) 본론에 포함되는 내용

본론에서 다루어야 할 내용은 주장과 근거다(이은경, 이은하, 2014). 주장은 없고 사실만 나열된 본론이나 주장만 있고 근거가 없는 본론은 독자를 설득할 수 없다. 본론은 주장에 대한 객관적이고 명확한 근거가 충분히 제시되어야 독자에게 설득력을 발휘할 수 있다. 주장과 근거는 떼려야 뗄 수 없는 관계다. 주장이 있으면 언제든지 근거가 따라야 한다. 따라서 글쓴이는 자기주장의 옳음을 입증하는 근거를 충분히 제시하면서 본론을 작성해야 한다.

주장은 보통 명제(proposition)로 나타난다. **명제**는 판단을 언어로 표현한 것으로, 참인지 거짓인지를 명확하게 판별할 수 있는 문장이다. '개는 동물이다.'처럼 진위 파악이 가능한 의미 있는 평서문이 명제다. 즉, 명제는 'A는 B다.'는 식으로 표현되면서 의미 있는 문장이다. 아울러 주장을 표현할 때 '반드시 ~해야 한다.' 처럼 당위적 표현을 삼가는 것이 요구된다. 당위적 표현은 자기주장을 강요하는 것처럼 보여서 독자의 반감을 불러일으킬 수 있기 때문이다.

근거는 주장을 뒷받침하는 것으로, 설득력 있는 주장이 되느냐 마느냐를 결정한다. 객관적이고 타당한 근거를 제시해야 설득력 있는 문장이 된다. 자기주장이 옳음을 입증하기 위한 근거로 분석이나 예시, 비교, 통계 등이 이용될 수 있다. 또 다른 사람의 견해나 주장에 대한 반증을 근거로 이용하여 자기주장의 옳음을 입증할 수도 있다. 이때 감정이나 편견이 개입되지 않도록 주의를 기울이는 것이 중요하다(권재술 외, 2012).

(3) 본론 쓰는 방법

본론에서 주장과 근거를 다루는 만큼 본론은 주장과 근거가 명확히 드러나도록 쓰여야 한다. 글쓴이의 주장은 각 문단의 중심문장으로 나타난다. 각각의 문단은 주장을 나타내는 **중심문장**(main sentence)과 중심문장을 지지하는 **뒷받침문장**(supporting sentence)으로 구성된다. 중심문장에 따라 문단은 나뉘고, 이렇게 나뉜 문단은 일정한 기준에 따라 배열된다. 문단은 누가 봐도 분명하게 이해할 수 있도록 배열되어야 한다. 문단을 배열하는 방법으로 쟁점 대립, 문제 분석, 진단 처방, 전망 제시 등이 언급된다(이은경, 이은하, 2014).

쟁점 대립은 논제를 옹호하고 반박하는 등 대립하는 양상을 보이는 문단 배열 방법이다. 먼저 상대방의 주장에서 나타나는 문제점을 지적하면서 상대방의 주장을 반박한다. 이때 설득력 있는 반박이 되려면 편견이나 선입견을 배제하고 예의를 충분히 갖추는 것이 중요하다. 다음으로 자기주장에 대한 객관적이고 타당한 근거를 충분히 제시한다. 자기주장을 뒷받침하는 타당한 근거가 충분하지 않은 채 상대방의 주장을 반박하면 설득력이 없기 때문이다. 반박이든 주장이든 근거가 불충분하면 누구도 동조하지 않는다.

문제 분석은 논제를 정확히 파악한 후 문제점을 분석하는 문단 배열 방법이다. 즉, 특정 대상이나 현상에서 나타나는 문제점이 무엇인지를 밝혀내는 것이 문제 분석이다. 무엇이 문제인지, 문제의 원인은 무엇인지, 결과는 어떻게 도출되는지 등에 대한 글쓴이의 견해를 논리적으로 전개하면서 문단을 배열하는 것이다. 이때도 역시 객관적이고 타당한 근거를 충분히 제시하는 것이 중요하다. 글쓴이가 아무리 문제라고 주장해도 다른 사람이 그렇게 받아들이지 않으면 메아리 없는 주장이 되기 때문이다.

진단 처방은 문제의 원인을 파악하고 해결방안을 제시하는 문단 배열 방법이다. 문제가 언제 어떻게 왜 발생했는지를 명확히 밝히고, 그에 대한 해결방안을 제시하는 것이 진단 처방이다. 진단 처방에서 중요한 것은 문제의 원인을 바라보는 시각이다. 어떤 시각에서 바라보느냐에 따라 문제의 원인이 다르게 파악되고, 문제의 원인이 다르면 해결방안도 달라지기 때문이다. 따라서 진단 처방은 문제를 바라보는 시각을 먼저 밝히고 문제의 원인과 해결방안을 순서대로 제시하는 문단 배열 방법이다.

전망 제시는 문제에 대한 전망을 제시하는 것으로, 미래지향적 문단 배열 방법이다. 전망 제시는 현재 제기되는 문제를 파악한 후 그에 근거하여 미래의 전망을 제시하는 것이다. 전망을 제시하려면 글쓴이가 문제에 대한 배경지식과 풍부한 경험, 통찰력 등을 가지고 있어야 한다. 그래서 전망 제시는 다른 문단 배열 방법보다 논제에 대한 글쓴이의 지적 역량이 더 많이 요구되는 문단 배열 방법이다. 앞으로 나아갈 방향을 제시한다는 점에서 전망 제시는 목표지향적 문단 배열 방법이라고 할 수 있다(이은경, 이은하, 2014).

3) 결론

(1) 결론의 목적

결론은 글 전체의 내용을 정리하는 부분으로, 글을 분명하게 마무리하는 데 그 목적이 있다(김문수, 2017). 글쓴이는 '결론적으로', '그러므로' 등의 접속어를 사용하거나 서론에서 제시된 글의 주제를 한 번 더 진술하면서 자연스럽게 결론임을 알릴 수 있다. 논술의 가장 핵심적 부분은 본론이지만, 결론이 명확하게 작성되지 않으면 좋은 글이 될 수 없다. 본론이 아무리 논리적으로 전개되어도 결론이 명료하지 않으면 글 전체의 인상이 나빠지기 때문이다.

논술을 마무리할 때는 반드시 논제를 한 번 더 언급하는 것이 필요하다. 이는 글의 통일성과 일관성을 높임으로써 독자에게 글쓴이의 주장을 정확하게 전달하는 데 매우 효과적이다. 더불어 너무 빈약하거나 너무 거창한 결론이 도출되지 않도록 하는 데 효과적이다. 논제를 한 번 더 언급함으로써 결론이 본론의 내용으로부터 자연스럽게 도출될 수 있기 때문이다. 독자가 글쓴이의 주장을 한 번 더 생각할 수 있도록 기회를 제공하는 것이 결론의 목적이다.

(2) 결론에 포함되는 내용

결론에는 글 전체의 요약과 과제가 포함되어야 한다. 먼저 요약은 글쓴이의 주장을 정리함으로써 그 주장이 의미하는 바를 강조하기 위한 것이다(이은경, 이은하, 2014). 요약은 독자에게 글쓴이의 주장을 다시 한번 더 확인하고 되새기게 함으로써 독자의 공감을 끌어내려는 것이다. 요약을 통해 독자는 글쓴이의 주장을 되새기면서 공감할 수 있다. 요약할 때는 본론의 내용을 그대로 반복하는 것이 아니라 집약적이고 색다르게 표현하는 것이 중요하다. 단순히 같은 말을 반복하는 식의 요약은 상투적 결론을 도출함으로써 독자의 공감을 얻기 어렵기 때문이다. 따라서 본론에서 사용한 표현보다 좀 더 개성적이고 다양한 표현을 사용함으로써 참신하게 요약하는 것이 필요하다.

다음으로 과제는 앞으로 해결해야 할 문제나 아직 밝혀지지 않은 문제에 대한 글쓴이의 견해를 밝히는 것이다. 본론에서 충분히 논의하지 못하여 아쉬운 점이나 자기주장을 더 강화하기 위해 앞으로 논의가 필요한 점 등을 언급하는 것이 과제다. 이는 자신의 논증에서 부족한 점을 솔직히 인정함으로써 독자의 신뢰를 얻는 데 효과적이다. 자기주장이 옳으니 무조건 믿으라는 것보다 부족한 점을 앞으로 더 논의하여 보완할 테니 믿어달라고 말하는 것이 더 설득력이 있다. 따라서 과제는 글의 주제에서 벗어나지 않으면서 구체적으로 언급되어야 한다. 거창하거나 모호하게 표현되면 오히려 역효과가 발생할 수 있으므로 과제는 간결하게 표현되어야 한다.

(3) 결론 쓰는 방법

결론은 글 전체를 분명하게 마무리함으로써 독자가 고개를 끄덕이도록 하는 부분이다. 글을 끝까지 읽은 독자가 글쓴이의 주장에 완전히 공감할 수 있도록 하는 부분이 결론이다. 지금까지 전개된 많은 내용이 갈무리되면서 독자가 글쓴이의 주장에 동조하는 것이다. 깔끔하게 정리된 글을 읽으면 독자는 성취감과 만족감을 느낄 수 있다. 논리적으로 전개되는 글쓴이의 주장을 쭉 따라오다가 마지막에 '아, 그렇구나!'라는 느낌을 받으면서 독자는 성취감과 만족감을 느끼게 된다. 그러므로 글쓴이는 독자가 성취감과 만족감을 느끼면서 글쓴이의 주장에 동조하도록 결론을 깔끔하게 써야 한다.

결론을 쓰는 첫 번째 방법은 글의 주제를 분명하고 상세하게 부연하는 것이다. 이때 단순히 이미 앞에서 언급한 내용을 그대로 반복해서는 안 된다. 주제를 대변하는 속담이나 격언을 인용하는 등 주제를 다르게 표현하여 다시 한번 더 강조하고 마무리하는 것이 필요하다. 그러나 주제와 상관없는 새로운 내용을 보태서는 안 된다(김문수, 2017). 주제를 벗어난 새로운 내용을 덧붙이면 본론이 계속 이어지는 것처럼 보이기 때문에 독자는 혼란스러울 수 있다. 따라서 새로운 내용이 아니라 새로운 표현으로 글의 주제를 한 번 더 강조하면서 결론을 써야 한다.

결론을 쓰는 두 번째 방법은 본론에서 언급된 주장을 요약하여 정리하는 것이다. 이는 글쓴이의 주장을 포괄적이고 종합적으로 정리함으로써 글의 핵심 내용을 더욱더 강화하는 방법이다. 이때 '지금까지 ~에 대해 살펴보았다.', '이상으로 ~을 알아보았다.' 등의 상투적 표현은 사용하지 않아야 한다(이은경, 이은하, 2014). 이런 표현은 글의 핵심 내용과 상관없을뿐더러 불필요하기 때문이다. 아울러 글의 핵심 내용 강조가 독자에게 당위적으로 다가가지 않도록 주의를 기울여야 한다. 당위적 결론은 독자에게 심리적 부담감을 느끼게 함으로써 글쓴이의 주장에 대한 반감이 일어날 수 있기 때문이다. 그러므로 본론의 내용과 자연스럽게 연결되면서 한 번 더 핵심 내용이 강조되는 식으로 결론을 써야 한다.

결론을 쓰는 세 번째 방법은 긍정적 비전을 제시하는 것이다. 서론에서 제기된 문제를 본론에서 해결한 후, 그 문제에 대한 긍정적 비전을 결론에서 제시하는 것이다. 이는 앞으로 문제가 어떻게 전개될 것인지, 앞으로 어떤 긍정적 효과가 나타날 것인지 등을 언급함으로써 미래지향적 결론을 도출하는 방법이다. 비전은 본론에서 논의된 내용에서 한 걸음 더 나아간 발전적인 것으로서 실현 가능성이 있어야 한다. 거창하거나 대단한 비전이 아니라 지금까지의 논의에 근거한 구체적 비전이어야 한다. 실현될 수 없는 거창한 비전은 독자에게 허무맹랑하게 보이기 때문에 오히려 글쓴이의 주장을 약화하는 역효과를 불러일으킬 수 있다. 따라서 본론의 내용에 근거한 구체적 비전을 분명하게 제시하는 것이 필요하다.

3. 논술의 중요성

최근에 논술의 중요성은 점점 더 강조되고 있다. 또 개인의 능력을 평가하는 도구로 논술이 이용되는 경우가 지속해서 증가하고 있다. 이렇게 논술이 점점 더 중요해지는 이유는 세상사가 과거와 비교할 수 없을 정도로 복잡하고, 날마다 새로운 문제가 발생하고 있기 때문이다. 즉, 매일 새롭게 발생하는 문제를 해결해야 하는 상황에서 문제해결과정인 논술이 중요해지는 것이다. 물론 인간은 현재 발생하는 다양한 문제를 누군가가 해결할 것으로 기대하고 문제에 관심을 가지지 않을 수도 있다. 그렇지만 평생을 다른 사람의 판단과 결정에 따라 살 수는 없다. 다른 사람이 자신의 인생을 대신하여 살 수 없기 때문이다. 따라서 인간이 한 사회의 구성원으로서 살아가려면 자신과 연관된 다양한 문제에 관심을 두고 문제를 해결하기 위해 노력해야 한다. 더 나아가 민주시민으로서 주체적으로 자기 삶을 꾸려나가려면 분석력이나 문제해결력, 비판력, 창의력 등과 같은 고등정신기능이 발달해야 한다. 고등정신기능의 발달로 올바른 가치관을 형성함으로써 인간은 즐거움과 여유를 가진 질 높은 삶을 영위할 수 있다. 그래서 고등정신기능의 발달을 도모하는 논술의 중요성이 점점 더 커지고 있다. 현대사회에서 인간이 주체적으로 자기 삶을 꾸려나가는 데 논술은 필수적이다.

1) 문제해결력 향상

논술의 중요성이 강조되는 이유는 논술이 문제해결과정으로서 문제해결력(problem solving skills) 향상에 이바지하기 때문이다. 문제해결력은 문제 상황에서 창의적이고 논리적으로 문제를 해결하는 능력이다. 현대사회에서 발생하는 문제 대부분은 하나의 답이 정해져 있지 않다. 문제를 바라보는 시각에 따라 다양한 답이 도출될 수 있으며, 현재 도출된 답이 나중에 답이 아닐 수도 있다. 문제해결방안 역시 절대적이 아니라 상대적이다. 자신에게 최선의 해결방안이 다른 사람에게 최악의 해결방안이 될 수 있기 때문이다. 그래서 문제해결에서 중요한 것은 어떤 해결방안을 도출하느냐가 아니라 어떻게 해결방안을 마련하느냐다. 어떤 방법을 사용하여 어떤 절차에 따라 어떤 사고과정을 거쳐 해결방안을 도출하느냐가 문제해결에서 중요하다.

문제해결에서 결과가 아니라 과정이 중요하다는 것은 얼마나 창의적이고 논리적으로 문제를 해결하느냐에 중점을 둔다는 것을 가리킨다. 자신이 가지고 있는 지식과 경험을 최대한 활용하여 새로운 아이디어를 만들어내는지, 생성된 아이디어를 구조화하여 조직적으로 연결하는지 등에 중점을 두는 것이다. 특히 문제해결은 도출된 해결방안을 검토하고 문제점을 찾아서 수정하고 다시 해결방안을 도출하는 등의 과정을 되풀이한다는 점이 특징이다. 다시 말해 도출된 해결방안을 고정불변한 것으로 받아들이지 않고 더 나은 해결방안을 마련하기 위해 지속해서 고민하고 적극적으로 바꾸려는 것이 문제해결의 특징이다. 이렇게 과정에 중점을 두기 때문에 문제를 해결하는 동안 논리적 사고와 창의적 사고, 전략적 사고, 비판적 사고 등이 발달하게 된다.

문제해결력은 문제를 해결하는 과정에 중점을 두고 다양한 사고의 발달을 촉진하는 능력이다. 현대사회에서 매일매일 발생하는 수많은 문제를 자기 힘으로 해결하려면 문제해결력은 필수적이다. 문제해결력이 없다면 산적한 문제를 해결하지 못한 채 살아갈 수밖에 없으며, 결과적으로 자기 삶을 개선하고 발전시킬 수 없다. 더군다나 사회발전을 도모할 수도 없다. 문제해결력 향상은 개인뿐만 아니라 사회의 발전을 위한 절체절명의 과제다. 이처럼 문제해결력 향상이 중요하기 때문에 문제해결력 향상에 이바지하는 논술의 중요성이 강조되고 있다. 논술은 문제를 발견하고 해결하는 과정 그 자체기 때문에 그 무엇보다도 문제해결력 향상에 이바지한다. 문제해결력 향상에 이바지하는 논술의 중요성은 더욱더 확대될 전망이다.

2) 의사소통능력 함양

논술의 중요성이 강조되는 또 다른 이유는 논술이 의사소통능력(communication skills) 함양에 이바지하기 때문이다. **의사소통능력**은 다른 사람의 생각을 정확하게 파악하고 자기 생각을 다른 사람에게 효과적으로 전달하는 능력이다. 의사소통능력은 상대방의 말에 주의를 기울이고 이해하는 능력, 문법을 이해하는 능력, 상황에 맞는 적절한 단어를 사용하는 능력, 상대방의 반응에서 자신이 하는 말을 이해하는지를 파악하는 능력 등을 포함한다(김승희, 2021). 의사소통은 듣기와 읽기를 통해 이해하고 말하기와 쓰기를 통해 표현하는 등 듣기, 말하기, 읽기, 쓰기의 네 기둥에 의해 떠받쳐지는 것이다. 이렇게 네 기둥에 의해 떠받쳐지기 때문에 의사소통능력의 함양은 듣기, 말하기, 읽기, 쓰기가 고르게 발달해야 가능하다. 마치 지붕을 받치는 네 기둥 중 하나라도 길거나 짧으면 지붕이 기울어지는 것처럼 네 가지 능력이 고르게 발달하지 않으면 의사소통능력이 있다고 말할 수 없다.

의사소통능력은 사회가 복잡해질수록 그 중요성이 더욱더 강조되는데, 왜냐하면 서로 다른 의견으로 분쟁이 끊임없이 발생하기 때문이다. 사회가 복잡하다는 것은 사람들의 생각이 제각각이며 그만큼 같은 문제에 대한 서로의 관점이 매우 다름을 가리킨다. 같은 문제를 서로 다른 관점으로 바라보기 때문에 각자의 입장만 고집하다가 분쟁이 발생하게 된다. 분쟁은 심각한 경우에 물리적 충돌로 이어져 유혈사태로 치닫는 등 매우 부정적 결과를 초래할 수 있다. 따라서 한 사회가 온전하게 발전하려면 생각의 차이를 현명하게 극복하여 분쟁의 발생을 최소화하는 것이 요구된다. 세상사의 여러 가지 문제에서 서로 다른 의견이 존재함을 인정하고 각자의 의견을 존중하면서 자기 의견을 내세울 수 있어야 한다. 자기주장을 내세우는 것과 동시에 자신과 다른 의견을 고려하는 평형감각이 요구되는 것이다. 따라서 의사소통능력은 현대인에게 가장 중요하고 필수적 능력으로 강조된다(김광덕, 2016).

논술은 자기주장의 옳음을 입증함으로써 다른 사람을 설득하는 데 초점을 두기 때문에 본질에서 의사소통능력과 연관된다. 논술은 단지 자기주장을 내세우는 데 그치는 것이 아니라 자기 의견에 다른 사람이 동조하도록 하는 것이다. 논술을 쓸 때는 항상 독자를 고려해야 하며, 특히 자신과 다른 의견을 가진 사람을 염두에 두어야 한다. 자신의 견해와 다른 사람조차도 공감할 수 있도록 객관적이고 타당한 근거가 충분히 제시되어야 한다. 논술은 이견을 고려하여 자기주장을 조리 있게 표현하는 것이다. '이렇게 말하면 독자가 이해할까?', '이런 단어를 사용하면 독자가 받아들일까?'와 같이 단어 하나, 문장 하나하나를 쓸 때마다 독자를 고려하는 것이 논술이다. 그러므로 논술을 쓰면 쓸수록 의사소통능력이 향상되어 독자와 더 원활하게 의사소통할 수 있다. 사회가 복잡해질수록 의사소통능력이 강조됨에 따라 의사소통능력 함양에 이바지하는 논술의 중요성도 점점 더 커지고 있다.

2부

실천 편

7장 주제

한 편의 글은 대체로 다섯 단계를 거쳐서 완성된다(기초글쓰기교재편찬위원회, 2015). 주제를 설정하고, 자료를 수집하고, 개요를 작성하고, 집필하고, 퇴고하는 등의 다섯 단계를 거쳐 글은 완성된다. 실제로 글을 쓸 때는 개요를 작성하지 않고 집필할 수도 있고, 집필하면서 자료를 수집하고 정리할 수도 있다. 그렇지만 체계적이고 일관성 있는 글을 쓰려면 글쓰기의 다섯 단계를 밟는 것이 바람직하다. 특히 논술에서 단계적으로 절차를 밟는 것은 중요한데, 왜냐하면 절차에 따라 글을 쓰면서 자기 생각이 논리적으로 전개되기 때문이다. 그래서 주제를 잘 설정하는 것은 논술에서 매우 중요하다. 주제가 잘못 설정되면 그다음 단계인 자료 수집을 비롯하여 개요 작성, 집필, 퇴고가 모두 어려워지거나 심지어 지금까지 쓴 글을 버리고 처음부터 다시 시작하는 등 우왕좌왕할 수 있다. 첫 단추를 잘못 끼우면 좋은 글이 완성되기 어려운 것이다. 주제(theme)는 글쓴이가 말하고자 하는 핵심 생각이다. 주제는 글쓴이가 말하려는 의도가 집약되어 나타난 것이다. 글을 쓸 때는 자신이 말하고 싶은 것이 무엇인지를 명확히 정하는 것이 우선이다. 무엇을 쓸 것인지를 정하지 않고 글을 쓸 수는 없다. 그러므로 주제 설정은 글쓰기의 첫 번째 단계가 된다.

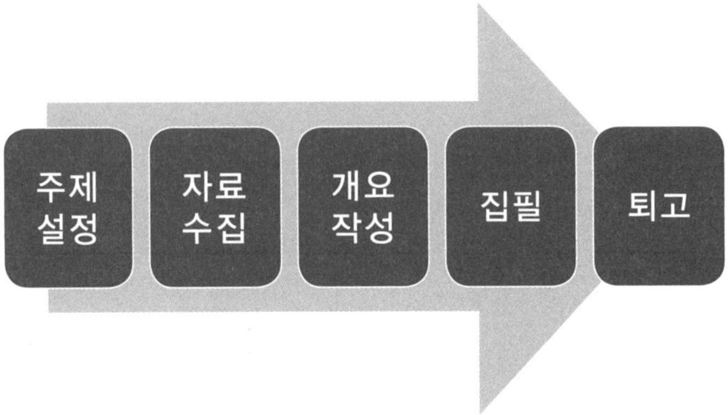

〈글쓰기의 단계〉

1. 주제 마련

글의 주제를 마련하려면 여러 가지 사항을 고려하고 준비해야 한다. 글에서 가장 중요한 것은 주제기 때문에 주제 마련에 많은 시간과 노력을 들여야 한다(송명진, 2016). 자료를 찾기 위해, 개요를 작성하기 위해, 문단을 구성하기 위해 많은 수고를 아끼지 않는 것은 오로지 주제를 잘 전달하기 위해서다. 하지만 사람들은 대체로 글을 쓸 때 주제는 대충 정하고 글의 구성이나 표현에 많은 신경을 쓴다. 미사여구로 잘 꾸며진 글을 좋은 글로 간주하기 때문이다. 그러나 아무리 미사여구로 잘 꾸며져도 독자에게 글쓴이의 의도가 분명하게 전달되지 않으면 좋은 글이 아니다. 글쓴이의 생각이 독자에게 잘 전달되어 독자를 설득할 수 있어야 좋은 글이다. 그래서 글에서 가장 중요한 것은 글쓴이의 의도가 집약된 주제다. 주제 마련에 많은 시간과 노력을 들이는 이유도 주제가 잘 정해져야 좋은 글이 완성되기 때문이다. 주제 마련을 위한 고려사항에는 글쓰기의 주체인 글쓴이, 글쓰기의 객체인 글을 쓰는 대상, 독자, 글쓰기가 이루어지는 매체 등이 포함된다. 또 주제 마련을 위한 준비사항으로 글쓰기를 끝까지 완성하겠다는 강한 의지, 글쓰기에 필요한 문법과 철자에 관한 지식, 원만한 대인관계 등이 언급된다.

1) 주제 마련을 위한 고려사항

(1) 주체

글을 쓰는 주체는 바로 글쓴이 자신이다. 글쓴이는 자기 생각을 정리하기 위해 글을 쓴다. 그리고 자기 생각을 다른 사람에게 전달하기 위해 글을 쓴다. 한마디로 글쓴이는 어떤 문제에 대한 자기 생각을 다른 사람에게 전달하기 위해 글을 쓴다. 글쓰기는 어떤 문제에 대한 자기 생각을 정리하는 것이므로 글 쓰는 행위는 특정인의 전유물이 아니라 누구나 할 수 있고 해야 하는 일상이다. 그런데도 대부분 사람은 글 쓰는 행위를 전문가의 일로 간주하고 글쓰기에 대한 두려움 때문에 글을 쓰려고 선뜻 나서지 않는다. 이는 자기 생각을 정리하지 않는다는 것을 가리키면서 동시에 다른 사람과 소통하지 않음을 의미한다.

글을 쓰는 행위는 자기 생각을 정리하는 것이기 때문에 글쓴이는 글을 쓰면서 자기 자신을 되돌아보는 시간을 가지게 된다. 글을 쓰면서 모호하던 문제가 명확해지고, 오해가 풀리기도 하며, 선입견이나 고정관념이 바뀌기도 한다. 몰랐던 사실을 새롭게 알 수도 있고, 당연하다고 믿었던 사실이 그렇지 않음을 깨달을 수도 있다. 전혀 예상하지 못한 새로운 아이디어가 떠오르면서 자신 안에 있는 가능성을 발견할 수도 있다. 그러므로 글을 쓰는 행위는 '나'를 형성하는 과정이며 다양한 문제의식과 부딪히면서 자신에 내재한 또 다른 가능성을 찾아가는 작업이다(신형기 외, 2007).

글을 쓰는 목적이 자기 생각을 정리하여 다른 사람에게 전달하는 것이므로 글에는 글쓴이 자신이 분명하게 드러나야 한다. 좋은 글은 글 쓰는 주체인 글쓴이 자신이 분명하게 드러나는 것이다(권재술 외, 2012). 다른 사람과 구별되는 '나'만의 생각이나 느낌, 경험 등이 분명하게 드러나는 글이 좋은 글이다. 특히 논술은 자기주장을 논리적으로 서술함으로써 상대방을 설득하는 것이 목적이므로 '나'만의 주장이 명확히 드러나야 한다. 어떤 문제에 대한 자기주장이 분명히 드러날 때 상대방을 훨씬 더 효과적으로 설득할 수 있다. 사람들은 모호하거나 뻔한 이야기에 귀를 기울이지 않는다. 자신만의 독특한 색깔로 무언가를 보여주는 글에 관심을 보인다. 남과 다른 '나'만의 주장이 명확히 드러나는 글이 상대방을 더 효과적으로 설득할 수 있다.

그러므로 논술의 주제를 마련할 때는 글쓰기의 주체인 글쓴이 자신이 충분히 고려되어야 한다. 자신이 현재 가지고 있는 문제의식이 무엇인지, 내가 하고 싶은 말이 무엇인지, 내가 다른 사람과 나누고 싶은 이야기가 무엇인지 등이 고려되어야 한다. 즉, 글쓰기의 주체인 '나'가 분명히 드러날 수 있는 주제가 마련되어야 한다. 다른 사람을 설득할 수 있도록 나만의 주장이 분명히 드러나는 주제가 마련되어야 한다. 글쓰기의 주체인 '나'가 고려되지 않은 주제로 쓴 글은 공허한 메아리가 되어 다른 사람을 설득할 수 없다. 남과 구별되는 나만의 독창성이 드러나는 주제로 글을 써야 한다.

(2) 객체

글쓰기의 객체는 글을 쓰는 대상을 말한다. 무엇을 글로 쓴다고 할 때 무엇이 객체인 셈이다. 글쓰기가 자신만의 생각이나 주장을 드러내는 것이므로 글쓰기의 대상 역시 남과 다른 무언가가 되어야 한다. 글쓰기의 대상은 지금까지 한 번도 논의되지 않았던 것이나 새로운 시각으로 이전에 언급된 내용을 바라보는 것이 되어야 한다. 한마디로 어디에서도 찾아볼 수 없는 새로운 것이 글쓰기의 대상으로 적합하다. 새로운 것이 글쓰기의 대상이 되어야 하므로 글쓰기의 대상을 찾기가 쉽지 않다. '하늘 아래 새로운 것은 없다.'라는 말이 시사하듯이 아무도 다루지 않은 새로운 것을 찾는 작업은 매우 어렵다(권재술 외, 2012). 이런 이유로 글쓰기는 없는 것을 만들어내는 작업이 아니라 있는 것을 새롭게 바라보는 작업이라고 할 수 있다. 글쓰기는 글을 쓰는 대상에 새로운 의미를 부여하는 과정인 것이다.

글쓴이가 기존의 것을 새롭게 바라보려면 통찰력(insight)과 사고력(thinking skills)이 있어야 한다. 통찰력은 사물을 완전히 간파하여 사물의 본질을 가장 가깝게 볼 수 있는 능력이다(현학선, 2012). 통찰력이 있으면 다양한 시각에서 사물을 바라보면서 사물의 본질을 파악할 수 있다. 사고력은 이치에 맞게 생각하고 판단하는 능력으로, 사고력이 없으면 글을 이해하고 비판하기 어렵다. 또 사고력이 없으면 기존의 것에 의문을 가지지 않고 있는 그대로 받아들이게 된다. 그러므로 기존의 것에 의문을 가지고 다양한 시각으로 바라보면서 새롭게 해석하려면 통찰력과 사고력이 있어야 한다. 글쓴이의 통찰력과 사고력에 의해 글쓰기의 대상에 새로운 의미가 부여되면서 글은 완성된다.

글쓰기는 대상을 중심으로 이루어지는 창조적 활동이다(권재술 외, 2012). 대상이 명확하지 않으면 글쓰기는 이루어지지 않는다. 그래서 대상은 구체적이어야 하며, 말해야 하는 내용과 말할 필요가 없는 내용이 명확히 구분되어야 한다. 글쓰기는 글쓴이가 아는 내용을 쓰는 것이 아니라 어떤 대상을 어떻게 바라보는지를 서술하는 것이기 때문이다. 특히 논술은 어떤 문제에 대한 자기주장에 초점을 두기 때문에 대상을 바라보는 글쓴이의 시각이 매우 중요하다. 글쓴이는 어떤 시각에서 대상을 바라볼지를 정한 후 대상에 대한 새로운 의미를 부여하면서 논술을 전개해야 한다. 따라서 글의 주제를 마련할 때는 무엇에 새로운 의미를 부여할지가 고려되어야 한다.

(3) 독자

모든 글은 글쓴이와 독자 사이의 소통을 지향한다(송명진, 2016). 독자와의 소통이 이루어지지 않으면 글쓴이는 자기 생각을 전달할 수 없기 때문이다. 특히 자기주장을 논리적으로 서술하여 상대방을 설득하려는 논술에서 소통이 이루어지지 않으면 논술의 목적은 전혀 달성되지 않는다. 그러므로 글을 쓸 때는 항상 자신의 글을 읽는 독자를 염두에 두어야 한다. 달리 말하면 자신의 글을 읽는 독자가 자기 생각에 공감하고 동조할 수 있도록 글을 써야 한다. 독자가 이해하지 못한 것이 잘못이 아니라 그렇게 오해하게 쓴 자신이 잘못이라는 자세로 글을 써야 한다.

그러나 독자를 설득하기는 쉽지 않다. 독자는 각기 다른 흥미와 동기, 기술 등을 가지고 있으며 독자의 지식이나 경험 역시 제각각이기 때문이다. 어떤 독자는 글쓴이가 아는 지식보다 훨씬 더 다양하고 풍부한 지식을 가지고 있으며, 어떤 독자는 글쓴이의 견해와 정반대의 의견을 내세울 수 있다. 능숙한 독자는 사전지식과 경험을 활용하여 글쓴이의 의도를 재빨리 파악하지만, 미숙한 독자는 배경지식과 경험이 빈약하거나 잘 활용하지 못하여 글의 내용을 파악하는 데 어려움을 겪는다.

독자는 글쓴이의 의도와 상관없이 자기 나름대로 글의 내용을 분석하고 예측하는 경향이 있다(신형기 외, 2007). 대부분 독자는 글을 읽으면서 자신만의 방식으로 글의 내용을 이해하고 새로운 의미를 부여하면서 지식을 구성한다. 독자마다 글의 내용을 다르게 해석하므로 독자에 따라 매번 새로운 내용을 창조한다고 볼 수 있다. 따라서 글쓴이는 자신의 글이 독자에 의해 전혀 다르게 해석될 수 있다는 점을 고려하여 단어 하나하나에 주의를 기울여 세심하게 글을 써야 한다.

독자는 수동적 수용자가 아니라 능동적 참여자로서 글쓴이의 글을 해석하고 새롭게 창조하는 존재다. 그러므로 글을 쓸 때는 항상 독자의 생각이 자기 생각과 다를 수 있다는 점을 고려해야 한다. 아무리 자기주장을 논리적으로 서술해도 자기 의견에 반대하는 독자가 있다는 점을 염두에 두어야 한다. 이러한 독자의 특성은 논술의 주제를 마련할 때도 고려되어야 한다. 따라서 단지 자신이 말하고 싶은 주제가 아니라 독자와 소통할 수 있는 주제를 마련하는 것이 필요하다. 그렇지 않으면 독자는 글을 읽은 후에 단지 글자만 읽었다고 느낄 수 있다(송명진, 2016).

(4) 매체

글쓰기는 다양한 매체를 통해 이루어진다. 글쓰기와 연관된 매체 대부분은 책이나 잡지, 신문 등의 간행물이다(박석환, 2008). 계간이나 월간, 주간, 일간 등 다양하게 발행되는 간행물을 통해 글쓰기 대부분이 이루어진다. 책이나 신문과 같은 인쇄 매체는 보존하기 쉽고, 반복해서 볼 수 있으며, 시각적 효과가 뛰어나다는 점이 특징이다. 이러한 특징 때문에 인쇄 매체를 통한 메시지는 독자의 마음에 직접적이고 오랫동안 지속하며 설득력이 크다는 이점이 있다. 다양한 형태와 디자인으로 제작되는 잡지나 팸플릿, 포스터 등은 그 자체로 예술적 가치를 인정받기도 한다.

최근에는 인터넷 보급이 활발해지면서 전자메일이나 홈페이지, 블로그, 사회관계망 서비스(social network service: SNS) 등의 전자 매체를 통한 글쓰기가 활발한 상황이다. 전자 매체는 인쇄 매체보다 접근하기 쉽고 의견을 자유롭게 교환할 수 있어서 소통하기 쉽다는 이점이 있다. 즉, 글쓴이와 독자 사이의 소통이 쉽고 빠르게 이루어진다. 전자메일의 경우, 글쓴이가 작성한 글을 곧바로 상대방이 확인함으로써 의사소통이 신속하게 이루어진다. 홈페이지나 블로그의 경우, 댓글을 통해 즉각적으로 피드백하는 등 소통이 활발히 이루어진다. 인쇄 매체가 일방적으로 글쓴이의 생각이나 주장을 전달하는 것과 다르게 전자 매체는 글쓴이와 독자 사이에 쌍방향적 의사소통이 이루어진다(신형기 외, 2007).

그러나 전자 매체에서 이루어지는 의사소통은 문어체보다 구어체로 이루어지는 경우가 많아서 정확한 글쓰기가 이루어지지 않는다는 단점이 제기된다(권재술 외, 2012). 평소에 말하듯이 글을 쓰기 때문에 문법에 어긋나는 비문이 많이 나타나는 것이다. 문법이나 맞춤법이 틀리더라도 의미 전달이 가능하므로 잘못된 글쓰기가 많이 나타난다. 더군다나 젊은 세대는 축약어를 쓰는 경향이 강해서 전자 매체에는 문법이나 맞춤법이 틀린 비문이 많이 나타난다. 전자 매체는 주로 단순한 내용을 주고받기 때문에 전자 매체로 자기주장을 논리적으로 서술하는 것은 한계가 있다.

전자 매체에서 이루어지는 글쓰기의 문제점은 첫째, 지시어가 반복적으로 나타난다는 것이다. 주어를 정확하게 사용하여 문장을 구성하는 대신 상대방이 글의 내용을 안다고 가정하여 지시어를 사용하기 때문이다. 둘째, 단어를 생략하거나 축약하는 경우가 많다는 것이다. 단어를 생략하거나 축약하여도 의미 전달에 어려움이 없기 때문이다. 셋째, 같은 문장성분과 쉼표를 자주 사용한다는 것이다. 즉, 문법에 맞지 않는 문장이 비일비재하게 나타난다. 이 외에도 문단이 잘 구분되지 않으며, 제목이나 목차가 없는 경우가 많다는 문제점이 제기된다.

결론적으로 매체마다 각기 다른 특성이 있으므로 글을 쓸 때는 매체의 특성을 고려하는 것이 필요하다. 가령 전문적이고 학술적 주제의 글쓰기는 여러 번 보면서 고쳐야 하므로 전자 매체보다 인쇄 매체가 적합하다. 반면에 급하게 주고받으면서 정보를 공유하고 서로의 의견을 교환해야 하는 주제의 글쓰기는 인쇄 매체보다 전자 매체가 적합하다. 이처럼 글의 주제에 따라 적합한 매체가 다르므로 글의 주제를 마련할 때는 주체, 객체, 독자와 더불어 글쓰기가 이루어지는 매체의 특성도 고려해야 한다. 글의 주제가 매체의 특성과 어울리지 않으면 독자는 글을 읽을 때 어색함을 느끼기 때문에 원활한 소통이 이루어지기 어렵다.

2) 주제 마련을 위한 준비사항

글쓰기는 바로 글을 쓰는 것이 아니라 글의 주제를 마련하는 것에서 시작한다. 많은 사람이 글쓰기를 어려워하는 이유 중의 하나가 준비 없이 글쓰기를 시작하기 때문이다. 준비 없이 책상에 앉아서 바로 글쓰기를 시작하다가 아무런 진전이 없으면 자신은 글재주가 없어서 글쓰기가 안 된다고 생각하는 것이다. 그러나 글쓰기는 글을 쓰기 위한 준비가 제대로 갖춰져 있어야 완성될 수 있다. 글을 쓰기 위한 준비가 제대로 갖춰져 있지 않으면 글의 주제를 마련하기 힘들뿐더러 글을 쓰는 긴 여정을 마치기가 어렵기 때문이다. 그러므로 글쓴이는 글의 주제를 마련하기 전에 글을 쓰는 데 필요한 여러 가지 사항을 점검하고 준비하는 것이 요구된다.

글을 쓰기 위한 준비사항으로 가장 중요한 것은 글쓴이의 끈기다. 글을 시작하기 전에 글쓰기에 전력을 다하겠다는 자세와 의지를 가지는 것이 무엇보다 필요하다. 글쓰기는 자기 생각을 쓰는 것이다. 특히 자기주장을 논리적으로 서술하는 논술에서는 자기 생각이 가장 중요하다. 다른 사람의 주장을 인용하는 것도 전적으로 자기주장을 뒷받침하기 위한 것이므로 논술에서 가장 중요한 것은 자기 생각이다. 하지만 자기 생각을 일관되게 전개하려면 많은 시간과 노력이 소요된다. 그래서 글쓰기는 끈기를 요구한다. 글쓰기에 전력을 다한다는 자세와 의지가 있어야 한다. 대충 써서 글자 수를 채우는 데 급급하면 좋은 글이 완성되지 않는다.

다음으로 글을 쓰기 위한 준비사항으로 항상 독자를 염두에 두고 독자와 소통하기 위해 노력하는 자세가 언급된다. 솔직하게 자기주장을 말하는 것, 독자에게 유익한 정보를 최대한 많이 제공하는 것, 독자가 읽기 쉬운 단어와 문장을 사용하는 것 등이 요구된다. 더불어 글을 쓰려면 대인관계가 원만해야 한다. 타인과의 상호작용을 통해 다양한 아이디어를 주고받거나 자신의 글에 대한 조언을 들을 수 있기 때문이다. 글은 혼자서 쓰는 것이지만, 글을 쓰는 여정이 길어서 타인의 도움 없이 글을 완성하기는 어렵다. 자신의 어려움을 토로하고 함께 이야기를 나누는 과정에 새로운 아이디어가 떠오르거나 막혔던 문제가 해결될 수 있다. 따라서 원만한 대인관계 유지는 글을 쓰기 위해 매우 중요한 준비사항이다.

이 외에도 글을 쓰기 위한 준비사항에는 문법을 잘 아는 것, 철자를 올바르게 사용하는 것, 글을 쓸 수 있는 물리적 공간이 있는 것, 가족의 지원을 받는 것 등이 포함된다(권재술 외, 2012). 문법을 잘 아는 것은 글을 논리적으로 전개하는 데 필수적이다. 문법을 모르면 문장을 올바르게 만들지 못하여 글의 의미가 정확히 전달되지 않기 때문이다. 올바른 철자를 사용하는 것 역시 글의 의미를 정확히 전달하기 위해 요구된다. 글을 쓸 수 있는 물리적 공간이나 가족의 지원은 글쓰기에 주의를 집중하는 데 필요하다. 글쓰기에 대한 글쓴이의 의지가 아무리 강해도 주변 환경이 받쳐주지 않으면 글쓴이가 글에 집중하기가 매우 어렵기 때문이다.

글쓰기를 실행시키는 마중물로써 긍정적 자극을 주는 자기만의 시간과 공간은 중요하다. 사람마다 자기 능력을 최대한 발휘할 수 있는 시간과 공간이 다르기 때문이다. 어떤 사람은 아침에 글쓰기가 잘 되지만, 어떤 사람은 모두가 잠든 밤에 글이 잘 써진다. 어떤 사람은 조용한 집이나 도서관에서 글을 쓰지만, 어떤 사람은 시끌벅적한 카페에서 글쓰기를 즐긴다. 즉, 어떤 압박이나 방해 없이 온전히 글에 집중할 수 있는 시간과 공간은 사람마다 다르므로 자신에게 맞는 시간과 공간을 마련해야 한다. 좋은 글을 쓰려면 많은 시간과 노력을 들여야 하므로 지치지 않고 긍정적 자극을 받을 수 있는 자기만의 시간과 공간을 마련하는 것이 중요하다.

요약하면 글의 주제를 마련하기 전에 글을 쓰기 위한 여러 가지 사항이 준비되어야 한다. 끝까지 글을 완성하겠다는 굳은 의지와 자세를 가지는 것뿐만 아니라 독자와 소통하기 위해 노력하고, 문법과 철자, 띄어쓰기 등을 정확히 알고 있어야 한다. 또 글을 쓸 수 있는 시간과 공간, 가족의 지원이 뒷받침되고, 원만한 대인관계가 유지되어야 한다. 이러한 것이 제대로 갖춰지지 않으면 글의 주제를 마련하기 힘들뿐더러 끝까지 글을 완성하기 어렵다. 자신이 무엇을 쓰겠다고 고민하는 순간부터 글쓰기는 시작된다. 하지만 글을 완성하기까지는 세심한 주의가 요구된다. 따라서 글쓰기에 필요한 여러 가지 사항을 점검하고 준비한 다음에 글의 주제를 마련해야 한다.

2. 주제 설정

글의 주제는 사물을 바라보는 글쓴이의 안목이나 가치관, 주변 상황 등에 따라 매우 다양하게 설정된다. 같은 시대 같은 장소에 살고 있더라도 사람마다 가지고 있는 세계관이나 지식, 경험 등이 다르므로 주제는 매우 다양하게 설정된다. 한국 학교 교육의 문제점에 관한 글을 쓴다면 어떤 사람은 다양성이 존중되지 않는 교실 분위기를, 어떤 사람은 교사 중심의 일방적 수업 방식을, 어떤 사람은 입시 위주의 교육과정을 주제로 설정할 수 있다. 사람마다 세상을 바라보는 시각이 다르므로 서로 다르게 주제를 설정하는 것이다. 더 나아가 같은 사물을 보더라도 글쓴이의 관점에 따라 그 의미가 달라진다. 이는 사진 속의 대상이 카메라의 각도에 따라 그 모습이 무한히 변화하면서 대상이 갖는 의미가 달라지는 것과 같다(김승희, 2017b). 찍는 사람이 어떤 의도로 어떻게 찍느냐에 따라 사진에 전혀 다른 모습이 담기듯이 글쓴이의 관점에 따라 주제가 달라지는 것이다. 이처럼 사람마다 다르게 주제를 설정하므로 주제를 설정하는 데 유일하고 절대적 기준은 존재하지 않는다(배채진 외, 2008). 주제를 설정할 때는 사물에 대한 자기 생각이 분명히 드러나면서 독자와 소통할 수 있는 주제를 설정하는 것이 중요하다.

1) 주제 설정의 배경

글에서 가장 중요한 것은 주제인 만큼 주제를 설정하는 것은 매우 어려운 일이다. 학위논문을 작성할 때 보통 주제를 설정하는 데만 꼬박 삼 개월 정도가 걸린다. 주제가 정해지지 않으면 그다음 단계로 넘어갈 수 없으므로 오로지 주제 설정에만 삼 개월이란 시간이 소요된다. 때에 따라 더 긴 시간이 걸릴 수도 있으며, 그다음 단계를 진행하는 중에 주제를 바꾸는 경우도 발생한다. 자신이 정한 주제가 이미 낡아져서 대중의 관심을 끌지 못하거나 새로운 문제점이 발견되기 때문이다. 주제가 분명하지 않으면 자료를 수집하거나 개요를 작성하는 데도 확신이 없어서 글을 논리적으로 전개하기 어렵다.

이렇듯 주제 설정에 많은 시간과 노력을 쏟아야 하므로 주제를 설정하려면 평소에 사물이나 현상에 대한 문제의식을 느끼는 것이 중요하다. 문제의식을 느끼고 사물을 바라보면 그냥 스쳐 지나갈 수 있는 많은 부분에 주목할 수 있기 때문이다. 열린 마음으로 심리적 여유를 갖는 것도 중요한데, 왜냐하면 단시간에 주제를 설정하겠다는 조급한 마음으로는 절대 좋은 주제를 설정하지 못하기 때문이다. 특히 좋은 주제를 설정하려면 사물을 바라보는 다양한 시각을 수용하는 것, 절대적 법칙이나 진리를 부정하는 것, 기존 이론에 어긋나는 예외를 인정하는 것 등이 요구된다(이화여자대학교출판부, 2002).

좋은 주제를 설정하려면 첫째, 사물을 바라보는 다양한 시각을 수용해야 한다. 사물이나 현상을 바라보는 시각은 사람마다 다르다. 가을에 낙엽을 보고 어떤 사람은 처연함을 느끼고 저물어가는 한 해를 아쉬워하지만, 어떤 사람은 낙엽을 새로운 생명이 움틀 수 있는 밑거름으로 간주한다. 한쪽에서는 종교적 이유로 군대에 가지 않는 견해에 반대하지만, 다른 쪽에서는 찬성한다. 청탁금지법이 제정될 때도 찬성하는 사람부터 조금 더 두고 보자는 사람, 반대하는 사람까지 매우 다양한 시각이 존재한 적이 있다. 같은 사물이나 현상을 바라보는 시각이 매우 다양하므로 같은 문제도 매우 다양하게 해결될 수 있다. 또 기존과 전혀 다른 시각에서 사물이나 현상을 바라보면서 새로운 문제를 제기할 수도 있다. 지금까지 누구도 보지 못한 새로운 시각으로 사물이나 현상을 바라보는 것이다(권재술 외, 2012). 글쓴이는 새로운 시각으로 사물을 바라보면서 새로운 문제를 제기할 수 있어야 한다. 따라서 좋은 주제를 설정하려면 사물을 바라보는 다양한 시각이 있다는 사실을 바탕으로 다양하게 사물을 바라보는 것이 필요하다.

둘째, 좋은 주제를 설정하려면 절대적 법칙이나 진리를 부정해야 한다. 인간은 절대적인 것을 추구하지만, 세상에 절대적인 것은 없다(황장엽, 2007). 인간이 만든 도덕법칙이나 자연법칙도 절대적이지 않다. 예를 들어, 고대의 대표적 우주관으로 천오백 년 이상을 지배하였던 천동설은 새롭게 관측되는 현상을 설명하지 못해서 지동설로 대체되었다. 세상의 모든 것은 새로운 증거나 발견 때문에 끊임없이 변화하고 발전한다. 그래서 글쓴이는 당연하다고 간주하는 것에 대해 문제를 제기하는 것이 필요하다. 옳다고 말하는 것이 정말 옳은지, 당연하다고 말하는 것이 정말 당연한지, 옳다면 왜 옳은지, 당연하다면 왜 당연한지 등을 질문해야 한다. 이러한 질문을 던짐으로써 글쓴이는 절대적이거나 당연하다고 간주하는 것에 내포된 오류를 발견하고 문제를 제기할 수 있다. 더 나아가 오류를 수정할 수 있는 다양한 방법을 찾으면서 문제를 해결하고 새로운 법칙과 진리를 발견할 수 있다. 그러므로 좋은 주제를 설정하려면 절대적 법칙이나 진리가 없다는 사실을 바탕으로 당연한 것에 문제를 제기하는 것이 필요하다.

셋째, 좋은 주제를 설정하려면 기존 이론에 어긋나는 예외를 인정해야 한다. 예외 없는 법칙은 없다는 말처럼 모든 법칙에는 항상 예외가 존재한다. 즉, 일반적 규칙에서 벗어나는 일이 항상 발생한다. 특히 사회가 급변하면서 여러 가지 가치관이 혼재함에 따라 기존 이론에서 벗어난 예외가 자주 나타난다. '어, 저럴 수도 있어?'라는 놀라움이 자주 표현되는 것이다. 아직 예외가 발견되지 않았을 뿐 언젠가는 예외가 나타날 수 있다. 어떤 사물이나 현상에 대한 이론이나 법칙이 아무리 보편타당할지라도 항상 예외가 있을 수 있다. 따라서 항상 그렇다거나 모두 그렇다는 식으로 주장하는 이론이나 법칙에 대해 글쓴이는 의구심을 가지는 것이 필요하다. 예외가 있을 수 있다는 생각으로 이론이나 법칙을 다시 한번 더 자세히 살펴보아야 한다. 이러한 과정을 통해 글쓴이는 예외가 없다는 이론이나 법칙의 오류를 발견할 수 있다. 또 예외를 찾음으로써 기존 이론이나 법칙을 수정하거나 보강할 수 있다. 기존 이론에 어긋나는 예외가 있다는 사실을 바탕으로 예외를 발견하거나 기존 이론을 수정함으로써 글쓴이는 좋은 주제를 설정할 수 있다.

2) 주제 설정의 원칙

주제 설정에 유일하고 절대적 기준은 존재하지 않지만, 좋은 주제를 설정하려면 몇 가지 원칙을 따르는 것이 필요하다. 글쓴이가 관심을 두는 것, 글쓴이가 해결할 수 있는 것, 독자의 관심을 끌 수 있는 것, 글의 분량에 맞는 것 등이 좋은 주제를 설정하기 위한 원칙으로 언급된다. 이러한 원칙은 좋은 주제를 설정하기 위한 지침으로서 글쓴이가 좋은 주제를 효율적으로 설정하는 데 도움을 준다. 주제 설정의 원칙을 따르면 좋은 주제를 설정하는 데 들이는 시간이나 비용 등을 절감할 수 있다. 잘못된 주제를 설정함으로써 발생할 수 있는 여러 가지 문제를 최소화할 수 있는 것이다. 실제로 글쓴이는 자신이 잘못된 주제를 설정할 수 있다는 두려움을 가지고 있으며, 이러한 두려움 때문에 과감하게 주제를 설정하지 못하는 경우가 많다. 주제가 너무 시대착오적인 것은 아닌지, 이미 많은 사람에 의해 논의된 것은 아닌지, 주제에 관한 자료를 찾기가 어려운 것은 아닌지 등의 두려움이 있다. 따라서 주제 설정의 원칙을 따름으로써 글쓴이는 잘못된 주제를 설정할 수 있다는 두려움을 극복하고 좋은 주제를 설정하는 것이 필요하다.

좋은 주제는 첫째, 글쓴이가 관심을 두는 것이어야 한다. 글을 쓰는 주체가 글쓴이 자신인 만큼 주제는 글쓴이의 관심사와 일치해야 한다(기초글쓰기교재편찬위원회, 2015). 글쓰기는 기본적으로 자기 생각을 쓰는 것이기 때문에 글쓴이가 관심 없는 주제에 대해 글을 쓰는 것은 애초에 불가능하다. 의식적이든 무의식적이든 글쓰기는 글쓴이의 관심에서 출발한다. 그러므로 주제는 글쓴이가 관심 있는 것으로 설정되어야 한다. 하지만 종종 글쓴이의 관심과 상관없이 필요 때문에 주제가 설정되기도 한다. 가령 수학여행 존속 여부를 결정하기 위해 찬성이나 반대 중 한쪽의 관점에서 자기 의견을 제시해야 하는 경우가 생길 수 있다. 평소 수학여행에 관심이 없었더라도 어느 한쪽의 관점에서 자기 의견을 제시해야 하므로 어쩔 수 없이 관심을 가져야 한다. 이렇게 필요해서 관심을 가질 때도 끝내 관심이 없다면 자기 의견을 제시할 수 없다. 자기 의견을 제시한다는 것은 관심이 있음을 보여주는 셈이다. 즉, 필요도 크게 보면 관심에 포함된다. 그러므로 필요도 자신의 관심에 포함하여 주제의 폭을 넓히는 것이 요구된다.

둘째, 좋은 주제는 글쓴이가 해결할 수 있어야 한다(권재술 외, 2012). 다시 말해 글쓴이의 능력과 주어진 시간 등을 고려하여 글쓴이가 해결할 수 있는 것이 좋은 주제다. 특히 자기주장을 논리적으로 서술하는 논술에서 글쓴이가 해결할 수 있는 주제를 설정하는 것은 중요하다. 자기주장을 뒷받침하는 근거를 충분히 수집하고 분석하려면 시간적·경제적 여유가 필요하기 때문이다. 글쓴이가 시간적·경제적 여유가 없어서 충분한 근거를 수집하지 못하고 쓴 글은 다른 사람을 설득하기 어렵다. 글쓴이가 주제를 이해하지 못하거나 잘 알지 못한 채 쓴 글도 다른 사람을 설득하기 어렵다. 주제를 잘 알지 못한다는 것은 주제의 본질을 파악하지 못함을 의미하기 때문이다. 아무리 많은 시간과 노력을 쏟아도 자신이 해결할 수 없는 주제는 있기 마련이다. 따라서 글을 쓸 때는 자신이 투자할 수 있는 시간과 경제력, 이해력 등을 고려하여 해결할 수 있는 주제를 설정하는 것이 중요하다. 글쓴이가 관심 있는 주제라 할지라도 글쓴이가 해결할 수 없으면 그 주제는 좋은 주제가 아니다. 너무 거창한 주제보다 글쓴이가 감당할 수 있는 주제가 좋은 주제다.

셋째, 좋은 주제는 독자의 관심을 끌 수 있어야 한다. 모든 글은 글쓴이와 독자 사이의 소통을 지향하므로 글의 주제는 반드시 독자의 관심과 수준에 바탕을 두어야 한다. 독자의 관심과 수준은 밀접하게 연관된다(김명석 외, 2009). 독자의 수준보다 너무 높거나 너무 낮은 주제는 독자의 관심을 끌지 못한다. 아무리 충분한 근거를 제시하면서 자기주장을 논리적으로 서술해도 독자가 읽지 않는 글은 죽은 글이다. 글의 내용이 독자와 공유되지 않으면 그 글은 죽은 글이 된다. 일반적으로 독자는 너무 뻔하거나 새롭지 못한 주제에 관심을 보이지 않는다. 또 이미 결론이 났는데도 새삼 언급하면서 마치 새로운 주장을 펴는 것처럼 사람들을 현혹하는 주제에도 무관심하다. 현 상황을 개선하거나 미래 비전을 제시하는 등 현재 자신에게 제기되는 문제를 해결하는 데 도움이 되는 주제에 독자는 관심이 있다. 독자는 자신의 관심과 비판으로 현재 제기되는 문제를 해결함으로써 더 좋은 사회를 만들 수 있다는 희망을 보이는 주제에 관심이 있다. 독자는 수동적으로 글을 읽는 수용자가 아니라 능동적으로 글쓴이의 글을 해석하고 새롭게 창조하는 참여자기 때문이다. 그러므로 독자의 관심과 수준을 고려한 주제가 좋은 주제가 된다.

넷째, 좋은 주제는 글의 분량에 맞는 것이어야 한다(기초글쓰기교재편찬위원회, 2015). 글의 분량은 정해져 있거나 글쓴이 스스로 정하게 된다. 시나 소설, 희곡 따위의 문학작품은 글의 분량이 정해져 있지 않다. 전자 매체도 특별히 분량을 정하지 않는 경우가 많아서 글쓴이 마음대로 분량을 정하게 된다. 하지만 신문이나 잡지와 같은 인쇄 매체는 보통 제한된 분량의 글쓰기를 요구한다. 어떤 경우건 글을 쓸 때는 분량을 고려해야 한다. 글의 분량이 글의 내용을 결정하는 것은 아니지만, 글의 분량이 글의 내용에 맞을 때 독자는 글에 몰입하여 중심 생각을 파악하게 된다. 가령 글의 내용은 결론이 났는데도 계속 이야기가 이어지면 독자는 글이 지지부진하다는 느낌을 받으면서 중심 생각을 놓칠 수 있다. 반대로 이야기가 더 이어져야 할 것 같은데 글의 내용이 끝나버리면 독자는 찜찜함을 느끼면서 글쓴이의 의도를 의심하게 된다. 그러므로 글을 쓸 때는 글의 분량에 맞는 주제를 설정하는 것이 중요하다. 즉, 글의 분량에 비해 너무 광범위하거나 너무 협소하지 않은 주제가 설정되어야 한다. 자의건 타의건 정해진 분량에 맞는 주제가 설정되어야 글이 짜임새 있게 전개될 수 있다.

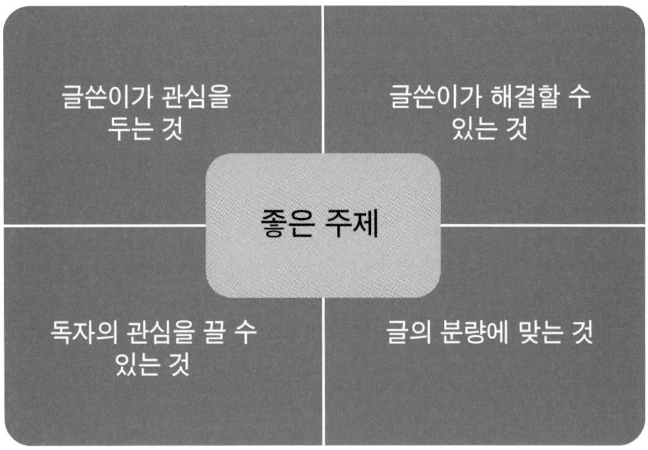

〈좋은 주제 설정의 원칙〉

3) 주제 설정의 단계

(1) 가주제 설정

주제 설정은 가주제 설정, 구체적 주제 설정, 참주제 설정, 주제문 작성 등의 순서로 진행된다(기초글쓰기교재편찬위원회, 2015). 주제를 설정하기 위해 거쳐야 하는 첫 번째 단계는 가주제 설정이다. 가주제는 임시 주제로서 글의 중심 내용이다. 하지만 그 범위가 막연하고 넓고 포괄적이다. 가주제는 글의 핵심적 내용으로, 어떤 대상에 대해 글쓴이가 느끼는 문제의식을 가리킨다(배상복, 2006). 예를 들어, '우정', '사랑', '성평등', '스트레스' 등이 가주제에 해당한다.

가주제는 그 범위가 너무 넓어서 가주제로 글을 쓰기는 어렵다. 가주제는 글쓴이가 무엇을 말하려고 하는지를 보여주지만, 글쓴이의 주장이 드러나지 않기 때문이다(김명석 외, 2009). 가주제는 어떤 문제에 대한 글쓴이의 견해가 분명히 드러나지 않는 것이다. '성평등'이라는 가주제로 글을 쓴다면 성평등에 찬성한다는 것인지, 성평등에 반대한다는 것인지 등이 명확하지 않아 글을 쓸 수 없다. 글을 쓰려면 구체적으로 자기 견해를 밝혀야 하므로 글쓴이는 가주제를 설정한 후 더 많이 고민해야 한다.

따라서 가주제 설정은 주제 설정의 첫 단계로서 글쓴이가 다양한 아이디어를 자유롭게 제시하는 단계라고 할 수 있다. 즉, 글쓴이가 평소에 느끼는 문제의식을 자유자재로 떠올리는 단계다. 보통 학교에서 요구하는 리포트는 무엇을 쓰라는 식이기 때문에 가주제가 주어지는 경우가 많다. 학생이 가주제를 설정하는 수고를 덜어주는 셈이다. 이렇게 가주제가 설정되어도 가주제로 글을 쓸 수는 없으므로 무엇을 쓸 것인지를 구체적으로 고민하는 것은 철저히 학생의 몫이다.

(2) 구체적 주제 설정

구체적 주제는 가주제의 범위를 좁혀서 다양하게 만든 주제다. 구체적 주제는 문제를 제기하는 방식으로 설정하는 것이 바람직하다(기초글쓰기교재편찬위원회, 2015). 의문문 형식으로 구체적 주제를 설정하는 것이 주제의 범위를 좁히는 데 효과적이다. 만약 가주제를 '성평등'으로 설정하면 '성평등이란 무엇인가?', '성평등이 실현되고 있는가?', '왜 성평등이 실현되어야 하는가?' 등으로 구체적 주제를 설정할 수 있다. 더 나아가 '어느 분야에서 성평등이 가장 잘 실현되고 있는가?', '기업에서 성평등을 실현할 방안은 무엇인가?' 등으로 범위를 더 좁혀서 구체적 주제를 설정할 수도 있다.

구체적 주제를 설정하면서 글쓴이는 자신이 말하고 싶은 중심 생각으로 다가갈 수 있다. 막연하게 생각하던 문제의 본질에 좀 더 가까이 다가감으로써 글쓴이는 자기 생각을 분명하게 정리할 수 있다. 이를테면, '왜 성평등이 실현되지 않는가?'라는 구체적 주제를 설정함으로써 성평등이 필요하다는 정도에 머물던 생각이 성평등의 실현을 가로막는 여러 가지 요인을 살펴보는 수준으로 발전할 수 있다. 그러므로 구체적 주제를 설정하는 단계는 단지 주제를 정하는 것이 아니라 자기 생각을 정리하는 데 초점을 두어야 한다. 구체적 주제를 설정하는 단계는 자신에게 가능한 한 많은 질문을 던짐으로써 자기 생각을 정리하는 단계다.

구체적 주제를 설정하기 위해 던지는 질문은 육하원칙에 따라 만드는 것이 효과적이다. 누가, 언제, 어디서, 무엇을, 어떻게, 왜 등을 이용하면 쉽게 다양한 질문을 만들 수 있다. 예를 들어, 누가 탄소중립을 가로막는지, 언제 탄소중립이 이루어질 수 있는지, 어디에서 탄소중립이 가장 잘 실현되고 있는지, 탄소중립이 실현되려면 무엇이 바뀌어야 하는지, 어떻게 탄소중립을 실현할 수 있는지, 왜 탄소중립이 실현되어야 하는지 등의 질문을 만들 수 있다. 이러한 질문을 만들 때 글쓴이는 질문에 대한 답을 찾아야 한다는 부담감으로 질문을 만드는 데 주저할 수 있다. 하지만 구체적 주제를 설정할 때는 답을 찾는 것이 아니라 가능한 한 많은 질문을 만드는 것이 중요하므로 글쓴이는 적극적으로 질문을 만들어야 한다.

(3) 참주제 설정

참주제는 이전 단계에서 제시된 여러 가지 구체적 주제 중에서 하나를 선택하고 그것을 하나의 어구로 압축한 것으로(기초글쓰기교재편찬위원회, 2015), 결국 글의 주제가 된다. 참주제는 가주제에 비해 범위가 좁고 한정된 주제로, 어떤 대상에 대한 글쓴이의 분명한 주장이 담긴 주제다(박아르마, 이찬규, 2004). 참주제는 글의 주제이므로 글쓴이는 자신이 말하고자 하는 핵심 생각이 분명해질 때까지 구체적 주제의 범위를 좁혀야 한다(전상국, 2012). 이전 단계에서 제시된 구체적 주제 중 하나를 선택한 후 그 범위를 좁히고 좁혀서 하나의 압축된 어구로 만들어야 한다. 그러므로 참주제 설정은 단순히 구체적 주제 중 하나를 선택하는 것이 아니라 구체적 주제의 범위를 좁혀서 한정된 주제를 만드는 것이다.

참주제는 어떤 대상에 대한 하나의 주장이나 관점으로 집약된 주제기 때문에 글쓴이의 신념이나 태도, 세계관 등이 드러난다(배상복, 2006). 참주제는 세상을 바라보는 글쓴이의 시각과 문제의식을 보여주면서 동시에 글쓴이가 글을 전개하는 방향이 드러나는 것이다. 만약 여러 가지 구체적 주제 중에서 '기업에서 성평등을 실현할 방안은 무엇인가?'를 선택한다면 이는 현재 기업에서 성평등이 실현되지 않고 있음을 글쓴이가 문제로 여기고 이를 개선하기 위해 글을 쓰려고 한다는 것을 가리킨다. 글쓴이는 '기업에서 성평등을 실현할 방안은 무엇인가?'라는 구체적 주제로부터 '기업의 성평등 현황과 개선방안'이라는 참주제를 설정할 수 있다.

(4) 주제문 작성

주제문은 참주제를 더욱 명확하게 완결된 문장으로 진술한 것으로, 글 전체의 핵심 내용이 된다. 주제문을 작성하는 이유는 참주제에 결론 부분이 나타나지 않기 때문이다(배상복, 2006). 참주제의 내용을 문장으로 표현한 주제문을 작성함으로써 글쓴이는 글 전체의 핵심 내용을 정리할 수 있다. 주제문은 글 전체의 나아갈 방향을 지시하기 때문에 글이 전체적으로 일관되고 긴밀하게 전개되는 데 크게 이바지한다(김해식, 2011). 주제문이 어떻게 작성되느냐에 따라 글이 방향성을 잃지 않고 일관되게 전개되느냐 마느냐가 결정되는 것이다. 그래서 글쓴이는 원칙에 따라 엄격하게 주제문을 작성해야 한다.

주제문 작성의 원칙으로 첫째, 주제문은 주어와 서술어가 있는 하나의 완전한 문장으로 작성되어야 한다(기초글쓰기교재편찬위원회, 2015). 둘째, 주제문은 글쓴이의 견해와 태도가 분명히 드러나도록 정확하고 구체적으로 표현되어야 한다. 셋째, 주제문은 글 전체의 내용을 핵심적으로 보여주므로 객관적이고 공정하게 진술되어야 한다. 넷째, 주제문은 길 필요가 없으며 길어질 수도 없다(한국외국어대학교 한국어교육과, 2011). 긴 주제문은 글 전체의 핵심 내용이 아니라 글쓴이가 말하려는 여러 가지 내용을 담고 있음을 가리킨다. 주제문이 길다는 것은 그 자체로 주제문이 아니라는 것을 의미한다.

'기업의 성평등 현황과 개선방안'이라는 참주제로 주제문을 작성하면 '현재 대부분 기업은 월급이나 승진 등 여러 가지 면에서 성평등이 실현되지 않으므로 이를 개선하는 방안이 마련되어야 한다.'가 될 수 있다. 또는 '현재 기업에서 성평등을 실현하기 위해 여러 가지 정책을 시행하고 있음에도 그 효과가 미미하므로 이를 개선하는 방안 마련이 시급하다.'가 될 수도 있다. 이렇듯 주제문은 하나의 완전한 문장으로 간결하고 명확하게 작성되어야 한다. 글쓴이가 주제문에 의존하여 글 전체의 내용을 논리적으로 전개할 수 있도록 주제문에는 자기주장이 분명히 담겨야 한다. 그렇지 않으면 글쓴이는 글을 쓰는 동안 글 전체의 나아갈 방향을 놓칠 수 있다.

따라서 주제문은 글쓴이에게 많은 도움을 제공한다. 무엇보다도 글쓴이는 주제문을 통해 자신이 무엇을 말하고자 하는지를 끊임없이 생각하면서 글을 쓸 수 있다(한국외국어대학교 한국어교육과, 2011). 이 얘기 저 얘기를 하면서 글쓴이의 의도와 다른 방향으로 글이 전개되는 것을 방지하는 것이다. 다음으로 글쓴이는 주제문을 통해 자신이 강조할 점이 무엇인지를 생각하면서 글을 쓸 수 있다. 주제문은 글쓴이가 글의 핵심 내용을 강조하도록 도와준다. 글쓰기에 능숙한 사람은 주제문을 작성하지 않아도 자신이 말하고자 하는 바를 강조하면서 끝까지 글을 쓸 수 있다. 하지만 대부분 사람은 주제문을 쓰지 않으면 우왕좌왕하면서 핵심 내용이 드러나지 않는 글을 쓰게 된다. 그러므로 글을 쓸 때는 반드시 주제 설정의 단계에 따라 주제문을 작성하는 것이 필요하다.

〈주제 설정의 사례〉

가주제	성평등
구체적 주제	성평등이란 무엇인가? 왜 성평등이 실현되어야 하는가? 누가 성평등을 가로막는가? 왜 성평등이 실현되지 않는가? 어느 분야에서 성평등이 가장 잘 실현되고 있는가? 가정에서 어떻게 성평등이 실현될 수 있는가? 성평등에 관한 교육은 언제부터 시행되어야 하는가? 기업에서 성평등을 실현할 방안은 무엇인가?
참주제	기업의 성평등 현황과 개선방안
주제문	현재 대부분 기업은 월급이나 승진 등 여러 가지 면에서 성평등이 실현되지 않으므로 이를 개선하는 방안이 마련되어야 한다.

8장 자료

글쓰기의 두 번째 단계는 자료 수집이다. 글쓴이는 주제를 설정한 후, 글의 주제를 뒷받침하는 자료를 수집해야 한다. 자료(data)는 글의 주제를 뒷받침하거나 글쓴이의 주장을 보완하는 것으로, 글쓴이가 논증하는 데 필수적이다. 글을 통해 자기주장을 논리적으로 서술하려면 합리적이고 객관적 근거를 제시해야 한다. 자기주장의 타당성을 입증함으로써 다른 사람을 설득할 수 있는 충분한 자료가 제시되어야 한다. 그렇지 않으면 글쓴이의 주관적 판단과 경험으로 억지 주장만 내세우는 꼴이 된다. 자료를 모으고 읽으면서 자기 생각을 논리적으로 전개할 수 있으므로 자료를 수집하고 탐색하는 작업은 주관적 판단이나 경험에 의한 오류를 배제하는 데 도움을 준다(최선희, 2015). 그러나 대부분 사람은 자료를 수집하고 분석하는 데 많은 시간과 노력을 들이지 않고 머릿속에 떠오르는 생각만으로 쉽게 글을 쓰려고 한다. 이렇게 쓴 글은 보통 같은 말이 반복되고 중구난방으로 이 얘기 저 얘기를 늘어놓으면서 지리멸렬하게 전개된다. 충분한 자료를 바탕으로 근거를 제시하지 못하기 때문에 글이 논리적으로 전개되지 않는 것이다. 따라서 좋은 글을 완성하려면 글의 주제를 뒷받침하는 자료를 수집하고 분석하는 데 많은 시간과 노력을 들여야 한다.

1. 자료 수집

자료 수집은 좋은 글을 완성하기 위해 반드시 거쳐야 하는 과정이다. 글쓰기의 첫 단계에서 글의 주제를 정한 후 글쓴이는 자신이 말하려는 핵심 생각을 뒷받침할 수 있는 자료를 수집해야 한다. 자료는 글쓰기에서 사용하는 모든 종류의 텍스트를 포함하며, 다양한 종류의 매체와 장르를 포괄한다(공성수, 이요안, 2017). 이를테면, 자기주장의 옮음을 입증하기 위해 글쓴이는 자신과 같은 논리를 전개하는 전문가를 찾아가서 인터뷰할 수도 있고, 그 전문가가 쓴 논문 일부를 인용할 수도 있다. 조선 시대에도 가발이 있었다는 주장을 펴고 싶다면 글쓴이는 사진이나 그림, 저서, 일기, 민요 등의 다양한 자료를 이용하여 자기 견해의 옳음을 입증할 수 있다. 이러한 자료를 제시하지 않은 채 자기주장을 내세운다면 독자는 글쓴이의 주장을 믿지 않거나 심지어 글쓴이가 거짓말한다고 생각할 수 있다. 더군다나 자료를 제대로 수집하지 않으면 글쓴이는 자기 생각을 구체화하고 확장할 기회를 얻지 못하게 된다. 자료에 의해 뒷받침되지 않는 글은 어떠한 믿음도 주지 못하므로 글로서의 가치를 갖지 못한다. 그래서 글을 쓸 때는 글의 주제를 뒷받침하는 자료를 충분히 수집하는 것이 매우 중요하다.

1) 일차자료

일차자료(primary data)는 가공되지 않은 자료로, 조사자가 조사 목적을 달성하기 위해 직접 수집한 자료를 말한다. 일차자료는 조사 목적과 밀접하게 연관되며, 대상의 원래 상태가 그대로 나타나기 때문에 사실 그 자체를 직접 보여준다는 점이 특징이다. 일차자료는 어떤 대상의 질과 양을 직접 보여주는 것이다. 일차자료는 개인이나 집단의 사고와 행동을 있는 그대로 보여주기 때문에 글의 주제에 대한 정보의 원천이 된다. 일차자료에는 인터뷰나 설문지, 사진, 그림, 일기, 유언장 등의 개별적 자료가 포함된다. 또 조사 현장의 객관적 조건이나 시대적 배경, 사회적 요인, 통계표 등의 종합적 자료도 일차자료에 포함된다(권재술 외, 2012).

사회문제에 대한 자기주장을 논리적으로 서술할 때는 이전에 발표된 통계표가 주된 일차자료로 이용된다. 아울러 사회집단에 대한 관찰이나 인터뷰, 사례연구 등의 결과가 일차자료로 활용된다. '기업의 성평등 현황과 개선방안'이라는 주제에 관한 자료를 수집한다면 현재 월급이나 승진 등 여러 가지 면에서 성평등 정도를 보여주는 통계표가 일차자료로 이용될 수 있다. 이러한 자료는 인터넷을 통해 찾을 수 있으므로 글쓴이는 글의 주제에 맞는 통계표를 일차자료로 활용할 수 있다. 또 직접 기업을 방문하여 현장을 관찰하거나 근로자와 인터뷰하여 기업의 성평등 현황을 조사할 수 있다. 관찰이나 인터뷰를 통해 얻은 자료는 현장의 목소리를 생생하게 전달한다는 특징이 있다.

영화에 대한 비평을 쓰는 경우, 일차자료는 영화나 시나리오, 사운드트랙 등 영화와 직접 관련된 것이다(Corrigan, 2003). 영화 비평은 글쓴이의 관점으로 영화의 가치를 분석하고 판단하면서 자기주장을 설득력 있게 전개하는 데 그 목적이 있다. 그래서 글쓴이는 보통 현재 상영되고 있는 영화를 여러 번 직접 본 후 그에 대한 비평을 쓰게 된다. 하지만 모든 영화가 극장에서 오랫동안 상영되는 것은 아니다. 영화에 따라 상영 기간이 제각각이기 때문에 잘못하면 영화를 놓치는 경우가 생기게 된다. 관람료 또한 무시할 수 없어서 글쓴이가 원하는 만큼 영화를 본 후 비평을 쓰기가 쉽지 않다. 한마디로 글쓴이가 직접 경험함으로써 일차자료를 얻는 데 한계가 있다.

그래서 글쓴이는 가능한 한 다양하게 일차자료를 수집하는 것이 필요하다. 글의 주제를 뒷받침하기 위해 가장 적절한 일차자료를 다양하게 수집해야 한다. 인터뷰나 설문지, 사진, 그림, 일기, 유언장 등의 개별적 자료부터 조사 현장의 객관적 조건이나 시대적 배경, 사회적 요인, 통계표 등의 종합적 자료까지 전부 수집하는 것이 필요하다. 다양한 자료는 자료의 객관성과 신뢰성을 높이는 데도 크게 이바지하므로 여러 종류의 일차자료가 수집되어야 한다. 관찰에서 미흡한 부분이 인터뷰를 통해 보완될 수 있고, 인터뷰에서 의심쩍은 내용이 관찰을 통해 해소될 수 있다. 통계표에서 피상적으로 제시된 내용이 사진이나 그림을 통해 구체적으로 표현될 수도 있다. 따라서 글쓴이는 글의 주제를 뒷받침할 수 있는 일차자료를 다양한 방법으로 수집하는 것이 필요하다.

2) 이차자료

이차자료(secondary data)는 다른 조사자가 앞서 조사해 놓은 가공된 자료로, 이미 발표된 논문이나 자료집, 연구 보고서 등이 해당한다. 이차자료는 글쓴이가 자기주장의 근거를 찾기 위해 반드시 이용해야 할 자료로, 어떤 대상의 질과 양을 간접적으로 보여준다. 어떤 작가에 관한 글을 쓰는 경우, 그의 작품은 일차자료가 되고 다른 사람이 그 작가에 관해 쓴 비평이나 평전은 이차자료가 된다(권재술 외, 2012). 어떤 영화에 대한 비평을 쓴다면 그 영화에 대해 다른 사람이 쓴 책이나 논문, 비평 등이 이차자료가 된다(Corrigan, 2003). 글쓴이는 보통 일차자료인 영화를 직접 본 후 다른 사람이 쓴 이차자료를 검토한 다음에 자신의 관점으로 비평을 완성한다. 즉, 이차자료에는 다른 사람의 입장이나 가치관, 경험 등이 포함된다(연세대학교 연구처, 1998).

이차자료에는 다른 사람의 관점이 포함되므로 글쓴이는 이차자료를 선택적으로 이용해야 한다. 이차자료에 의존하여 글을 쓰면 다른 사람의 의도대로 글이 전개될 수 있다. 예를 들어, 다른 사람이 쓴 요약문은 아무리 상세하고 분명하게 옮겨지고 방대한 인용을 포함하더라도 일차자료가 아니다(권재술 외, 2012). 요약문이 객관적으로 글의 내용을 간추려서 정리한 것처럼 보여도 요약한 사람은 어떤 의도를 가지고 나름의 판단으로 글을 요약하게 된다. 모든 글에는 글쓴이의 의도와 판단이 반영될 수밖에 없기 때문이다. 아무리 원저자의 의도대로 요약하여도 본래의 의미가 그대로 전달될 수 없다. 이차자료에는 이미 다른 사람의 생각이 들어가 있으므로 글을 쓸 때는 글의 주제를 뒷받침하는 데 꼭 필요한 이차자료만 선택적으로 이용해야 한다.

이차자료는 글의 주제와 같거나 유사한 주제에 대한 문헌으로서 설득력 있는 글을 쓰는 데 매우 중요한 역할을 한다(권재술 외, 2012). 이차자료는 글에 실증성을 부여함으로써 글이 논리적으로 전개하는 데 크게 이바지한다. 글쓴이의 관점과 유사한 이차자료는 이론적 연대를 통해 글쓴이의 주장을 강화하며, 글쓴이와 다른 관점의 이차자료는 글이 균형감 있게 전개되도록 도와준다. 특히 글쓴이와 다른 관점의 이차자료는 글쓴이의 주장에 대한 반박을 차단할 수 있다는 점에서 유용하다. 다른 관점에서 바라보아도 글쓴이의 주장이 옳다는 것을 보여주므로 글쓴이의 주장을 강화하는 데 크게 이바지한다. 따라서 글쓴이는 자기주장을 강화할 수 있는 이차자료를 신중하게 선택하여 이용해야 한다.

이차자료를 이용하여 글을 쓸 때는 주제별로 발표된 논문을 정리한 학술지를 활용하는 것이 효과적이다(권재술 외, 2012). 정치나 경제, 문화, 교육, 여성 등의 다양한 분야에서 발간되는 여러 가지 학술지를 이용하면 글의 주제와 연관된 논문을 쉽게 구할 수 있다. 이러한 논문을 이용할 때는 가능한 한 최근에 발표된 논문을 이차자료로 활용해야 하는데, 왜냐하면 최근에 발표된 논문일수록 새롭게 발견한 결과를 보여주면서 최신의 정보를 제공하기 때문이다. 만약 과거에 발표된 논문을 이용하면 잘못된 것으로 판명되어 이제 더는 인정되지 않는 결과를 글에 포함할 수 있다. 심지어 글쓴이가 제시한 개선방안이 이미 실행되고 있어서 전혀 가치 없는 결과를 글에 포함하는 어처구니없는 일이 벌어질 수도 있다.

따라서 글을 쓸 때 선택적으로 이차자료를 이용하지 않으면 낭패를 볼 수 있다. 아무리 많은 자료가 포함되어도 그 자료가 적절하지 않으면 글쓴이의 주장을 강화하는 데 이바지하지 못한다. 많은 자료가 포함된다고 해서 글의 질이 높아지지 않는 것이다. 글쓴이는 자료를 수집할 때 많은 자료를 모으는 것이 아니라 좋은 자료를 모으는 데 초점을 두어야 한다. 글쓴이는 자기주장을 논리적으로 서술하는 데 도움이 되는 자료를 수집하는 데 주안점을 두어야 한다. 특히 이차자료를 수집할 때는 어떤 의도로 어떻게 쓴 글인지를 상세히 살펴보는 것이 필요하다. 그렇지 않으면 자료에 의해 글쓴이의 주장이 왜곡되거나 약화하는 결과가 초래될 수 있다.

2. 자료 검색

글의 주제에 맞는 자료를 충분히 찾으려면 다양한 자료를 신속히 검색할 수 있어야 한다. 어디에서 어떻게 하면 자료를 신속하고 정확하게 찾을 수 있는지를 알아야 효과적으로 자료를 수집할 수 있다. 특히 현대사회는 정보의 홍수 속에 정보를 선별하기 어렵다는 문제점이 제기된다. 자료를 구하기가 어려웠던 과거와 다르게 현재는 자료가 너무 많아서 오히려 필요한 자료를 찾는 것이 더 어려운 실정이다. 실제로 쓸데없이 많은 자료를 출력한 후 자료 더미에 묻힌 채 정작 필요한 자료를 찾지 못하는 경우가 흔하게 발생한다. 자료를 찾다 보면 나중에 찾은 자료가 이전에 찾은 자료보다 더 좋아 보이고, 더 찾으면 더 좋은 자료가 나올 것 같아 계속 자료를 찾으면서 자료가 쌓이게 된다. 그래서 글쓴이 자신도 기억하지 못할 정도로 많은 자료를 찾은 후 정작 자신에게 필요한 자료를 찾지 못하는 어이없는 경우가 생기게 된다. 심지어 자료를 쫓아가다가 자신이 설정한 주제를 잊어버리고 글의 방향을 놓쳐버리는 경우가 발생하기도 한다. 따라서 글쓴이는 글을 쓰는 데 꼭 필요한 자료를 신속하게 검색하는 것이 요구된다. 모든 자료를 찾는 것이 아니라 검색의 목표를 분명히 세운 후 자기주장을 뒷받침할 수 있는 자료를 검색해야 한다.

1) 도서관 자료

도서관 자료(library data)는 도서관에 비치되어 열람과 참고가 목적인 모든 자료를 말한다. 도서관 자료는 크게 도서와 비도서로 구분된다. 도서 자료는 책을 말하며, 비도서 자료는 사진이나 그림, 음반, 마이크로필름, 디지털 자료, 유물, 유품 등을 일컫는다(권재술 외, 2012). 비도서 자료는 그 형태가 매우 다양하다는 점이 특징인데, 예컨대 시청각을 통해 구체적이고 생생한 정보를 전달하는 것, 물리적 접촉이 아니라 시각적 시뮬레이션으로 책장을 넘길 수 있는 것, 멀티미디어 기능이 있어서 문맹이나 시각장애인도 이용할 수 있는 것 등이 포함된다(정옥연, 2003). 특히 성인기 이후에 후천적으로 시각장애인이 되는 사례가 많아서 시각장애인을 위한 비도서 자료에 대한 요구가 점점 더 커지고 있다(김영일, 2009).

도서 자료는 도서정리법에 따라 조직적으로 정돈되고 배열된다. 도서정리법은 도서 자료를 일정한 방식으로 정리하기 위한 법으로, 이용자에게 도서 자료를 신속하고 정확하게 제공하기 위한 것이다. 도서정리는 도서의 활용 여부를 결정하는 것으로, 그 핵심은 분류와 목록이다. 즉, 도서가 어떻게 분류되고 배열되느냐에 따라 도서는 잘 활용될 수도 있고 그렇지 않을 수도 있다. 도서 분류는 도서 자료를 주제와 형식에 따라 구분하여 체계적으로 정리하는 것이며, 도서 목록은 일정한 원칙에 따라 도서 자료의 내용을 배열하여 이용자에게 편의를 제공하는 것이다. 도서 분류체계는 보통 듀이 십진분류법이 사용되고 있으나, 한국에서는 듀이 십진분류법을 한국의 실정에 맞게 수정한 한국 십진분류법이 주로 사용된다. 십진분류법은 지구에 있는 모든 도서 자료를 10개의 부류로 나눈 것이다.

〈듀이 십진분류법과 한국 십진분류법〉

기호	듀이 십진분류법	한국 십진분류법
000	총류	총류
100	철학	철학
200	종교	종교
300	사회과학	사회과학
400	언어	자연과학
500	자연과학	기술
600	기술	예술
700	예술	언어
800	문학	문학
900	역사	역사

듀이 십진분류법에서 000은 태초의 인간과 자연이 혼돈에서 시작한다는 뜻으로, 특정 학문이나 주제에 속하지 않는 분야를 모은 것이다. 100은 혼돈에서 질서를 찾기 위한 철학을, 200은 유한한 인간이 절대적 신을 숭배한다는 종교를, 300은 인간이 가족과 사회, 국가 등을 형성하는 데 필요한 사회과학을 모은 것이다. 400은 사회구성원이 서로 소통하는 데 필요한 언어를, 500은 살아가는 데 필수적인 자연과학을, 600은 지식이 확장된 기술을 모은 것이다. 삶의 수준이 높아지면서 예술(700)이 나타나고, 정신을 풍요롭게 하는 문학(800)도 나타난다. 이 모든 것을 기록한 역사를 모은 것이 마지막인 900이다.

이러한 도서 분류체계를 이용하여 도서관에서 직접 자료를 찾을 수도 있지만, 요즈음에는 데이터베이스화한 자료를 검색하여 자료를 찾는 것이 일반적이다. 현재 대학도서관과 국가전자도서관은 소장 자료를 데이터베이스화하여 제공하고 있다. 대학도서관에서 데이터베이스화한 자료를 검색하는 경우, 찾고자 하는 자료의 서명이나 저자명, 출판사 등을 입력하여 자료를 찾을 수 있다. 찾고자 하는 자료의 대략적 정보만 알고 있을 때는 키워드검색으로 자료를 찾을 수도 있다. 특정 분야에 망라된 자료를 찾을 때는 대분류 → 중분류 → 소분류 순으로 범위를 점점 좁혀서 찾는 분류검색을 이용할 수 있다.

전자도서관(electronic library)은 도서관의 소장 자료를 디지털화하여 제공하는 것으로, 도서 자료뿐 아니라 화상이나 영상, 음성 등의 멀티미디어 정보도 제공한다. 전자도서관은 컴퓨터가 있는 곳이면 어디에서나 도서관 자료를 검색하고 열람할 수 있게 만든 시스템이다. 한국은 1997년에 전자도서관 시범사업을 시작한 이후 2019년 국가전자도서관 시스템 재구축까지 8차에 걸쳐 국가전자도서관 구축사업을 추진하고 있다. 현재 국립중앙도서관과 국회도서관, 법원도서관, 한국과학기술원 도서관, 한국과학기술정보연구원, 한국교육학술정보원, 농촌진흥청 농업과학도서관, 국방전자도서관, 국립의과학지식센터 등을 연결한 국가전자도서관이 운영되고 있다. 국가전자도서관은 누구나 온라인으로 필요한 자료를 획득하는 데 주안점을 둔다.

〈국가전자도서관 참여 기관〉

국립중앙도서관	국내의 모든 간행물을 수집하고 정리, 보존한다. 더불어 외국간행물의 수집과 보관, 국내 각급 도서관과의 긴밀한 협조체제 구축, 외국 중요 도서관과의 교류, 도서관의 전통에 관한 조사와 연구 등의 기능을 수행한다. 특히 납본 자료를 국가 문헌으로 영구히 보존하고, 누구나 열람할 수 있는 서비스를 제공한다.
국회도서관	주요 기능은 입법 활동 지원과 도서관 봉사다. 입법 활동 지원 기능으로 국회의원의 입법 활동에 필요한 자료 제공과 국내외 입법 참고 자료의 수집과 연구, 발간, 최근 해외정보 자료의 분석과 평가 등이 있다. 도서관 봉사 기능으로 도서관 자료의 수집과 정리, 보존, 각종 서지의 편찬과 발행, 국제 교환을 통한 문헌 교류 등이 있다. 특히 국제기구 기탁도서관으로서 유엔간행물을 수집하고 정리하는 기능을 수행한다.

법원도서관	국내에서 가장 방대한 법률 자료와 도서를 보유하고 있는 도서관으로, 재판사무를 지원하는 자료를 수집하고 정리, 보존한다. 사법 자료의 수집과 정리, 편찬, 발간, 법원 역사의 편찬 등의 기능을 수행한다. 판례나 법령, 예규 등을 검색할 수 있도록 종합법률정보 서비스도 제공한다.
한국과학기술원 도서관	최적의 학술정보 수집과 정보인프라 구축, 타 기관과의 활발한 학술정보 교류 등을 통해 국가 과학기술 정보센터로서의 위상을 확립하는 데 주안점을 둔다. 특히 한국과학기술원에서 생산되는 학술논문과 학술 활동, 학위논문 등을 수집하여 보존하고 열람할 수 있는 서비스를 제공한다.
한국과학기술 정보연구원	과학기술정보 분야의 정부출연 연구기관으로, 과학기술자나 기업인을 위해 학술자료를 수집하고 제공한다. 주요 기능은 정보분석 분야, 과학기술 정보 분야, 슈퍼컴퓨팅 분야 등으로 구분된다. 정보분석 분야는 국가 전략기술 정보분석 지원체계를 확립하고, 과학기술정보 분야는 국내외 핵심 과학기술정보를 수집하고 관리하며, 슈퍼컴퓨팅 분야는 슈퍼컴퓨팅 시스템을 도입하고 제공한다. 즉, 과학기술정보를 제공함으로써 과학기술 연구개발을 지원하고 과학기술 지식정보의 인프라 구축에 주안점을 둔다.
한국교육학술 정보원	교육 학술정보의 온라인화를 담당하는 준정부기관이다. 교육과 학술연구에 필요한 자료를 조사하고 수집, 제작하며, 교육 학술 정보서비스를 구축하고 제공한다. 초중등 교육 정보서비스 '에듀넷'과 학술연구정보서비스 'RISS', 교육 행정정보시스템 '나이스(NEIS)' 등을 운영하고 있다.
농촌진흥청 농업과학도서관	농업인에게 농업 과학기술을 전파하기 위해 설립한 농업 전문도서관으로, 28만 여권에 달하는 농업 관련 전문 서적을 소장하고 있다. 소장 자료 전체에 대한 서지사항을 데이터베이스화하여 누구나 열람할 수 있다.
국방전자도서관	안보와 군사 학술정보에 관한 국가 대표 도서관이다. 국방대학교와 3군 사관학교가 학술적 · 정보적 가치가 있다고 판단하여 선별하고 구축한 133만 권의 단행본을 보유하고 있다. 또 국방대학교와 3군 사관학교가 보유한 연속간행물 중 귀중본으로 지정된 국방 학술자료 37만 건과 학위논문을 보유하고 있다.
국립의과학 지식센터	국내외 의과학 정보자원을 망라하여 수집, 가공, 보존, 제공하는 국립의학도서관이다. 의과학 연구성과물을 통합하여 관리하고 제공하며, 의과학 연구자료의 수집과 보존, 공유 인프라를 구축하고 있다. 의과학 최신 정보와 교육프로그램을 제공함으로써 최고의 의과학도서관으로 자리매김하고 있다.

2) 인터넷 자료

인터넷 자료(internet data)는 인터넷을 통해 검색할 수 있는 자료가 아니라 인터넷 게시판이나 인터넷 카페, 블로그 등에 실린 자료를 말한다(한국외국어대학교 한국어교육과, 2011). 다른 자료와 인터넷 자료의 가장 큰 차이는 다른 자료가 오프라인상에서 먼저 제작되고 배포된 후 인터넷에 실리지만, 인터넷 자료는 온라인상에서 제작되고 배포된다는 점이다. 따라서 인터넷 자료는 언제 어디서든 수정할 수 있고 진위를 확인하기 어려운 경우가 많다는 특징이 있다. 정보의 바다인 인터넷에는 유용한 자료가 많지만, 정확성과 신빙성이 의심되는 자료가 많은 것이다.

그래서 인터넷에 있는 수많은 정보는 인터넷을 통해 정보를 획득하려는 이용자에게 오히려 독이 될 수 있다. 정보의 진위나 출처를 확인하는 데 쓸데없이 많은 시간과 노력을 소모하기 때문이다. 불필요하게 많은 인터넷 정보가 이용자에게 혼란을 줄 수 있는 것이다(권재술 외, 2012). 더군다나 인터넷에서 제공되는 정보는 잘 다듬어지지 않은 경우가 많아서 상당수의 인터넷 정보는 자기주장의 근거로 제시되기에 적합하지 않다는 문제점이 제기된다. 글쓴이의 주장을 강화할 수 있는 인터넷 정보는 극히 소수인 것이다. 따라서 인터넷 자료를 검색할 때는 진위나 출처를 분명히 확인하는 등 많은 주의를 기울여서 글의 주제에 적합한 자료만 이용해야 한다.

인터넷에서 글의 주제에 적합한 자료를 찾으려면 우선으로 인터넷 자료를 검색하는 목표를 분명히 해야 한다. 인터넷 자료를 검색하는 목표가 분명해야 필요한 자료를 정확히 찾아서 성공적인 인터넷 항해가 가능하다. 인터넷 항해를 성공적으로 하려면 나침반과 해도(chart)의 역할을 하는 검색엔진(search engine)을 이용하는 것이 효과적이다. 검색엔진은 방대하게 흩어져 있는 인터넷 자료 중에서 이용자가 원하는 정보를 수시로 찾을 수 있도록 도와주는 소프트웨어다. 검색엔진은 인터넷에 산재한 제반 자료를 미리 수집하고 체계적으로 저장한 다음에 이용자에게 원하는 정보를 제공하는 일종의 데이터베이스 관리 시스템이다.

검색엔진은 크게 주제별 검색엔진, 단어별 검색엔진, 메타 검색엔진 등으로 구분된다. **주제별 검색엔진**은 인터넷상의 많은 자료를 주제별로 분류하여 이용자가 대분류만 알면 쉽게 정보를 찾을 수 있도록 구성되어 있다. 주제별 검색엔진은 피라미드 형식으로 이루어져서 맨 상위 페이지에서 원하는 주제를 선택하면 그 주제와 연관된 또 다른 분류가 나타나고 이를 선택하면 또 다른 분류가 나타난다. 이런 식으로 검색엔진 자체가 분류된 상태여서 분류된 주제를 쫓아가기만 하면 원하는 정보를 얻을 수 있다. 그래서 검색엔진에 대한 별다른 지식이 없는 초보자라도 원하는 정보를 찾을 수 있다는 장점이 있다. 반면에 여러 단계를 거치는 과정에서 어느 한 단계라도 잘못된 분류를 선택하면 최종적으로 전혀 다른 결과가 나타나서 처음부터 다시 검색해야 한다는 단점이 있다. 대표적인 주제별 검색엔진으로 야후(yahoo)가 있으며(권재술 외, 2012), 네이버(NAVER)도 주제별 검색엔진에 해당한다.

단어별 검색엔진은 이용자가 검색어를 입력하면 그에 맞는 데이터베이스를 출력하도록 구성되어 있다. 이처럼 검색어만 입력하면 바로 검색을 시작하므로 주제별 검색엔진처럼 여러 단계의 검색 과정을 거칠 필요가 없어서 편리하고 신속하다는 장점이 있다. 반면에 단어 하나만 입력하면 원하지 않는 정보까지 무수히 많은 검색 결과가 나타나서 원하는 정보를 얻는 데 불필요한 시간을 낭비할 확률이 높다. 심지어 원하는 정보를 찾지 못하는 경우도 많다. 그런데도 검색엔진을 제대로 이용하려면 단어별 검색엔진을 효과적으로 다루는 방법을 아는 것이 중요하다. 정확한 주제어를 찾아서 효과적인 검색 조건을 지정하면 순식간에 원하는 정보를 얻을 수 있기 때문이다. 검색엔진 대부분은 단어별 검색엔진이다. 구글(Google)이 대표적이며, 검색을 통해서만 관련 서비스를 연결하도록 구성해 놓아서 검색에 관한 서비스만 제공한다는 점이 특징이다.

메타 검색엔진은 많은 검색엔진을 한군데 모아서 검색하기 편리하게 만든 것으로, 다른 검색엔진을 통해 검색한 정보를 보여주는 검색엔진이다. 즉, 자신의 데이터베이스를 갖고 있지 않으면서 서로 다른 검색엔진을 연결해 다른 검색엔진의 검색 결과를 종합하여 보여주는 것이다. 메타 검색엔진은 야후나 구글 등의 여러 검색엔진으로부터 검색 결과를 받은 후 종합하여 보여주므로 이용자가 정보를 빼놓지 않고 찾을 수 있다는 장점이 있다. 검색엔진을 하나하나 방문하여 원하는 정보를 찾을 필요 없이 한꺼번에 검색하기 때문에 많은 검색 결과를 볼 수 있다. 대표적으로 스위스의 제네바대학교가 개발한 W3 검색엔진이 있다. 메타 검색엔진은 단어별 검색엔진의 형태를 띠고 있어서 원하는 정보를 찾으려면 검색어를 입력해야 한다. 이렇듯 단어가 입력되어야 작동하므로 모든 검색엔진은 단어별 검색엔진이라고 할 수 있다.

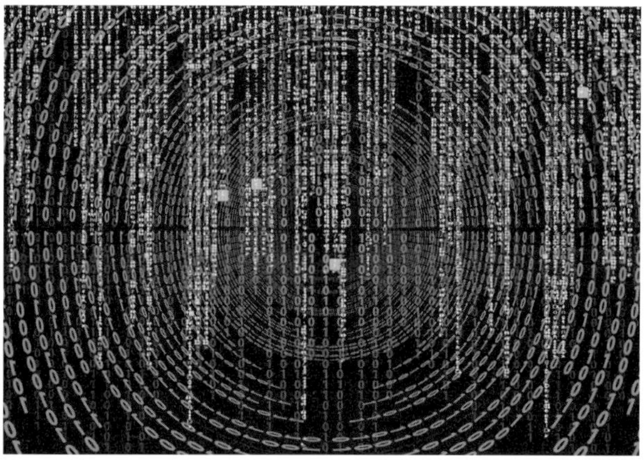

3. 자료 분석

자료 분석은 수집한 자료를 세심히 분류하고 정리함으로써 자료가 내포하고 있는 특성을 이해하는 것이다. 수집한 자료가 자기주장을 뒷받침하기에 적절한지 아닌지를 판단하는 것이 자료 분석이다. 다양한 방법으로 자료를 검색하고 충분한 자료를 수집한 다음에는 수집한 자료를 분석하여 정리하는 것이 필요하다. 과거와 다르게 현재는 누구나 손쉽게 다양한 자료에 접근하여 수집하는 것이 가능하다. 특히 인터넷의 발달로 일차자료조차도 마음만 먹으면 언제든지 얻을 수 있는 시대다. 그러나 아무리 많은 자료를 모아도 자료 그 자체로는 어떠한 의미도 가지지 못한다. 자료가 적절하게 분류되고 해석되어 글의 주제에 맞게 배치될 때 비로소 그 자료는 빛을 발하게 된다(전미옥, 탁정언, 2006). 구슬이 서 말이라도 꿰어야 보배인 것처럼 자료는 글쓴이의 의도에 맞게 놓여야 그 가치를 인정받는다. 따라서 자료를 수집하는 것 못지않게 자료를 분석하는 것이 중요하다. 자료 분석을 통해 각각의 자료가 지닌 가치가 명백히 드러나기 때문에 글쓴이는 효과적으로 자료를 배치하여 글을 완성할 수 있다. 자료 분석은 분명한 기준에 따라 시행되어야 한다. 그렇지 않으면 정말 필요한 자료를 빠뜨리거나 반대로 쓸모없는 자료를 쌓아두는 우를 범할 수 있다.

1) 자료 분석의 기준

모든 자료의 질을 결정하는 가장 중요한 기준은 신뢰성이다(유광수 외, 2013). 자료가 굳게 믿고 의지할 만한지 아닌지가 자료의 질을 판단하는 가장 중요한 기준이 된다. 다시 말해 글쓴이는 자료가 믿을 수 있음을 독자에게 보여주어야 한다. 이러한 믿음에 기초하여 독자는 글쓴이의 글을 끝까지 읽을 수 있기 때문이다. 자료 분석의 기준 역시 신뢰성에 의해 결정된다. 자료의 신뢰성 여부를 판단하는 기준이 자료 분석의 기준이 되는 것이다. 이런 기준에 맞춰 분석한 자료를 이용하여 글쓴이는 글의 주제를 구체화할 수 있다. 글쓴이는 분석한 자료를 자기 주장에 대한 근거로 제시함으로써 독자에게 믿음을 주고 독자를 설득할 수 있다.

신뢰할 수 있는 자료는 첫째, 그 출처가 분명해야 한다(기초글쓰기교재편찬위원회, 2015). 자료가 어디에서 조사한 것인지, 누가 말한 것인지, 언제 발표한 것인지 등이 명확히 밝혀져야 한다. 도서 자료는 저자명과 출판사, 발행 연도 등이 정확해야 한다. 실험 자료는 언제 어디서 어떻게 도출된 실험 결과인지가 정확히 기술되어야 한다. 조사 자료는 조사의 시기와 절차 등이 명시됨으로써 조사가 합리적으로 수행된 것인지 아닌지가 드러나야 한다. 이처럼 출처가 분명한 자료를 이용해야 독자가 신뢰할 수 있는 글이 완성된다(장미영, 2010). 독자를 설득할 수 있는 글이 완성되는 것이다. 그러므로 자료가 적절한지 아닌지를 판단하려면 자료의 출처를 파악하는 것이 우선이다.

둘째, 신뢰할 수 있는 자료는 거짓이나 오류를 포함하지 않으면서 사실임이 명확하게 검증되어야 한다(유광수 외, 2013). 자료는 정확한 사실만을 담고 있어야 하며, 글쓴이가 제시한 자료를 독자가 같은 방법으로 확인할 수 있어야 한다. 자료는 시간이나 장소가 변해도 바뀌지 않는 정확한 사실만을 포함하고 누구나 그 사실을 검증할 수 있어야 한다. 검증되지 않은 자료는 이후에 다시 사용할 수가 없어서 자료로서의 가치가 없다. 특히 인터넷 자료는 출처가 불분명하거나 사실 여부가 불확실한 경우가 많다. 따라서 인터넷 자료를 사용할 때는 그 출처를 분명히 확인하고 사실 여부를 확인하는 과정을 반드시 거쳐야 한다. 인터넷 자료를 인용하여 글을 쓸 때는 인터넷 자료가 있는 웹사이트의 주소를 정확히 제시함으로써 독자가 자료를 확인할 수 있도록 해야 한다.

셋째, 신뢰할 수 있는 자료는 왜곡되거나 과장되지 않고 반대 관점에서도 인정할 수 있어야 한다(유광수 외, 2013). 이는 자료의 객관성을 가리키는 것으로, 자료에 어떤 편견이나 선입견도 포함되지 않아야 함을 의미한다. 그런데 왜곡되거나 과장된 자료일수록 강하게 견해를 드러내기 때문에 글쓴이에게 매우 매력적으로 보일 수 있다. 이런 이유로 간혹 글쓴이는 반대 관점을 무마하기 위해 왜곡되거나 과장된 자료를 사용하기도 한다. 하지만 왜곡되거나 과장된 자료는 독자의 반감을 불러일으켜 오히려 글의 신뢰성을 떨어뜨리는 결과를 초래할 수 있다. 따라서 견해를 강하게 드러냄으로써 매력적으로 보이는 자료일수록 글쓴이는 자료의 객관성을 철저히 따지는 것이 필요하다. 자기주장의 옳음을 입증하는 데만 급급하여 왜곡되거나 과장된 자료를 선택하면 글쓴이의 주장은 도리어 약화할 수 있다.

넷째, 신뢰할 수 있는 자료는 구체적 사례를 풍부하게 포함해야 한다(유광수 외, 2013). 구체적 사례를 통해 독자는 글쓴이의 주장을 다양하게 고민할 기회를 얻게 된다. 더욱이 자신의 경우와 비슷한 사례가 포함되면 독자는 훨씬 더 많이 공감하면서 글쓴이의 주장을 수용하게 된다. 가령 현대사회의 노령화 문제에 대한 글을 쓴다면 노령화로 인해 나타나는 다양한 사례를 보여주는 자료가 설득력이 있다. 텔레비전 시청으로 무료하게 하루를 보내는 늙은 부부의 일상, 젊은 아르바이트생을 구하지 못해 어려움을 겪는 가게 주인의 호소 등의 사례가 포함되면 독자는 노령화 문제에 더 많은 관심을 가질 수 있다. 구체적 사례가 많이 포함된 자료일수록 독자의 관심을 더 많이 끌면서 더 많은 공감대를 형성할 수 있다. 반대로 자료의 구체성이 떨어지면 이러이러해야 한다는 식으로 글이 전개되면서 당위성이 강해지므로 독자의 거부감이 커질 수 있다. 따라서 자료의 구체성 여부가 자료 분석의 기준이 된다.

결론적으로 자료 분석은 자료의 신뢰성 여부를 판단하기 위한 것이다. 자료가 믿을 만한지 아닌지를 판단하기 위해 글쓴이는 자료를 분석한다. 자료의 신뢰성은 자료의 정확성과 객관성, 구체성 등에 의해 결정된다. 정확하고 객관적이며 구체적 사례를 많이 포함한 자료가 신뢰성을 가지는 것이다. 좋은 자료는 정확하고 객관적이며 구체적 사례를 많이 포함하므로 신뢰할 수 있다. 이런 자료에 의해 글쓴이의 주장이 뒷받침될 때 독자를 설득할 수 있는 글이 완성된다. 자료 분석이 성실히 수행되지 않은 채 자료를 이용하면 글쓴이의 의도와 전혀 다르게 글이 쓰일 수 있다. 이런 잘못을 저지르지 않으려면 글쓴이는 항상 자기주장을 강화할 수 있는 좋은 자료를 모으고 분석하는 데 주의를 기울여야 한다. 따라서 글쓴이는 수집한 자료를 자료 분석의 기준에 따라 세심히 검토하는 것이 필요하다.

2) 자료 분석의 결과

자료 분석이 끝난 후에는 자료 분석의 결과를 조직화하고 정리하는 작업이 뒤따라야 한다. 자료 분석의 결과로 좋은 자료를 선별하여도 그 자료를 이용하여 곧바로 글을 쓸 수 있는 것은 아니기 때문이다. 따라서 자료 분석의 결과로 선별한 자료를 바로 글을 쓸 수 있는 형태로 바꾸는 작업이 필요하다. 이때 자료는 글쓴이의 의도에 따라 그 형태가 바뀌게 된다. 글쓴이가 글의 주제에 맞게 자료에서 필요한 부분을 정리하는 것이다. 이는 자료 분석의 결과를 자기 글의 맥락에서 재해석하는 것으로, 자기 생각을 정리하고 구성하는 과정이기도 하다(유광수 외, 2013). 글쓴이는 자료에서 필요한 부분을 조직화하고 정리하면서 논리적으로 자기 생각을 전개할 수 있다. 최근 인공지능의 발달로 컴퓨터 프로그램을 이용하여 자료를 정리하려는 경향이 있는데, 이러면 자기 생각을 정리하고 구성할 기회를 스스로 놓치는 꼴이 된다.

글쓴이는 자료를 읽으면서 필요한 부분이 나올 때마다 정리할 수도 있고, 필요한 부분을 표시한 다음 자료를 모두 읽은 후 한꺼번에 정리할 수도 있다(김돈 외, 2013). 또는 처음에 필요한 부분이 나올 때마다 정리하다가 어느 시점부터 남은 자료를 모두 읽은 후에 정리할 수 있다. 어떤 정리 방법을 사용하건 상관이 없으므로 글쓴이는 자유롭게 자료를 정리하면 된다. 단지 글쓴이는 자료를 정리하는 과정이 자기 생각을 정리하는 과정임을 명심해야 한다. 자료를 정리하면서 글쓴이는 주요개념을 다시 정의하고 인과관계를 분명히 밝히고 글의 주제를 명확히 설정할 수 있어야 한다. 단순히 기계적으로 자료를 읽고 자료에서 필요한 부분을 옮겨 적는 식으로 자료 정리가 이루어져서는 안 되는 것이다. 필요한 부분을 정리하는 방법은 크게 발췌식 정리와 요약식 정리로 구분된다(김돈 외, 2013). **발췌식 정리**는 원저자의 말을 그대로 옮겨 적는 방법이고, **요약식 정리**는 원문을 자기 말로 바꾸어서 적는 방법이다.

발췌식 정리는 몇 가지 원칙에 따라 이루어진다. 첫 번째 원칙은 글쓴이 자신의 견해를 삽입해서는 안 된다는 것이다(김돈 외, 2013). **발췌**는 말 그대로 필요한 부분을 가려서 뽑아내는 것이므로 발췌식 정리에는 글쓴이의 견해가 포함되어서는 안 된다. 만약 자신의 견해를 남기고 싶다면 다르게 표시하여 적어두어야 한다. 즉, 원저자의 생각과 글쓴이의 생각이 확연히 구분되게 기록해야 한다. 그렇지 않으면 원저자의 견해를 자신의 견해로 쓰면서 본의 아니게 표절이 될 수 있다. 두 번째 원칙은 서명과 저자명, 출판사, 출판 연도 등의 서지사항(bibliographic items)과 발췌한 부분의 쪽 번호를 정확히 써넣어야 한다는 것이다. 발췌한 부분을 그대로 자신의 글에 인용할 수 있으므로 서지사항과 발췌한 부분의 쪽 번호를 정확히 써넣어야 한다. 이 원칙은 나중에 인용할 때 서지사항이나 쪽 번호를 다시 찾는 수고를 덜어준다는 점에서도 매우 유용하다.

요약식 정리에서 지켜야 할 첫 번째 원칙은 발췌식 정리와 마찬가지로 글쓴이의 견해가 들어가서는 안 된다는 것이다(김돈 외, 2013). **요약**은 자료의 중심 내용을 잡아서 간추리는 것이므로 요약식 정리를 할 때 자료의 내용을 훼손해서는 안 된다. 글쓴이는 자료의 내용을 그대로 둔 채 자료의 중심 내용을 단지 자기 말로 바꾸어 정리해야 한다. 자기 말로 바꾸는 것은 자신이 평소에 사용하는 말투로 바꾸는 것으로, 이를 위해서는 자료의 내용을 정확히 이해하는 것이 우선이다. 자료의 내용을 이해한 후 그 내용을 자기 말로 바꾸어서 정리하는 것이 요약식 정리다. 그러므로 정리할 때 주어진 자료를 비약하거나 추상화해서는 안 되며 글쓴이의 견해가 들어가서도 안 된다. 요약식 정리의 두 번째 원칙은 요약한 내용이 간결하고 유기적으로 연관되어야 한다는 것이다. 중요하지 않은 내용까지 포함하여 앞뒤 말이 두서없이 길어지지 않도록 해야 한다. 글쓴이는 요약한 내용 자체가 하나의 완결된 구조를 지니도록 주의를 기울여야 한다.

요약식 정리는 발췌식 정리보다 시간이 오래 걸린다는 단점이 있다. 자료의 내용을 이해한 후 자기 말로 바꾸어야 하므로 요약식 정리는 긴 시간이 걸린다. 그러나 이미 자기 말로 바꾼 상태이므로 나중에 정리한 내용을 자기 글에 인용할 때 매우 자연스럽게 연결될 수 있다는 장점이 있다. 원저자의 말을 그대로 옮겨 적으면 원저자의 말투와 글쓴이의 말투가 달라서 글이 매끄럽게 연결되기 어렵다. 사람마다 말투가 다른데, 그 말투가 글에 그대로 나타나기 때문이다. 반면에 원문을 자기 말로 바꾸어 적으면 앞뒤 말이 매끄럽게 연결되면서 글이 논리적으로 전개될 수 있다. 이처럼 발췌식 정리와 요약식 정리 모두 장단점이 있으므로 글쓴이는 자기 글을 쓰는 데 가장 적합한 방법을 선택하면 된다. 글쓴이가 명심해야 할 점은 자료를 정리하는 과정이 자기 생각을 정리하는 과정이므로 충분한 시간을 가지고 자료를 정리해야 한다는 것이다.

〈서지사항〉

종류	핵심 기록 내용
단행본	저자명, 서명, 발행처, 발행지, 발행 연도
학술대회 발표 논문집	논문 발표지, 논문 제목, 논문집 이름, 엮은이, 쪽수, 발행처, 발행지, 발행 연도
연구논문이나 서평	저자명, 논문 제목, 학술지명, 발행 연도, 권, 호, 쪽수
학술대회 발표 초록	발표자 이름, 논문 제목, 학술대회 이름, 초록 번호, 초록 페이지(초록집이 발간된 경우), 학술대회 장소, 발표 연도
학위논문	저자명, 논문 제목, 학위 종류, 학위 수여 기관, 소재지 이름, 발행 연도
특허	특허권자 이름, 특허 제목, 특허 번호, 출원 국가 이름, 특허 허가연도
연구 보고서	보고자 이름, 보고서 제목, 보고 연도, 보고서 번호
전자문헌	전자 주소, 접속 일자, 프로젝트나 데이터베이스의 제목, 편집자 이름, 갱신 일자, 후원업체나 기관, 사이트를 만든 사람 이름(개인 홈페이지인 경우)
CD-ROM	저자명, 제목, 매체 이름, CD의 총개수(전집류 CR-ROM의 경우), 판매처 출판일
텔레비전이나 라디오 프로그램	프로그램 이름, 제작자 이름, 방송사 이름, 방송 일자
녹음테이프나 비디오테이프, 필름	제목, 제작자 이름, 발행처 이름, 제작 일자
그림이나 사진	작품 이름, 작가 이름, 소장기관 이름, 소장도시, 촬영 일자(사진의 경우)

출처: 권재술, 손천택, 이성흠 (2012). 학문적 글쓰기의 이해. 경기: 교육과학사.

9장 개요

개요 작성은 글쓰기의 세 번째 단계로, 자료 정리가 끝난 다음 이루어진다. 개요(outline)는 글의 윤곽으로, 글의 내용을 일관성 있게 배열하여 도식화한 것이다. 개요는 건물의 설계도와 같아서 글을 쓸 때 필수적이다(김해식, 2011). 설계도 없이 건물을 지을 수 없듯이 개요를 작성하지 않은 채 글을 쓸 수 없다. 개요를 작성하면 여러 가지 이점이 있는데, 예컨대 글의 내용을 빠뜨리거나 중복할 가능성이 줄어든다(박지동, 2006). 개요를 작성하면 글쓴이가 글의 전체적 흐름을 쉽게 파악할 수 있다. 이렇게 전체적 흐름을 파악하면서 글쓴이는 글의 내용을 논리적으로 배열하기 때문에 조직력과 사고력이 길러진다(임주연, 2009). 개요를 작성하면 글이 주제를 벗어나지 않으면서 전체적으로 균형을 이룰 수 있다. 따라서 개요 작성은 본격적으로 글을 쓰기 전에 반드시 이루어져야 한다. 특히 글쓴이의 주장이 논리적으로 서술되어야 하는 논술에서 개요 작성은 반드시 거쳐야 하는 과정이다. 글쓰기의 네 번째 단계인 집필에 들어가기 전에 반드시 개요를 작성하여 글 전체에 대한 구체적 계획을 세워야 한다. 개요 작성은 먼저 어떤 구상방식을 선택할지를 결정하는 개요 구상부터 시작한다. 개요를 구상하고 구상한 내용을 문서로 만든 후 개요를 작성하게 된다.

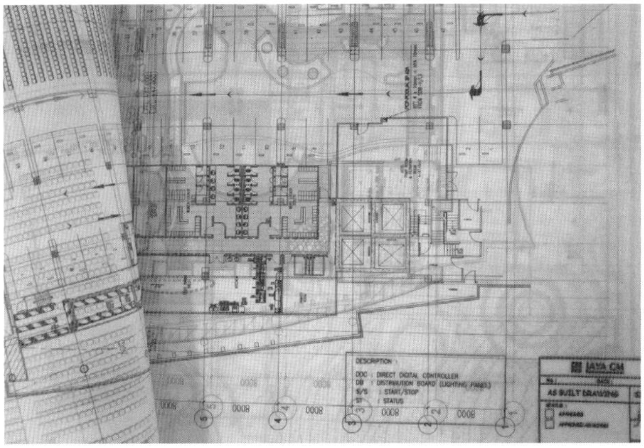

1. 개요 구상

구상은 크게 자연적 구상과 논리적 구상으로 구분된다(배채진 외, 2008). **자연적 구상**은 사건이나 사물을 시간적 또는 공간적 순서와 같은 자연 질서에 따라 배열하는 것이다. **논리적 구상**은 자연 질서를 무시하고 사건이나 사물을 논리적 관계가 뚜렷이 드러나도록 배열하는 것이다. 논술에서는 논리적 구상이 사용되는데, 왜냐하면 논술이 자기주장을 논리적으로 서술하는 것이기 때문이다. 논리적 구상에는 단계식 구상, 포괄식 구상, 열거식 구상, 점층식 구상 등이 있다. 글쓴이는 여러 구상방식 중 어느 하나를 선택하여 개요를 구상하면 된다. 하지만 어떤 구상방식을 사용할지는 편의적으로 결정되지 않고 글의 성격에 의해 결정된다(한국외국어대학교 교재편찬위원회, 2003). 글의 주제가 무엇인지, 어떤 자료가 수집되어 있는지 등에 따라 구상방식이 달라지므로 글의 성격이 구상방식을 결정한다. 글쓰기가 단계별로 이루어지므로 주제 설정과 자료 수집 등 이전 단계에서 이루어진 결과물을 바탕으로 구상방식이 결정된다. 어떤 구상방식을 선택하느냐는 글쓴이 마음이지만, 구상방식은 글쓴이 마음이 아니라 글의 성격이 결정하는 것이다. 따라서 글을 쓸 때는 글의 성격을 꼼꼼히 살펴본 후 그에 맞는 구상방식을 사용해야 한다.

1) 단계식 구상

(1) 3단 구상

3단 구상은 가장 기본적이고 일반적 구상방식으로, 서론과 본론, 결론으로 이루어진다. 3단 구상은 단계식 구상의 가장 기본이다. 4단 구상과 5단 구상은 3단 구상의 변형인 셈이다. 3단 구상의 서론에서는 글의 주제를 제시하고, 본론에서는 자기주장을 전개하고, 결론에서는 글의 중심 내용을 간략하게 정리한다. 3단 구상은 글쓴이의 주장이 간결하면서도 설득력 있게 제시될 수 있다는 장점이 있다. 그러나 자칫 논리 전개가 단조로워질 수 있다는 단점이 제기된다(윤호병, 2008). 따라서 3단 구상은 단일한 주제를 가진 짧은 글에 적합한 구상방식이다(한국외국어대학교 한국어교육과, 2011).

서론은 독자의 관심을 본론으로 이끌어가는 부분으로, 글을 쓰는 동기나 목적, 문제의 범위나 성격, 문제와 연관된 이론이나 방법 등을 언급한다(배채진 외, 2008). 본론은 글쓴이가 말하고자 하는 내용을 중점적으로 다루는 부분으로, 보통 내용을 몇 갈래로 나누어 제시한다. 본론에서는 비유나 예시 등의 다양한 방법을 사용하여 글쓴이의 주장을 뒷받침하는 근거를 제시한다. 결론은 본론에서 다룬 중심 내용을 간략하게 정리하는 부분으로, 글의 주제를 다시 한번 더 강조하고 미처 다루지 못한 점이나 논의가 필요한 점 등을 언급한다. 모든 글은 사실상 서론, 본론, 결론의 세 단계로 짜여있다고 할 수 있다.

(2) 4단 구상

4단 구상은 3단 구상의 변형으로, 3단 구상에서 본론 부분을 확장한 것이다. 3단 구상의 본론 부분을 전개와 발전으로 양분하여 변화를 꾀한 구상방식으로, 3단 구상의 본론이 두 부분으로 나뉜 것이라고 할 수 있다. 4단 구상은 한시(漢詩)의 기승전결(起承轉結) 구조에서 유래한다(김희수, 김용환, 하정연, 2013). **기승전결**은 오랜 세월 동안 검증된 이야기의 공식이다. 소설이나 드라마, 영화처럼 이야기가 있는 것은 대부분 이 공식을 따른다. 이야기를 단계적으로 축적하면서 발전 과정을 통해 전하려는 메시지를 효과적으로 전달하기 때문이다. 기승전결은 논리적 글의 구상방식이기도 하다. 기승전결의 각각에 해당하는 내용을 적절히 배치하고 전개하는 것만으로도 논리적 글이 된다. 즉, 기승전결은 이야기를 어떻게 구성하고 풀어나갈지에 대한 좋은 길잡이가 되는 구상방식이다(한겨레, 2024).

기승전결은 문제를 제기하는 기(起), 문제를 전개하는 승(承), 방향을 전환하는 전(轉), 거두어 끝맺는 결(結)로 구분된다. 기(起)는 독자의 흥미를 유발하여 계속 읽고 싶게 만들며, 승(承)은 전으로 넘어가는 징검다리로서 전에 담을 메시지를 더 강하게 만든다. 전(轉)은 주제를 드러내어 독자에게 감동을 주며, 결(結)은 전에서 풀어놓은 주제를 한 번 더 분명하게 확인함으로써 문제의식을 환기하고 독자에게 모든 것이 해소되는 안정감을 제공한다. 기승전결에서 가장 중요한 단계는 전(轉)이다. 결로 가기 전에 주제의 핵심이 드러나면서 독자가 가장 감동하기 때문이다. 기와 승은 전으로 가기 위한 단계인 셈이다. 그래서 전부터 쓰고 그다음에 기와 승을 쓰면 글쓰기가 수월할 수 있다. 전 다음으로 중요한 단계는 기다. 독자의 호기심과 흥미를 유발하여 계속 읽고 싶게 만들기 때문이다. 기는 독자를 궁금하게 만들고 독자에게 생각할 거리를 던지면서 시선을 사로잡는다(한겨레, 2024).

4단 구상에서 본론의 뒷부분은 한시의 '전(轉)'과 같이 반전을 꾀하거나 앞부분의 내용을 더욱 깊이 있게 발전시키는 식으로 나타난다. 이를테면, 본론의 앞부분에서 자기주장에 대한 반론을 제기한 다음에 뒷부분에서 자기주장을 뒷받침하는 근거를 제시함으로써 반전을 꾀할 수 있다. 결론에서는 글의 주제를 재확인함으로써 자기주장을 강하게 내세울 수 있다. 그러므로 4단 구상은 변증법적 구상인 셈이다(윤호병, 2008). 가령 '술은 건강에 해롭다.'라는 주장을 3단 구상으로 전개하면 본론에서 술이 건강에 해로운 여러 증거를 보인 후 결론에서 술은 건강에 해롭다고 주장할 수 있다. 이 주장을 4단 구상으로 전개하면 본론의 앞부분에 술이 건강에 미치는 긍정적 영향을 서술하고 뒷부분에 부정적 영향을 서술한다. 결론에서 긍정적 영향에도 불구하고 술은 건강에 해롭다는 주장을 강조할 수 있다. 반전을 꾀함으로써 자기주장이 강하게 드러나는 것이다.

4단 구상의 묘미는 '전(轉)'에 있다(배채진 외, 2008). 발상의 전환을 통해 단조로움을 피할 수 있기 때문이다. 전에서 발상을 전환하려면 승의 분량이 가장 많아야 한다. 즉, 승에서 좀 완만하고 느리게 문제를 전개하다가 전에서 속도가 빨라지고 길이가 짧아지면서 반전을 꾀하게 된다. 전에서 충분히 주제가 전달되므로 결은 가장 짧아야 한다. 결에서 같은 말을 반복하면 독자가 군더더기처럼 느낄 수 있기 때문이다. 그다음으로 기가 짧아야 한다. 기가 길면 독자가 지루함을 느끼면서 읽고 싶은 마음이 사라지기 때문이다. 따라서 선명한 문제점이 있고 문제점에 대한 찬반이 분명할 때 4단 구상이 적합하다(한국외국어대학교 한국어교육과, 2011). 찬반으로 나뉘는 논쟁에서 4단 구상을 사용하면 훨씬 더 강하게 자기주장을 내세울 수 있다. 4단 구상은 논쟁적 글에 적합한 구상방식이다.

(3) 5단 구상

5단 구상은 3단 구상의 서론과 본론을 각각 두 부분으로 나누어 변화를 꾀한 구상방식이다. 5단 구상은 글쓴이의 주장을 단순하게 전개하는 것을 지양함으로써 독자의 마음을 움직이는 데 그 목적이 있다. 즉, 5단 구상의 목적은 독자를 설득하여 행동으로 옮길 수 있도록 하는 것이다(배채진 외, 2008). 5단 구상은 3단 구상이나 4단 구상보다 더 많은 근거와 자료를 제시하여 독자를 설득하고 독자가 직접 행동하도록 유도한다. 5단 구상은 글의 단조로움을 지양하고 설득력을 높이기 위한 것이므로 독자의 행동을 유도하는 데 초점을 둔다.

5단 구상은 논술에 가장 적합한 구상방식으로, 본론 부분에서 제시할 내용이 풍부할 때 주로 사용된다(김희수 외, 2013). 5단 구상에서 서론의 앞부분은 글쓴이의 주장에 대한 흥미를 유발하고, 뒷부분은 그러한 주장에 대한 문제를 제기한다. 본론의 앞부분은 문제를 해결하는 방안을 다양하게 제시하고, 뒷부분은 그러한 방안을 구체화함으로써 유효성을 입증한다. 결론은 글의 전체적 내용을 요약하면서 독자의 결심을 촉구하고 행동을 유도한다(장하늘, 2009).

'술은 건강에 해로우니 삼가야 한다.'라는 주장을 5단 구상으로 전개하는 경우, 서론에서 먼저 술로 인한 병 때문에 일 년 동안 병원에서 치료를 받은 환자의 통계표를 제시하면서 독자의 주의를 환기한다. 다음에 술에 대한 다양한 의견과 함께 '술이 정말 건강에 해로울까?'라는 문제를 제기한다. 본론의 앞부분에서 술이 건강에 해롭다는 근거를 다양하게 보여주면서 술을 삼가야 하는 이유와 방법을 제시한다. 본론의 뒷부분에서 술을 절제하여 건강이 좋아진 여러 가지 사례를 보여줌으로써 술을 삼가는 것의 유효성을 입증한다. 결론에서 술은 건강에 해로우니 삼가야 한다는 주장을 정리하면서 독자 스스로 술을 절제하도록 유도한다. 이렇듯 5단 구상은 독자의 행동을 유도하기 때문에 논리적으로 독자를 설득하려는 논술에서 많이 사용된다.

2) 포괄식 구상

(1) 두괄 구상

두괄 구상은 글의 중심 생각을 글의 앞부분에 내세우고, 이후에 중심 생각을 부연하거나 설명, 입증해 나가는 구상방식이다. 글의 중심 생각을 먼저 제시하고 그것의 타당성과 정당성을 증명해 나가는 것이다(윤호병, 2008). 두괄 구상은 중심 생각을 글의 앞에 두기 때문에 글쓴이가 말하고자 하는 바를 독자에게 빨리 전달할 수 있다는 장점이 있다.

(2) 미괄 구상

미괄 구상은 글의 중심 생각을 글의 뒷부분에 두고, 앞부분에는 결론에 이르는 구체적 사례나 상황을 기술해 나가는 구상방식이다. 미괄 구상은 보편적이거나 일반적이지 않아서 독자에게 낯설게 다가가는 주제를 다룰 때 효과적이다. 주제에 관한 사례를 다양하게 제시함으로써 독자가 쉽게 주제를 이해할 수 있도록 도와주기 때문이다.

(3) 양괄 구상

양괄 구상은 글의 중심 생각을 글의 앞부분과 뒷부분에 배치하는 구상방식이다. 먼저 앞부분에서 글의 중심 생각을 분명히 제시하고 그다음에 글을 전개한 후, 뒷부분에서 글의 중심 생각을 다시 한번 더 확인하고 강조하는 구상방식이다. 양괄 구상은 글의 내용이 길고 복잡할 때나 주제를 한층 더 강조하고자 할 때 효과적이다(김희수 외, 2013).

3) 열거식 구상

열거식 구상은 주제를 선명히 드러내지 않고 그 주제의 의미를 담고 있는 자료를 병렬적으로 나열하는 구상방식이다. 열거식 구상은 단계식 구상과 다르게 파격적 구조를 가진 구상방식으로, 대등한 주장이 병렬적으로 연결된 것이다. 열거식 구상은 어떤 주장을 간결하게 진술할 때, 어떤 중요한 사항을 특별히 규명하고자 할 때 사용된다(윤호병, 2008). 시국선언문이나 독립선언문과 같은 선언문이 열거식 구상의 대표적 예다.

시국선언문은 교수나 재야인사, 종교계 인사 등이 시대적·사회적 상황과 관련된 문제에 대한 우려를 표명하면서 문제해결을 촉구하는 것이다. 대표적으로 4·19혁명이 일어난 직후인 1960년 4월 25일에 당시 이승만 정권의 독재에 항거하여 대학교수들이 발표했던 '대학교수단 시국선언문'이 있다. 여기에는 대학교수들이 주장하는 바가 대등하게 열다섯 개의 항목으로 나열되어 있다.

대학교수단 시국선언문

이번 4·19 참사는 우리 학생운동 사상 최대의 비극이요, 이 나라 정치적 위기를 초래한 중대 사태이다. 이에 대한 철저한 반성과 규정이 없이는 이 민족의 불행한 운명은 도저히 만회할 길이 없다. 우리 전국 대학교 교수들은 이 비상시국에 대비하여 양심의 호소로써 다음과 같이 우리의 소신을 선언한다.

1. 마산·서울, 기타 각지의 데모는 주권을 빼앗긴 국민의 울분을 대신하여 궐기한 학생들의 순수한 정의감의 발로이며 불의에는 언제나 항거하는 민족정기의 표현이다.
2. 이 데모를 공산당의 조종이나 야당의 사주로 보는 것은 고의의 왜곡이며 학생들 정의감의 모독이다.
3. 합법적이요 평화적인 데모 학생에게 총탄과 폭력을 기탄없이 남용하여 공전의 참극을 빚어낸 경찰은 자유와 민주를 기본으로 한 대한민국의 국립경찰이 아니라 불법과 폭력으로 권력을 유지하려는 일부 정치 집단의 사병이다.
4. 누적된 부패와 부정과 횡포로써 민권을 유린하고 민족적 참극과 국제적 수치를 초래케 한 현 정부와 집권당은 그 책임을 지고 속히 물러가라.
5. 3·15선거는 부정선거다. 공명선거에 의하여 정·부통령을 재선거하라.
6. 3·15부정선거를 조작한 자는 중형에 처하여야 한다.
7. 학생 살상의 만행을 위해서 명령한 자와 직접 하수한 자는 즉시 체포 처단하라.
8. 깡패를 철저히 색출 처단하고 그 전체적 조직을 분쇄하라.
9. 모든 구금된 학생을 즉시 석방하라. 설령 파괴와 폭행이 있더라도 이는 동족의 피살에 흥분된 비정상 상태하의 행동이요, 파괴와 폭동이 그 본의가 아닌 까닭이다.
10. 공적 지위를 이용해서 관청과 결탁하여 부정 축재한 자는 군·관·민을 막론하고 가차 없이 적발, 처단하여 국가의 기강을 세우고 부패와 부정을 방지하라.
11. 경찰의 중립화를 확고히 하고 학원의 자유를 절대 보장하라.
12. 곡학아세(曲學阿世)의 사이비 학자를 배격한다.
13. 정치 도구화한 소위 문화·예술인을 배격한다.
14. 시국의 중대성을 인식하고 학생들은 흥분을 진정하여 이성을 지키고 속히 학생의 본분으로 돌아오라.
15. 학생 제군은 38 이북에서 호시탐탐하는 공산괴뢰들이 제군들의 의거를 1백 퍼센트 선전에 이용하고 있다는 사실을 경계하라. 또한 38 이남에서도 종래의 반공 명의를 도용하는 방식으로 제군들의 피의 대가를 정치적으로 악이용하려는 불순분자가 있음을 조심하라.

(단기 4293년 4월 25일 대학교수단)

4) 점층식 구상

점층식 구상은 중요성이 덜한 것에서 더한 것으로 발전시키는 구상방식이다. 즉, 주제나 어떤 사건의 전개를 점점 깊고 강하게 확대하는 구상방식이 점층식 구상이다(윤호병, 2008). 점층식 구상은 주제와 관련된 자료를 조금씩 추가하면서 제공하다가 나중에 독자가 완전히 글의 주제를 알게 하는 것이다. 그래서 점층식 구상은 독자에게 큰 감동을 주거나 주제를 아주 인상 깊게 제시할 때 효과적이다(김희수 외, 2013).

점층식 구상은 일반적으로 발단, 전개, 위기, 절정, 결말의 순으로 이루어진다(윤호병, 2008). 글쓴이는 자료를 주제와의 관련성이 점차 커지도록 배열하다가 절정 부분에서 주제를 제시하게 된다. 점층식 구상은 시나 소설, 희곡 등의 문학작품에서 많이 사용된다. 문학작품에서 절정은 여러 번 나타날 수도 있지만, 하나의 주제에 적절한 절정의 수는 정해져 있다. 절정이 너무 자주 나타나면 독자는 절정에서 감동하지 않기 때문이다.

2. 개요 작성

개요를 구상한 다음에는 바로 집필에 들어갈 수도 있다. 하지만 구상한 다음에 바로 집필하면 글이 일관성을 잃기 쉬운데(배채진 외, 2008), 왜냐하면 집필하면서 생각이 자주 바뀌기 때문이다. 그러므로 구상한 내용을 문서로 만든 후 개요를 작성한 다음에 집필하는 것이 바람직하다. 개요 구상은 글쓴이 자신이 쓰고자 하는 글의 주제를 논리적으로 배열하는 것이며, 이러한 논리적 배열의 결과를 구체적으로 나타내는 것이 개요 작성이다. 개요는 글 전체의 짜임새를 결정하는 만큼 단번에 완벽하게 작성되지 않고 여러 번의 수정을 거쳐서 작성된다. 여러 번의 수정을 거쳐야 겨우 개요에 적합한 단어나 구절, 문장 등을 선택할 수 있기 때문이다. 개요는 아직 본격적인 집필이 시작되기 전에 이루어지는 것이어서 쉽게 써질 것으로 생각되지만, 실제로 많은 시간과 노력을 들여야 작성될 수 있다. 시간이 오래 걸리다 보니 간혹 개요 작성을 포기하거나 대강 개요를 작성한 채 집필을 시작할 수 있는데, 이러면 글의 흐름이 꼬이면서 글쓴이가 방향을 잃어버리기 쉽다. 따라서 시간이 걸리더라도 개요 작성에 심혈을 기울여야 한다. 아울러 개요를 효과적으로 작성하려면 몇 가지 원칙을 따르는 것이 필요하다.

1) 개요 작성의 원칙

효과적인 개요 작성을 위한 첫 번째 원칙은 개요가 순차적으로 작성되어야 한다는 것이다(오경균, 2009). 개요는 예비적 개요에서 출발하여 구체적 개요로 진행한다. 처음에는 간략하게 작성하는 예비적 개요에서 시작하여 점차 상세한 목차를 갖춘 구체적 개요로 진행하게 된다. 이렇게 예비적 개요에서 구체적 개요로 진행하면서 글쓴이는 주제를 더 구체적으로 이해하고 글의 흐름을 더욱 체계적으로 구성할 수 있게 된다. 그러므로 글쓴이는 맨 처음 개요를 작성하기 시작할 때 개요 작성에 대해 두려움을 가질 필요가 없다. 앞으로 여러 번의 수정을 거쳐 개요를 바꿀 것이기 때문에 가벼운 마음으로 개요 작성을 시작하는 것이 필요하다.

효과적인 개요 작성을 위한 두 번째 원칙은 전체와 부분, 부분과 부분이 유기적으로 연결되어야 한다는 것이다(고려대학교 사고와 표현 편찬위원회, 2005). 개요 작성의 이전 단계인 자료 수집에서는 종종 특정 부분에 집중하여 자료가 수집될 수 있다. 그래서 수집된 자료에만 의존하여 개요를 작성하면 전체적 균형이 깨질 수 있다. 또 별로 상관없는 자료가 짜깁기하는 식으로 묶여서 엉성한 개요가 만들어질 수도 있다. 그러므로 글쓴이는 전체와 부분, 부분과 부분이 유기적으로 연결되도록 개요를 작성해야 한다. 개요를 작성하는 과정에 자료를 새롭게 수집할 수 있으므로 글쓴이는 자신이 가지고 있는 자료에 얽매이지 않는 것이 요구된다.

효과적인 개요 작성을 위한 세 번째 원칙은 목차의 각 항목이 분명한 인과관계에 따라 논리적으로 배열되어야 한다는 것이다. 개요를 구상한 다음에 이를 바탕으로 글쓴이는 글의 목차를 작성하게 된다. 글의 목차는 글쓴이가 논리적으로 글을 쓰는 데 필요할 뿐만 아니라 독자가 글을 읽기 전에 대략적인 글의 구성을 파악하는 데 도움을 준다(김수경, 2022). 목차가 글의 내용을 간결하고 분명하게 정리함과 동시에 글의 주제를 논리적으로 보여주기 때문이다. 목차만으로 글의 주제가 드러나므로 글쓴이는 개별 항목이 분명히 구분되면서 일관성 있게 목차를 작성해야 한다. 목차를 작성하지 않은 채 글을 쓰면 중요 항목이 빠지거나 중복되어 글 전체의 균형이 깨질 수 있다. 그러므로 글 전체의 통일성과 긴밀성이 유지되는 좋은 글을 쓰려면 글쓴이는 반드시 목차를 작성해야 한다.

글의 목차는 제목의 대소, 상하, 주종 관계에 따라 부호나 숫자를 이용하여 작성된다(김희수 외, 2013). 먼저 글쓴이는 커다란 윤곽을 잡기 위해 대제목을 잡고, 그다음에 대제목을 실행하기 위한 소제목을 정한다. 대제목과 소제목은 각각 상위 범주와 하위 범주에 해당하므로 소제목이 대제목에 포함되도록 작성되어야 한다. 예를 들어, '은유'와 '광고에 나타난 은유'에서 '은유'가 상위 개념이고 '광고에 나타난 은유'가 하위 개념이므로 '은유'가 대제목, '광고에 나타난 은유'가 소제목이 된다. 특히 목차를 작성할 때 주의할 점은 제목이 반드시 둘 이상 작성되어야 한다는 것이다. 상위 범주에 포함되는 하위 범주가 최소 둘 이상이어야 한다. 즉, 1이 있으면 최소한 2가 있어야 하고, (1)이 있으면 최소한 (2)가 있어야 한다. 1이나 (1)만 있는 목차는 잘못된 것이므로 수정되어야 한다.

〈목차의 사례〉

Ⅰ	제1장	1.
A.	1.	1.1
1.	1)	1.1.1
a.	(가)	1.1.2
1)	①	1.2
a)	ㄱ.	1.2.1.
(1)	–	1.2.2
(a)	–	2.
①	ㄴ.	2.1
ⓐ	–	2.1.1

개요 작성의 원칙에 따라 개요를 작성한 다음 글쓴이는 여러 가지 사항을 점검하는 것이 필요하다. 이를테면, 전체적으로 또는 부분적으로 순서에 이상이 없는지, 불필요하거나 줄일 부분은 없는지, 추가하거나 더 자세히 보충할 부분은 없는지 등을 점검해야 한다(고려대학교 사고와 표현 편찬위원회, 2005). 자신이 말하려는 주제가 개요에 잘 드러나는지, 각 항목 사이의 관계가 명료하고 상호 모순되지 않는지, 제시하는 예시가 설득력 있고 보편적인지 등을 점검해야 한다(윤호병, 2008). 여러 가지 사항을 꼼꼼히 점검한 후 글쓴이는 빠진 부분을 보충하거나 수정하는 작업을 철저히 수행해야 한다. 잘못된 설계도에 의해 지어진 건물이 결국 부실 공사로 이어지듯이 잘못된 개요에 의해 작성된 글은 결코 좋은 글이 되지 않기 때문이다.

2) 개요 유형

(1) 항목식 개요

항목식 개요는 단어나 구절을 사용하여 각 항목의 순서를 결정하는 개요 유형이다. 즉, 항목식 개요는 큰 항목과 작은 항목을 사용하여 항목을 정리함으로써 각 항목의 상호연관성을 결정하는 것이다(윤호병, 2008). 항목식 개요는 핵심어로 나타나기 때문에 그대로 목차가 될 수 있다는 점이 특징이다. 아울러 전체 글의 짜임새를 한눈에 파악할 수 있고, 항목 간 위계 파악이 쉽다는 장점이 있다(김돈 외, 2013).

〈항목식 개요의 사례〉

1. 문화적 차이
  1.1. 현대사회의 특징
  1.2. 문화적 차이로 인한 갈등
2. 문화적 차이의 두 측면
  2.1. 문화적 차이의 긍정적 측면
  2.2. 문화적 차이의 부정적 측면
3. 문화적 차이로 인한 갈등 극복
  3.1. 문화적 차이로 인한 갈등을 극복해야 하는 이유
  3.2. 문화적 차이로 인한 갈등 극복 방안

(2) 문장식 개요

문장식 개요는 글의 세부적 목차를 결정한 후 목차에 해당하는 내용을 문장으로 정리하는 개요 유형이다. 문장식 개요는 완전한 문장으로 나타나기 때문에 개요에 많은 정보를 담는다는 특징이 있다. 더불어 개요에 사용된 문장을 읽으면서 전체 글의 흐름이나 관계를 파악하기 쉽다는 장점이 있다. 문장을 차례로 읽어가면서 자연스럽게 연결된다면 좋은 개요라고 할 수 있다(김돈 외, 2013).

〈문장식 개요의 사례〉

1. 문화적 차이
   1.1. 현대사회의 특징은 국가 간 이주가 활발하다는 것이다.
   1.2. 활발한 국가 간 이주로 인해 다양한 문화가 공존하면서 문화적 차이로 인한 갈등이 생기고 있다.
2. 문화적 차이의 두 측면
   2.1. 문화적 차이는 사회발전에 이바지한다는 긍정적 측면이 있다.
   2.2. 문화적 차이는 사회통합을 가로막는다는 부정적 측면이 있다.
3. 문화적 차이로 인한 갈등 극복
   3.1. 문화적 차이의 긍정적 측면을 최대화하고 부정적 측면을 최소화하기 위해 문화적 차이로 인한 갈등은 극복되어야 한다.
   3.2. 문화적 차이로 인한 갈등을 극복할 방안이 다양하게 마련되어야 한다.

3) 개요 작성의 순서

(1) 내용의 적정성 판단

개요 작성의 첫 번째 단계는 글에 들어가야 할 여러 가지 내용을 만들고, 만든 내용 중 주제를 표현하기에 적합한 내용을 선정하는 것이다(임주연, 2009). 글쓴이는 먼저 자신이 수집한 자료에 근거하여 여러 가지 내용을 자유롭게 만든다. 이때 브레인스토밍하듯이 전혀 형식에 구애받지 말고 떠오르는 생각을 자유롭게 던지면서 내용을 만드는 것이 효과적이다. 가령 낙서처럼 손으로 직접 쓰면서 내용을 만들 수 있다. 이렇게 만든 내용이 주제와 관련되는지 아닌지를 판단한 후 관련 없는 내용을 제외하는 것이 개요 작성의 첫 단계다.

'주입식 교육'이라는 주제로 글을 쓰는 경우, 글쓴이는 주입식 교육과 연관된 내용으로 '사고의 획일화, 수동적 학습 태도, 학생의 흥미 무시, 끝없는 반복 학습, 창의성 말살, 입시 대비 교육, 받아쓰기 위주 수업, 자율학습 활성화, 수업방법 개선, 결과 중심 교육, 암기에 대한 스트레스, 교복' 등을 만들 수 있다. 이러한 내용이 '주입식 교육'이라는 주제와 연관되는지 아닌지를 판단한 후, 글쓴이는

'교복'과 같이 주제와 상관없는 내용을 제외하는 것이 내용의 적정성 판단이다.

(2) 내용 분류

개요 작성의 두 번째 단계는 주제와 상관없는 내용을 제외한 나머지 내용을 성격이 비슷한 것끼리 묶는 것이다(임주연, 2009). 성격이 비슷한 것끼리 묶을 때는 표를 이용하는 것이 효과적이다. 표를 이용하면 성격이 비슷하여 하나의 묶음에 포함될 수 있는 내용을 같은 행이나 열에 배치함으로써 글 전체의 내용이 한눈에 들어오기 때문이다. 또 같은 묶음에 포함되는 내용 중 묶음 전체를 대표할 수 있는 내용이 쉽게 파악되기 때문이다. 표를 통해 내용 전체가 파악되는 것이다. 내용을 분류한 표는 다음 단계에서 내용 간의 위계를 설정할 때도 효과적으로 이용된다.

'주입식 교육'이라는 주제와 연관된 내용으로 선정된 '사고의 획일화, 수동적 학습 태도, 학생의 흥미 무시, 끝없는 반복 학습, 창의성 말살, 입시 대비 교육, 받아쓰기 위주 수업, 자율학습 활성화, 수업방법 개선, 결과 중심 교육, 암기에 대한 스트레스' 등의 내용은 주입식 교육의 원인이나 문제점, 해결방안으로 분류될 수 있다. '입시 대비 교육, 결과 중심 교육'은 주입식 교육의 원인에, '사고의 획일화, 수동적 학습 태도, 학생의 흥미 무시, 끝없는 반복 학습, 창의성 말살, 받아쓰기 위주 수업, 암기에 대한 스트레스'는 주입식 교육의 문제점에, '자율학습 활성화, 수업방법 개선'은 주입식 교육의 해결방안에 해당한다.

〈내용 분류의 사례〉

내용 묶음 1	내용 묶음 2	내용 묶음 3
입시 대비 교육 결과 중심 교육	사고의 획일화 수동적 학습 태도 학생의 흥미 무시 끝없는 반복 학습 창의성 말살 받아쓰기 위주 수업 암기에 대한 스트레스	자율학습 활성화 수업방법 개선

(3) 내용 간 위계 설정

개요 작성의 세 번째 단계는 내용 간 위계를 설정하는 것이다. 이때 모든 항목에 번호를 부여하고 상위 항목과 하위 항목의 번호를 구별하는 것이 필요하다(임주연, 2009). 즉, 상위 항목의 내용이 하위 항목의 내용을 포괄할 수 있도록 항목을 배치해야 한다. 예를 들어, 'Ⅰ, Ⅱ, Ⅲ, Ⅳ…' 등을 상위 항목으로 놓고, 그것의 하위 항목으로 'A, B, C, D…' 등을 놓은 후, 그것의 하위 항목으로 다시 '1, 2, 3, 4…' 등을 놓을 수 있다. 숫자나 기호는 '(1), (2), (3), (4)…', '①, ②, ③, ④…', '㉠, ㉡, ㉢, ㉣…' 등으로 얼마든지 바꾸어 쓸 수 있다. 하지만 괄호가 없는 것이 상위 항목이 되고, 괄호가 있는 것이 그다음의 하위 항목이 되며, '①, ②, ③, ④…'와 같은 원문자는 다시 그다음의 하위 항목이 된다. 기호 대신 1.1., 1.2., 1.1.1., 1.1.2. 등으로 항목 간 위계를 표시할 수도 있다(서울대학교 대학국어작문편찬위원회, 2000).

같은 계열의 숫자나 기호는 동등한 지위를 의미하므로 내용 간 위계를 명확히 구분한 후 항목에 해당하는 번호를 부여해야 한다. 그러나 어떤 지위에 해당하는 항목이 하나뿐이라면 그 지위는 항목으로 설정하지 말아야 한다. 이를테면, Ⅰ 밑에 A만 있는 경우에 A는 설정될 수 없다. 동등한 지위에 해당하는 B, C, D 등이 있을 때 A는 설정될 수 있다. A를 꼭 설정하고 싶다면 글쓴이는 B와 C에 해당하는 내용을 추가함으로써 항목을 설정할 수 있다. 이렇듯 내용 간 위계를 설정함으로써 글쓴이는 더 필요한 내용이 무엇인지, 필요하지 않은 내용이 무엇인지 등을 파악할 수 있다. 또 처음에 설정한 주제의 범위가 좁은지 넓은지를 파악하고 주제를 새롭게 설정할 수도 있다. 글쓰기가 단계에 따라 이루어지지만, 단계는 고정된 것이 아니라 피드백을 통해 끊임없이 변화하고 발전한다(김윤경, 2010). 따라서 개요를 작성할 때는 언제든지 내용을 바꿀 수 있다는 적극적 자세가 요구된다.

〈내용 간 위계 설정의 사례〉

주입식 교육

1. 원인	2. 문제점	3. 해결방안
1) 입시 대비 교육 2) 결과 중심 교육	1) 학생 측면 (1) 사고의 획일화 (2) 수동적 학습 태도 (3) 창의성 말살 (4) 암기에 대한 스트레스 2) 수업 측면 (1) 학생의 흥미 무시 (2) 끝없는 반복 학습 (3) 받아쓰기 위주 수업	1) 자율학습 활성화 2) 수업방법 개선

(4) 내용 배열

개요 작성의 마지막 단계는 글의 주제를 효과적으로 나타내기 위해 내용을 논리적으로 배열하는 것이다(임주연, 2009). 우선 내용을 논리적으로 배열하려면 내용 간 논리적 관계를 파악하는 것이 필요하다. 어느 내용이 더 핵심적이고 중요한지, 어느 내용이 더 일반적이고 보편적인지, 어느 내용이 더 체계적이고 포괄적인지, 어느 것이 원인에 해당하는 내용인지, 어느 것이 결과에 해당하는 내용인지 등을 파악해야 한다(박영목, 2008). 이렇게 내용 간 논리적 관계를 파악한 후 논리적 흐름이 글의 주제를 향해 모이도록 해야 한다. 개요 작성의 마지막 단계인 내용 배열에서는 단 하나라도 따로 노는 내용이 없도록 내용을 유기적으로 배열해야 한다(김돈 외, 2013).

특히 내용 배열에서 중요한 점은 글의 주제를 중심으로 상위 항목과 하위 항목 간 위계질서가 반드시 지켜져야 한다는 것이다(오경균, 2009). 상위 항목이 하위 항목을 포괄할 수 있도록 항목을 배치하는 것이 매우 중요하다. 이렇게 항목 간 위계질서가 분명하도록 내용을 배열함으로써 글쓴이는 자신이 말하고자 하는 바를 더욱 효과적으로 전달할 수 있다. 항목 간 위계질서가 분명하지 않은 글은 독자에게 혼란스러움을 안기면서 설득력을 잃는다. 지위가 동등하지 않은 항목이 같은 계열에 섞여 있거나 포함관계가 뒤죽박죽이면 독자는 자신이 지금 읽고 있는 것을 의심하게 된다. 글의 내용이 뒤죽박죽이어서 정리가 안 되니까 글쓴이가 도대체 무슨 말을 하려는지 의구심을 가지는 것이다. 독자는 항목 간 위계질서가 드러나는 글의 목차만 보고도 전체 글의 흐름을 파악할 수 있다. 그만큼 목차가 글에서 차지하는 비중이 크기 때문에 글쓴이는 항목 간 위계질서가 명확하도록 내용을 배열해야 한다.

내용을 배열한 후 글쓴이는 글의 제목(title)을 달아야 한다. **제목**은 글의 얼굴로, 글의 정체성을 보여주는 이름이다. 제목만 보아도 글의 성격이나 내용이 짐작되어야 한다. 제목에는 글에 대한 선입견과 기대치가 부여되므로 글의 핵심 내용이 간결하고 명료하게 담겨야 한다. 특히 논술에서 제목은 글쓴이의 관점이 분명하게 드러나야 한다. 그러므로 제목은 글의 내용과 관련되면서 인상 깊은 말로 표현되는 것이 바람직하다(김희수 외, 2013). 과거에는 압축적이고 추상적 제목을 달았지만, 현재는 대체로 쉬운 말로 풀어쓴 제목을 단다. 한마디로 주제를 효과적으로 나타내면서 독자가 글 전체의 내용을 짐작할 수 있는 제목을 달아야 한다. 제목을 달고 나면 글쓰기의 세 번째 단계인 개요 작성이 마무리된다.

〈개요의 사례〉

제목: 주입식 교육의 문제점과 해결방안

주제문: 주입식 교육의 원인과 문제점을 파악한 후 그에 대한 해결방안을 마련하는 것이 필요하다.

Ⅰ. 서론

Ⅱ. 본론

1. 주입식 교육의 원인
   1) 입시 대비 교육
   2) 결과 중심 교육
2. 주입식 교육의 문제점
   1) 수업 측면
      (1) 학생의 흥미 무시
      (2) 끝없는 반복 학습
      (3) 받아쓰기 위주 수업
   2) 학생 측면
      (1) 암기에 대한 스트레스
      (2) 사고의 획일화
      (3) 창의성 말살
      (4) 수동적 학습 태도

Ⅲ. 결론: 주입식 교육의 해결방안

1. 자율학습 활성화
2. 수업방법 개선

개요 작성이 마무리되면 글쓴이는 네 단계에 걸쳐 완성된 개요에 근거하여 본격적으로 글을 쓰기 시작한다. 개요 작성 후 본격적인 집필 작업이 시작되는 것이다. 즉, 개요 작성은 한 편의 글을 쓰기 위한 준비의 마지막 과정이다. 개요가 제대로 작성되면 좋은 글이 완성될 수 있지만, 개요가 허술하면 좋은 글이 완성될 가능성은 매우 낮다. 더군다나 개요가 허술한 글이 독자를 설득할 가능성은 거의 없다. 짜임새 없는 글을 이해하고 공감할 독자는 없기 때문이다. 그러므로 개요 작성은 매우 중요하다.

특히 글쓴이의 자기주장이 독자에게 효과적으로 전달되어야 하는 논술에서 개요는 무엇보다 중요하다. 논술에는 글쓴이의 예리하고 분명한 시각이 드러나야 한다. 논술은 어떤 문제에 대한 객관적 기술이 아니라 주관적 해석과 주장이 담겨야만 생명력을 가지기 때문이다. 글쓴이의 해석과 주장은 글이 전체적으로 일목요연하게 전개될 때 효과적으로 전달될 수 있다. 즉, 글 전체에 대한 구체적이고 치밀한 계획에 따라 글이 전개되어야 한다. 그래서 글 전체의 윤곽인 개요를 작성하는 것이 논술에서 매우 중요하다(김윤경, 2010).

좋은 글을 쓰려면 개요를 작성하는 데 심혈을 기울여야 한다. 글쓰기의 경험이 부족한 사람일수록 글쓰기에 대한 두려움이 큰 만큼 개요 작성에 열과 성을 다해야 한다. 개요가 허술하면 글쓰기에 대한 두려움이 더 커지면서 글쓰기를 시작하기가 어렵기 때문이다. 개요 작성이 중요함에도 개요 작성에 오랜 시간이 걸리면 마음이 조급해지면서 섣불리 글을 쓰기 시작하는 경우가 생긴다. 그러나 개요를 작성하고 글을 써야 나중에 우왕좌왕하면서 버리는 시간을 줄일 수 있다. 그뿐만 아니라 더욱 논리적인 글을 완성할 수 있다. 개요를 작성하고 글을 쓰는 것이 결과적으로 훨씬 더 시간을 절약하면서 독자를 설득하는 데 효과적이다.

10장 문장

글쓰기의 네 번째 단계는 집필이다. 글쓴이는 작성한 개요에 따라 본격적으로 글을 쓰기 시작한다. 한 편의 글은 단어부터 시작하여 문장과 문단이 만들어져 완성된다. 문장(sentence)은 생각이나 느낌을 말 또는 글로 표현할 때 완결된 내용을 나타내는 최소의 단위다. 문장은 문법적으로 충분히 독립된 단위로, 하나의 단어 또는 통사적으로 서로 연관된 단어들로 구성된다. 여러 개의 단어가 단순히 모여서 문장이 되는 것이 아니라 문법에 맞게 잘 짜여서 완결된 내용으로 표현되어야 하나의 완성된 문장이 된다. 즉, 문장은 형태소나 어절과 같은 문법 단위가 잘 짜여야 만들어질 수 있다. 또 문장은 마침표나 물음표, 느낌표와 같이 문장이 끝났다는 것을 알려주는 문장 부호를 포함한다. 이렇게 문장은 일반적으로 여러 개의 단어가 모여서 주어나 서술어와 같은 문장성분을 갖추어 구성된다. 하지만 단 하나의 단어로 문장이 될 수도 있다. '네.', '아니요.'와 같이 단 하나의 단어로도 자기 생각이나 느낌을 표현할 수 있으면 문장이 된다. 문장이 되는지 아닌지는 단어의 개수가 아니라 생각이나 느낌이 정확히 전달되느냐 마느냐로 판단된다. 따라서 문장은 의미상으로 완결된 내용을 갖추고 형식상으로 문장이 끝났음을 나타내는 문장 부호가 있는 것을 말한다.

1. 문장성분

문장성분(sentence constituent)은 문장을 구성하는 요소로, 문장구성에 일정한 역할을 담당한다. 문장성분으로 주어, 서술어, 목적어, 보어, 관형어, 부사어, 독립어 등이 있으며, 이는 주성분과 부속성분, 독립성분 등으로 나뉜다. **주성분**은 문장을 이루는 데 꼭 필요한 성분으로, 문장의 뼈대라고 할 수 있다. 주성분에는 주어와 서술어, 목적어, 보어 등이 포함되며, 이 중에서도 주어와 서술어가 있어야 문장이 구성된다. 문장은 기본적으로 '누가/무엇이', '어찌한다/어떠하다'라는 생각이나 느낌을 표현하는 것이기 때문이다. **부속성분**은 주성분을 꾸며 내용을 더하는 성분으로, 관형어와 부사어 등이 해당한다. **독립성분**은 주성분이나 부속성분과 직접적 관계가 없이 문장에서 독립적으로 쓰이는 성분으로, 독립어가 해당한다. 각각의 문장성분은 나름의 문법적 기능에 따라 문장에서 각기 다른 임무를 수행한다. 그러므로 문장을 구성하려면 각 문장성분이 문장에서 수행하는 역할을 정확히 이해하는 것이 필요하다. 또 상대방에게 자기주장을 정확히 전달하려면 문법에 따라 문장을 제대로 구성하는 것이 필요하다. 단어가 문법에 맞게 문장성분을 형성하고, 각 성분이 어순에 따라 배열될 때 문장의 의미는 정확히 전달될 수 있다(임지룡, 2002).

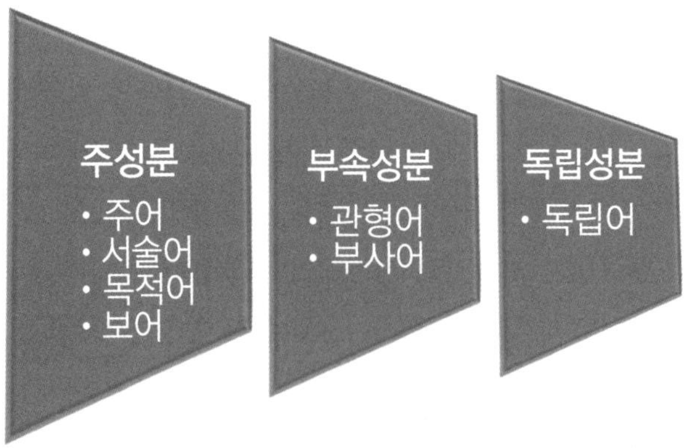

〈문장성분〉

1) 주성분

(1) 주어

주어(subject)는 문장에서 주체 역할을 담당하는 부분으로, 체언에 주격조사가 결합하여 만들어진다. 즉, 주어는 체언과 체언 구실을 하는 명사구와 명사절, 대명사, 수사 등의 뒤에 주격조사 '이/가', '께서', '에서'가 붙어서 만들어진다. 주어는 문장에서 '무엇이', '누가' 등에 해당하는 부분으로, 서술어가 나타내는 행위나 상태, 속성 등의 주체가 되는 말이다. 예를 들어, '눈이 내린다.', '지후가 뛰어간다.', '선생님께서 정욱이를 칭찬하셨다.', '단체에서 공연을 기획했다.' 등에서 '눈이', '지후가', '선생님께서', '단체에서' 등이 주어에 해당한다.

주격조사 대신 보조사 '은/는'이 체언에 결합하여 주어가 만들어지기도 한다. 주어가 이미 앞에서 언급한 것에 대해 말할 때, 누구나 알고 있는 일반적인 것을 나타낼 때, 다른 사물과 비교하여 차이점을 드러낼 때 보조사 '은/는'을 포함한 주어가 사용된다(김희수 외, 2013). 보조사는 체언이 어떤 문장성분이든 상관없이 그 체언에 특별한 의미를 더해 주는 조사다. 격조사가 일정한 자격을 주는 조사지만, 보조사는 뜻만 보조해 주는 조사다. 예를 들어, '승우는 유미를 좋아한다.'라는 다른 사람은 모르지만, 승우만큼은 유미를 좋아한다는 뜻을 나타낸다. '승우가 유미는 좋아한다.'라는 승우가 유미만큼은 좋아한다는 뜻을 나타낸다.

주어는 문장에서 꼭 필요한 성분인데, 왜냐하면 문장에서 주어가 없으면 독자는 무엇에 대한 설명인지 알 수 없기 때문이다. 문장은 아무리 간단해도 주어 하나와 서술어 하나로 구성되며, 아무리 복잡해도 주어와 서술어로 이루어진 틀을 바탕으로 확대된다. 그래서 주어는 서술어와 함께 문장의 가장 기본이 되는 성분이다. 하지만 일상 회화와 같이 구어체에서 주어의 누락은 자주 발견된다. 일상 회화는 서로 만나서 이야기를 주고받으며 일문일답식으로 대화가 이어지기 때문에 '나', '너'가 빠진 문장이 많이 나타난다(루찐, 2012). 그러나 문어체에서 주어가 빠지면 문장 자체가 성립되지 않으므로 문장에서 주어가 빠져서는 안 된다.

'상징적 표현을 좋아한다.'처럼 주어가 빠지면 누가 상징적 표현을 좋아하는지를 알 수 없으므로 문장이 성립되지 않는다.

(2) 서술어

서술어(predicate)는 주어의 행위나 상태, 속성 등을 서술하는 문장성분으로, 문장에서 '어찌한다.', '어떠하다.', '무엇이다.' 등에 해당하는 부분이다. '어찌한다.'라는 동사로, '어떠하다.'라는 형용사로, '무엇이다.'라는 체언에 서술격조사 '~이다'가 결합한 형태로 나타난다. 예를 들면, '새가 날아간다.', '가방이 가볍다.', '형은 연예인이다.' 등에서 '날아간다.', '가볍다.', '연예인이다.' 등이 서술어에 해당한다. 체언에 서술격조사 '~이다'가 결합한 서술어가 신문 기사나 광고, 메모 등의 문장에서 쓰일 때는 '~이다'가 생략되기도 한다. '문화는 인간 활동의 산물', '이주민이 만들어낸 명칭' 등이 그 예다. 즉, 주어는 문장에서 언급되는 어떤 것이고, 서술어는 그것에 관해 설명하는 것이다.

서술어는 문장에서 가장 중요한 성분으로, 문장에 있는 성분 대부분과 일대일 관계를 맺는다. 서술어는 목적어나 보어 등과 같이 문장에 필요한 성분이 무엇인지를 결정하기 때문에 단어는 문장에서 서술어와 어울려야만 쓰일 수 있다. 한국어는 서술어 중심의 언어라서 서술어의 의미에 따라 다른 성분이 뒤따라 나온다. 그래서 각각의 문장성분이 서술어와 호응해야 한다. 예를 들어, '먹는다'라는 서술어의 목적어로는 먹을 수 있는 명사만 가능하고, 책상과 같이 먹을 수 없는 명사는 가능하지 않다. 또한 '진실이가 맥주를 마셨다.'라는 가능하지만, '진실이가 사과를 마셨다.'라는 가능하지 않다. 이를 '진실이가 사과를 먹었다.', '진실이가 사과즙을 마셨다.'라고 바꾸면 단어와 서술어의 의미가 연결되어 단어와 서술어가 어울리게 된다.

특히 논술에서 주어와 서술어의 호응은 매우 중요하다. 주어와 서술어가 호응하지 않으면 상대방에게 자기 의견이 정확히 전달되지 않기 때문이다. 주어와 서술어가 호응하지 않는 잘못된 문장으로 자기주장을 논리적으로 서술하는 것은 불가능하다. 그런데도 주어와 서술어가 호응하지 않는 잘못된 문장은 논술에서 흔히 나타난다. '윷놀이는 여럿이 모여서 한다.'라는 문장은 주어와 서술어가 호응하지 않는데, 왜냐하면 '윷놀이는'이 '한다.'의 주어가 되지 않기 때문이다. 이를 '윷놀이는 여럿이 모여서 하는 민속놀이다.', '여럿이 모여서 윷놀이한다.' 등으로 바꾸면 주어와 서술어가 호응하는 문장이 된다. '네 말은 나에게 감동이었다.'라는 문장도 주어와 서술어가 호응하지 않는데, 왜냐하면 '말'은 감동을 준 원인이지 '말' 자체가 감동은 아니기 때문이다. 이를 '네 말은 나에게 감동을 주었다.'라고 바꾸면 주어와 서술어가 호응하는 문장이 된다.

주어가 빠지거나 주어와 서술어가 호응하지 않는 잘못된 문장은 단어보다 맥락에 의존하여 문장의 의미를 파악하는 문화와 연관된다. 즉, 낱낱의 단어보다 맥락을 중시하여 맥락으로 문장의 의미를 대충 이해하는 문화와 연관된다. 이런 문화에서는 대화 도중에 모르는 말이 나와도 맥락에서 이해하면 대충 무슨 뜻인지 알 수 있어서 다시 묻지 않는 것이 일반적이다(최상진, 2011). 또 맥락을 중시하는 문화에서는 자기 생각을 분명히 말하는 대신 에둘러서 표현하는 경향이 있다. 자기 생각을 일일이 말하지 않아도 상대방이 알아서 이해할 것으로 기대하기 때문이다(김천기 외, 2013). 그래서 맥락 중심의 문화에서는 단어나 문장이 단축되고 붕괴하는 등의 비문이 흔하게 나타난다(김한샘, 2015). 그러나 주어가 빠지거나 주어와 서술어가 호응하지 않는 잘못된 문장은 자기주장을 분명히 전달하지 못하므로 논술에서 절대 나타나지 않아야 한다.

(3) 목적어

목적어(object)는 서술어가 표현하는 대상이 되는 문장성분으로, 문장에서 '무엇을', '누구를' 등에 해당하는 부분이다. '나는 노래를 듣는다.'에서 듣는 대상이 되는 것은 '노래'이므로 '노래'가 목적어다. 목적어는 '나는 키위를 먹는다.'처럼 보통 체언에 목적격조사인 '을/를'이 결합하여 만들어진다. 하지만 '나는 키위도 먹는다.'처럼 체언에 보조사가 결합하거나 '나는 키위만을 먹는다.'처럼 보조사 뒤에 목적격조사가 결합하여 만들어지기도 한다. 또한 '나는 키위가 맛있음을 안다.'와 같이 구나 절이 목적어가 되거나 '난 키위 좋아.'처럼 목적격조사 없이 체언만으로 목적어가 되기도 한다. 일상 회화에서는 목적격조사가 없어도 어느 것이 목적어인지가 분명한 경우가 많아서 목적격조사가 없는 목적어가 흔히 나타난다(김희수 외, 2013).

목적어는 서술어 앞에 오는 것이 일반적이다. 그러나 모든 문장이 목적어를 포함하는 것은 아니다(권순희, 2009). 목적어가 있어야 하는 동사인 타동사를 가진 문장만 목적어를 요구하고, 자동사를 가진 문장은 목적어를 요구하지 않는다. '아기가 잔다.'에서 '잔다.'는 목적어가 필요하지 않은데, 왜냐하면 동작이나 작용이 주어에만 영향을 미치는 자동사기 때문이다. 그러나 '동생은 싫어한다.'에서 '싫어한다.'라는 타동사기 때문에 '무엇을'에 해당하는 목적어가 포함되어야 동생이 무엇을 싫어하는지가 명확하게 나타난다. 이렇게 타동사를 포함하는 문장에서는 반드시 목적어가 나타나야 하지만, 문맥상 문장의 목적어가 무엇인지 알 수 있으면 생략되기도 한다(김희수 외, 2013). 문장의 앞뒤 맥락에서 무엇이 목적어인지가 명확하면 목적어의 생략은 가능하다.

(4) 보어

보어(complement)는 주어와 서술어만으로 의미가 불완전한 문장에서 서술어를 보충해 주는 문장성분이다. 가령 '희주가 성인이 되었다.'는 문장에서 '성인이'가 없다면 완전한 문장이 되지 않는다. 이처럼 보어는 문장을 구성하는 데 꼭 필요한 성분으로서 주어, 서술어, 목적어와 함께 주성분에 속한다.

보어는 체언에 보격조사 '이/가'가 결합하여 만들어지며, 목적어와 마찬가지로 서술어에 의해 그 실현이 결정된다. 보어가 있어야 하는 서술어는 '되다.', '아니다.'뿐이다(김희수 외, 2013). 그러므로 보어는 '되다.', '아니다.' 등의 서술어 앞에서 '무엇이'에 해당하는 부분이다. 예를 들어, '유민이가 중학생이 되었다.', '훈기는 회장이 아니다.'에서 '중학생이'와 '회장이'가 보어다.

보어는 보격조사 '이/가'가 결합하여 만들어지므로 '되다.', '아니다.' 등의 앞에 있더라도 보격조사 '이/가'를 취하지 않으면 보어가 아니다. 이를테면, '물이 얼음으로 되다.'에서 '얼음으로'는 보어가 아니다. 보격조사는 주격조사와 모양은 같지만, 문장에서의 위치와 역할이 달라서 서로 구별된다.

2) 부속성분

(1) 관형어

관형어(adnominal phrase)는 문장에서 체언 앞에 놓여 체언을 꾸며주는 역할을 하는 문장성분으로, 주로 사물이나 사람과 같이 대상을 나타내는 말을 꾸며준다. '예쁜 신발이 나란히 놓여있다.'에서 '예쁜'처럼 체언인 '신발'을 꾸며주면서 신발의 범위를 한정하는 역할을 하는 것이 관형어다. 체언은 보통 주어나 목적어로 쓰이는 만큼 관형어는 대체로 체언으로 이루어진 주어나 목적어를 그 앞에서 꾸미는 역할을 한다.

관형어는 관형사가 원래 모양 그대로 체언을 꾸미는 경우가 일반적이다. '새 옷을 입는다.', '큰 가방을 든다.'에서 '새'와 '큰'이 그 예다. 또한 '진서의 책상은 작다.'에서 '진서의'와 같이 체언에 관형격조사인 '의'가 결합하여 관형어가 만들어지기도 한다. '아름다운 바다에 가고 싶다.'에서 '아름다운'처럼 용언의 어간에 관형사형 어미인 '-ㄴ, 는, -ㄹ, 던' 등이 결합하여 관형어가 되기도 한다.

관형어는 부속성분이므로 관형어가 없어도 문장은 성립한다. 그러나 관형어가 의존명사를 꾸며줄 때는 반드시 있어야 한다(김희수 외, 2013). **의존명사**는 어디엔가 의존해야 제 기능을 할 수 있는 완전하지 않은 명사다. 의존명사는 자립성이 없어서 관형어의 꾸밈을 받아야만 쓰일 수 있다. 의존명사에는 '것', '따름', '뿐', '데' 등이 포함된다. 예를 들어, '파란 것이 아름답다.'에서 '파란'을 빼면 '것이 아름답다.'가 되어 불완전한 문장이 된다.

관형어와 부사어는 부속성분으로, 주성분만으로 설명이 부족하다고 판단하여 덧붙이는 것이다. 관형어와 부사어는 문장의 의미를 효과적으로 전달하기 위해 꾸며주는 역할을 하는 문장성분이다. 그런데 논술에서는 관형어와 부사어에 의해 오히려 의미 전달이 방해받기도 한다. 자기주장을 강조하기 위해 관형어와 부사어를 길게 쓰거나 여러 개를 나열하면서 문장이 길고 복잡해지기 때문이다. 따라서 글쓴이가 문장의 의미를 효과적으로 전달하려면 관형어와 부사어를 적절하게 사용해야 한다.

(2) 부사어

부사어(adverbial phrase)는 문장에서 주로 서술어를 꾸며주는 역할을 하는 문장성분으로, 서술어를 비롯하여 관형어나 다른 부사어, 심지어 문장 전체를 꾸며준다. 예를 들어, '나는 수학을 제일 좋아한다.'에서 '제일'은 서술어인 '좋아한다.'를, '남은 빵은 겨우 두 개뿐이다.'에서 '겨우'는 관형어인 '두'를, '가영이는 남수를 정말 오래 기다렸다.'에서 '정말'은 부사어인 '오래'를, '제발 하루가 무사히 지나가기를 바란다.'에서 '제발'은 문장 전체를 꾸며준다. 부사어는 문장에서 다른 부사어나 서술어, 관형어 등을 수식하면서 다양한 문장성분과 호응한다.

부사어는 일반적으로 부사에 의해 실현되지만, 체언에 부사격조사가 결합하거나 용언의 어간에 부사형 어미가 결합하여 만들어지기도 한다. '날씨가 몹시 덥다.'에서 '몹시'는 부사에 의해 실현되는 부사어이며, '거리에 사람이 많다.'에서 '거리에'는 체언에 부사격조사가 결합하여 만들어진 부사어다. 부사격조사로 '에', '에서', '(으)로', '와/과', '보다' 등이 있다. '민재는 돈을 헤프게 쓴다.'에서 '헤프게'는 용언의 어간에 부사형 어미가 결합하여 만들어진 부사어다. 부사형 어미로 '–아, –게, –지, –고' 등이 있으며, '낮아 보인다.', '크게 말한다.', '힘들지 않다.', '알고 있다.' 등이 그 예다.

부사어는 관형어와 마찬가지로 그것이 수식하는 말 바로 앞에 오는 것이 원칙이다. 이 원칙을 관형어는 어떤 경우에도 어길 수 없지만, 부사어는 어길 수 있다. 즉, 부사어의 위치는 자유롭게 바뀔 수 있다(김희수 외, 2013). 부사어의 위치를 바꾸면 표현의 효과가 달라지기 때문에 글쓴이는 문장의 의미를 좀 더 강하게 전달할 수 있다는 이점이 있다. 가령 '보미는 고양이를 매우 좋아한다.'를 '보미는 매우 고양이를 좋아한다.'라고 바꾸면 고양이를 좋아한다는 의미가 좀 더 강하게 전달된다. 또한 '하루가 무사히 지나가기를 바란다, 제발.'처럼 부사어가 수식하는 말 뒤에 오기도 한다.

몇몇 부사어는 부사어 자체가 뜻을 가지기 때문에 특정 서술어하고만 호응한다(송준호, 2009). '왜냐하면'은 이유의 뜻을 가지므로 '~ 때문이다.'라는 서술어와, '다만'은 제한의 뜻을 가지므로 '~ 뿐이다.'라는 서술어와 호응한다. '왜냐하면 내가 밥을 먹고 있기 때문이다.'로 써야 하는데, '왜냐하면 내가 밥을 먹는다.'라고 쓰면 어울리지 않는다. 또한 '결코', '절대로', '전혀' 등은 부정의 뜻을 가지므로 '못하다.', '아니다.', '않다.' 등의 서술어와 호응한다. 당위를 뜻하는 '마땅히'는 '~해야 한다.'와 호응한다. 이를테면, '학생은 마땅히 공부한다.'가 아니라 '학생은 마땅히 공부해야 한다.'라고 써야 한다. 그래서 문장을 쓸 때는 주어와 서술어의 호응 관계뿐만 아니라 부사어와 서술어의 호응 관계도 고려해야 한다.

3) 독립성분

독립성분은 다른 문장성분과 직접 관련이 없는 성분으로, 독립어가 독립성분에 해당한다. 독립어로 '아, 오, 아이고, 아뿔싸, 어머' 등의 감탄사, '예훈아'와 같이 체언에 호격조사가 붙은 호칭어, '그리고, 그러나, 그래서'와 같은 접속사 등이 있다. '우아, 진짜 맛있다!'에서 '우아'나 '서영아, 왜 그래?'에서 '서영아'가 독립어의 예다. '우아'나 '서영아'는 다른 문장성분과 상관없이 느낌을 나타내거나 누군가를 부르기 때문에 독립어가 된다. 독립어는 간혹 문장 가운데에 오기도 하지만, 보통 문장의 맨 앞이나 맨 뒤에 놓인다(김희수 외, 2013).

문장의 맨 앞에 있는 독립어는 문장 전체를 꾸며주는 부사어와 혼동되기도 한다. 그러나 독립어는 문장을 꾸며주지 못하고 독립어가 없어도 문장의 의미가 전혀 변하지 않으므로 부사어와 구별된다. '어머, 진짜 옷이 너한테 잘 어울려.'에서

'진짜'는 '옷이 너한테 잘 어울려.'라는 문장을 꾸며주는 부사어다. '진짜'가 뒤에 이어지는 내용과 관련됨은 '옷이 너한테 진짜 잘 어울려.'라고 바꾸었을 때 자연스럽게 연결되는 것에서 잘 드러난다. 그러나 독립어인 '어머'는 문장 안의 어떤 성분과도 관련되지 않으며, '어머'가 없어도 문장의 의미가 전혀 변하지 않는다. 즉, 독립어는 다른 문장성분 없이 홀로 쓰일 수 있다.

접속사는 순접 접속사와 역접 접속사로 구분된다. 순접 접속사는 앞의 내용을 긍정하면서 이전 맥락의 추론으로 뒤에 나올 맥락을 이끌어가는 것으로, '그리고, 그래서, 그러므로' 등이 포함된다. 역접 접속사는 앞의 내용을 부정하거나 이전 상황과 상반되는 경우에 사용되는 것으로, '그러나, 그런데, 하지만' 등이 포함된다. 역접 접속사는 비판의 대상을 먼저 제시하고 이를 반박할 때 사용되지만, 자주 나타나면 글의 방향이 일관적이지 않음을 가리킬 수 있어서 신중하게 사용되어야 한다. 접속사는 문장과 문장을 연결하는 다리 역할을 한다. 그러나 문장과 문장 사이의 거리가 좁아서 다리가 필요 없는 것이 이상적이다. 접속사 없이 자연스럽게 이어지고 매끄럽게 연결되는 문장이 좋은 문장이다.

2. 문장구성

문장구성(sentence construction)은 문장성분을 알맞게 조직하여 구조화하는 것이다. 즉, 문장성분을 적절히 결합하여 하나의 완결된 내용을 나타내도록 하는 것이 문장구성이다. 문장은 자기 생각이나 느낌을 완결된 내용으로 표현하는 언어형식이다. 그러므로 문장구성은 단순히 문법에 따라 단어를 배열하는 것이 아니라 자신이 전달하려는 내용을 정확히 표현하기 위해 단어를 결합하는 것이다. 문장구성은 문장성분을 긴밀하게 연결함으로써 자기 생각이나 느낌을 구체적이고 정확하게 표현하는 데 초점을 둔다(황미현, 2013). 이를테면, '배가 고프다.'라는 문장보다 '아침부터 아무것도 먹지 않아서 배가 고프다.'라는 문장이 자기 생각이나 느낌을 더 분명하게 표현한다. 배가 고픈 이유를 밝힘으로써 현재 자신의 상태와 느낌을 정확히 전달하기 때문이다. 따라서 문장을 구성할 때는 자신이 전달하고자 하는 바를 명확히 하는 것이 우선이다. 그다음에 자기 생각이나 느낌을 정확히 나타낼 수 있는 단어를 선택하고 그것을 적절히 배열하여 문장을 구성해야 한다. 이러한 일련의 과정을 거치려면 각 문장성분의 기능을 비롯하여 문장의 구조와 종류 등을 정확히 알고 사용하는 것이 요구된다.

1) 문장의 구조

(1) 기본 구조

문장의 기본 구조는 주어와 서술어, 목적어, 보어 등으로 이루어진다. 문장은 최소한 하나의 주어와 하나의 서술어로 구성된다. 주어는 서술어 앞에 놓이고, 목적어나 보어는 주어 뒤에 그리고 서술어 앞에 놓이는 것이 일반적이다. 이렇게 문장의 주성분인 주어, 서술어, 목적어, 보어 등으로 이루어진 문장을 기본 문장이라고 한다(신봉섭, 2017). 기본 문장의 유형은 '주어-서술어', '주어-목적어-서술어', '주어-보어-서술어' 등이 있다.

- '주어-서술어' 문장은 '동생이 바쁘다.'와 같이 '무엇이 어찌한다./어떠하다.'라는 식으로 나타난다.
- '주어-목적어-서술어' 문장은 '동생이 책을 본다.'와 같이 '무엇이 무엇을 하다.'라는 식으로 나타난다.
- '주어-보어-서술어' 문장은 '동생이 어른이 되다.'와 같이 '무엇이 무엇이다.'라는 식으로 나타난다.

기본 문장은 전달하려는 바를 정확히 표현하는 데 한계가 있다. 기본 문장만으로 문장의 의미가 효과적으로 전달되지 않는 것이다. 그래서 문장의 확장이 요구된다. 문장의 확장은 문장의 의미를 효과적으로 전달하기 위해 기본 문장에 문장성분을 적절하게 추가하는 것이다(신봉섭, 2017). '다문화교육은 필요하다.'를 '다문화교육은 모든 사람에게 필요하다.'라고 바꾸면 그 의미가 더 분명해지면서 상대방에게 정확한 내용이 전달될 수 있다.

또 '나는 너를 좋아한다.'를 '나는 너를 정말로 좋아한다.'라고 바꾸면 좋아하는 정도가 더 분명해지면서 문장의 의미가 더 확실해진다. 이처럼 문장성분을 추가하여 문장을 확장하면 생각이나 느낌이 더 구체적이고 명료하게 전달될 수 있다. 하지만 문장성분이 너무 많아지거나 적절하지 않으면 문장이 산만해지고 난해해질 수 있다. 따라서 문장이 완결된 내용을 나타내는 데 꼭 필요한 문장성분만을 추가하여 문장을 확장하는 것이 요구된다.

(2) 어순

어순(word order)은 문장성분의 배열 순서로, 언어에 따라 어순이 다양하다. 한국어 어순은 '주어-목적어-서술어'지만, 영어의 어순은 '주어-서술어-목적어'다. 한국어 어순의 가장 큰 특징은 주성분인 주어, 서술어, 목적어, 보어 중 서술어에 따라 다른 성분이 나온다는 것이다. 즉, 한국어는 서술어 중심 언어다. 또 한국어 어순의 특징은 수식하는 말이 수식받는 말 앞에 놓인다는 것이다(김희수 외, 2013). '예쁜 옷', '내가 좋아하는 영화', '동주의 책' 등은 명사를 꾸며주며, '지수가 빨리 걷는다.', '장미가 대단히 아름답다.', '호랑이가 매우 심하게 으르렁거린다.' 등은 동사나 형용사를 꾸며준다. 한국어 어순의 또 다른 특징은 보조동사가 본동사 뒤에 온다는 것이다. 보조동사는 '아니하다, 못하다, 말다, 하다, 되다' 등으로, 본동사가 보조동사와 결합하면 '말하지 않는다.', '가지 못한다.', '먹지 마라.', '열게 하다.', '이기게 된다.' 등으로 나타난다.

이러한 특징에 따라 한국어 어순이 결정되지만, 한국어는 비교적 어순이 자유로운 언어다(김희수 외, 2013). 한국어 어순은 기본적으로 '주어-목적어-서술어'지만, 서술어 이외의 다른 문장성분은 문장 안에서 자유롭게 이동할 수 있다. 특히 부사어가 이동에 있어서 자유로운 문장성분이다. 이렇게 문장성분의 이동이 자유로운 이유는 문장성분의 관계를 나타내는 조사가 발달하여 있기 때문이다. 한국어는 조사가 발달하여 있어서 문장성분의 위치가 바뀌어도 문장의 의미가 크게 달라지지 않는다. 그래서 한국어 어순이 비교적 자유롭다. '그 남자는 멋있어요.'를 '멋있어요, 그 남자는.'으로 바꾸어도 문장의 의미는 거의 달라지지 않는다. 하지만 '멋있어요, 그 남자는.'에서는 멋있다가 더 강조되는 효과가 나타난다. 마찬가지로 '남수가 감을 먹는다.'를 '감을 남수가 먹는다.'라고 바꾸면 감이 더 강조된다. 어순을 바꾸면 문장의 의미에서 미묘한 차이가 나타난다.

조사는 보통 체언이나 체언 구실을 하는 말 뒤에 붙어서 다양한 문법적 관계를 나타내거나 특별한 의미를 더해 준다. 조사는 홀로 사용될 수 없고 다른 말에 붙어서 사용되며, 서술격조사인 '이다'를 제외하고 그 형태가 변하지 않는다. 조사는 격조사, 보조사, 접속조사, 감탄조사 등으로 구분될 만큼 그 종류가 많다. 문법적 관계를 나타내는 격조사만 하더라도 주격조사 '이/가', 서술격조사 '이다', 목적격조사 '을/를', 보격조사 '이/가', 관형격조사 '의', 호격조사 '아/야', 부사격조사 '에게, 으로, 보다' 등이 있다. 보조사는 체언뿐만 아니라 부사나 연결어미 등에 붙어서 특별한 의미를 더해 준다. '우리만 빵을 먹어서 미안하다.', '빨리만 가자'에서 '만'이 그 예다. 각각의 조사는 나름의 역할을 문장에서 수행하면서 문장성분의 관계를 나타낸다.

요약하면 한국어 어순은 기본적으로 '주어-목적어-서술어'이며, 수식하는 말이 수식받는 말 앞에 놓이는 등 몇 가지 특징에 따라 한국어 어순이 결정된다. 그런데도 한국어는 비교적 어순이 자유로운 언어다. 한국어는 문장성분의 관계를 나타내는 조사가 발달하여 있어서 어순이 바뀌어도 문장의 의미가 크게 달라지지 않기 때문이다. 하지만 어순이 바뀌면 강조하는 것이 달라지므로 문장의 의미에서 미묘한 차이가 나타난다. 어순에 변화를 줌으로써 관심의 초점이 달라지는 것이다. 이는 어순의 변화로 상대방이 오해할 상황이 생길 수 있음을 가리킨다. ''아' 다르고 '어' 다르다.'라는 속담처럼 미묘한 차이로 상대방이 글쓴이의 의도와 다르게 문장의 의미를 받아들일 수 있는 것이다. 따라서 글을 쓸 때는 문장의 의미를 전체적으로 고려하여 어순을 바꾸는 것이 요구된다.

2) 문장의 종류

(1) 구성에 따른 분류

문장은 구성에 따라 크게 단문(single sentence)과 복문(complex sentence)으로 구분될 수 있다(김희수 외, 2013).

단문은 주어와 서술어를 하나씩 포함하는 문장으로, 가장 단순하고 기본적인 문장을 말한다. 주어와 서술어의 관계, 즉 주술 관계가 한 번만 포함된 문장이 단문이다. 그래서 단문은 온전한 하나의 생각만 나타낸다. 단문은 '무엇이 어찌한다.'와 같이 동사를 포함하는 것, '무엇이 어떠하다.'처럼 형용사를 포함하는 것, '무엇이 무엇이다.'처럼 체언을 포함하는 것 등으로 나타난다. '용주가 뛰어간다.', '꽃이 아름답다.', '고래는 포유류다.' 등이 단문의 예다. '재흔이는 눈을 좋아한다.', '수민이는 의사가 되었다.', '채희는 흰 원피스를 자주 입는다.' 등과 같이 목적어나 보어, 관형어, 부사어 등이 포함되어도 주어 하나와 서술어 하나로 이루어진 문장은 단문이다. 동사를 포함하는 단문은 목적어를 갖는 타동사문과 목적어를 갖지 않는 자동사문으로 나뉜다. 단문은 문장이 짧아서 속도감이나 위기감을 느끼게 하므로 힘이 있다(김희수 외, 2013).

복문은 주어와 서술어가 두 개 이상 들어있는 문장으로, 주술 관계가 두 번 이상 포함된다. '태우는 호영이가 씩씩하다고 말한다.'에서 '태우는 말한다.'라는 주술 관계와 '호영이가 씩씩하다.'라는 주술 관계가 두 번 나타난다. 문장의 맨 뒤에 오는 서술어가 포함된 주술 관계가 문장에서 말하려는 주된 생각이고, 나머지 주술 관계는 모두 주된 생각의 배경이 되는 생각이다. 그러므로 문장이 아무리 길더라도 문장의 맨 뒤에 오는 서술어가 포함된 주술 관계를 찾으면 문장의 중심 생각을 파악할 수 있다. 단문보다 복문이 복잡함에도 복문을 사용하는 이유는 단문으로 생각을 논리적으로 표현하는 데 한계가 있기 때문이다(신봉섭, 2017). 생각은 대개 원인과 결과의 관계를 나타내는데, 이러한 생각을 표현하는 데 단문은 한계가 있다. 그래서 복잡한 상황을 자세하게 표현하거나 복합적 생각을 나타낼 때 복문이 이용된다. 특히 자기주장을 논리적으로 서술하는 논술에서는 단문보다 복문이 훨씬 더 많이 사용된다. 복문은 문장이 길어서 끈끈함이나 유장함이 있다(김희수 외, 2013).

복문은 단문이 결합하는 방식에 따라 대등복문, 종속복문, 포유복문 등으로 구분된다(신봉섭, 2017). 대등복문은 서로 대등한 단문끼리 결합하는 방식의 복문으로, 두 개의 단문이 의미의 비중이 비슷하게 연결되어 하나로 결합한 것이다. '인생은 짧고 예술은 길다.'처럼 두 개의 단문은 '-고, -며'와 같은 연결어미로 결합한다. 종속복문은 하나의 문장이 다른 문장에 종속적으로 결합하는 방식의 복문으로, 두 개의 단문이 의미의 비중이 다르게 연결되어 하나로 결합한 것이다. 이때 한 문장은 주절, 다른 문장은 종속절이 된다. 두 개의 단문은 '-면, -니까, -나' 따위의 연결어미로 결합한다. '봄이 온다.'와 '개나리가 핀다.'가 종속적으로 결합한 복문은 '봄이 오면 개나리가 핀다.'가 될 수 있다. 포유복문은 하나의 문장이 다른 문장을 문장성분으로 포유하는 방식의 복문으로, 포유된 문장은 주어, 목적어, 관형어, 부사어 등의 역할을 한다. '문호가 진범임이 사실로 밝혀졌다.'에서는 주어, '문호는 자기가 진범임을 시인했다.'에서는 목적어, '매화가 핀 정원이 아름답다.'에서는 관형어, '호수가 눈이 시리게 푸르다.'에서는 부사어 역할을 한다.

(2) 의미에 따른 분류

문장은 의미에 따라 크게 평서문, 의문문, 명령문, 청유문, 감탄문 등으로 구분될 수 있다(김희수 외, 2013).

평서문은 말하는 사람이 자기 생각을 평범하게 전달하는 문장으로, 사실이나 현상, 사건 등을 있는 그대로 서술하는 것이다. 즉, 평서문은 말하는 사람이 듣는 사람에게 특별히 무언가를 요구하지 않으면서 단순하게 자기 생각만을 전달하는 문장이다. 말하는 사람이 사건의 내용을 객관적으로 진술하는 문장이 평서문이다. 평서문은 주로 '-다, -지, -네, -오, -어/아' 등으로 끝을 맺으며, 문장 부호는 마침표(.)를 사용한다. 다양하게 끝을 맺는 평서문의 예로 '어제 미술관에 갔다.',

'숙제하고 있지.', '창문이 열려 있었네.', '비가 오나 보오.', '나비가 날아다니고 있어.' 등이 있다.

의문문은 말하는 사람이 듣는 사람에게 무언가를 묻는 문장으로, 질문에 대한 답변을 요구하는 것이다. 의문문은 단순한 서술에 머무르지 않는다는 점에서 평서문이나 감탄문과 다르고, 어떤 행동을 요구하지 않는다는 점에서 명령문이나 청유문과 다르다. 의문문은 주로 '-ㅂ니까, -어요, -아/어, -니, -냐' 등으로 끝을 맺으며, 문장 부호는 물음표(?)를 사용한다. 궁금한 것을 묻는 의문문의 예로 '언제 집에 갔니?', '점심으로 무엇을 먹을까?', '이거 가지고 놀아도 돼요?' 등이 있다. 의문문은 확인이나 반복, 맞장구 등을 표현하기 위해 사용되기도 한다. '예나가 정말 일등을 했어?', '너도 그렇게 생각하냐?' 등이 그 예다.

명령문은 말하는 사람이 듣는 사람에게 무엇을 시키거나 행동을 요구하는 문장으로, 주어 생략이 가능하다. 명령문의 주어는 반드시 듣는 사람이 되므로 누구나 주어를 알 수 있기 때문이다. 명령문은 어떤 행동을 요구하는 것이므로 명령문의 서술어는 사람이나 사물의 움직임을 나타내는 동사로 한정된다. 명령문은 주로 '-아라/어라, -아/어, -게, -오, -ㅂ시오' 등으로 끝을 맺으며, 상대방에 따라 끝맺음이 달라진다. 상대방을 높이는 정도에 따라 '여기에 앉아라.', '여기에 앉게.', '여기에 앉으십시오.' 등으로 나타난다. 명령문은 듣는 사람에게 직접 명령하는 **직접 명령문**과 이야기하는 현장에 없는 누군가에게 명령하는 **간접 명령문**으로 나뉜다. '반찬을 골고루 먹어라.'라는 직접 명령문이고, '민지한테 반찬을 골고루 먹으라고 말해줘.'라는 간접 명령문이다. 직접 명령문의 끝맺음은 그 형태가 다양하지만, 간접 명령문의 끝맺음은 '-(으)라'만 존재한다(김희수 외, 2013).

청유문은 말하는 사람이 듣는 사람에게 어떤 행동을 함께하기를 요청하는 문장이다. 청유문의 주어는 '우리'와 같이 반드시 말하는 사람과 듣는 사람 모두이며, 서술어는 사람이나 사물의 움직임을 나타내는 동사로 한정된다. 청유문은 주로 '-자, -세, -ㅂ시다' 등으로 끝을 맺으며, 문장 부호는 마침표(.)를 사용한다. '같이 놀자.', '조금 더 기다려 보세.', '질서를 지킵시다.' 등이 청유문의 예다. 때에 따라 청유문은 제안이나 친교를 위해 사용되기도 한다(김윤수, 2011). '이번 주말에 탕수육 먹으러 가자.'와 같이 제안하거나 '앞으로 연락 자주 하자.'와 같이 친교를 위해 인사치레로 청유문이 사용된다.

감탄문은 기쁨이나 슬픔, 놀람 등의 느낌을 표현하는 문장으로, 말하는 사람이 듣는 사람을 별로 의식하지 않고 거의 독백하는 식으로 나타난다. 감탄문은 기본적으로 말하는 사람이 다른 사람과 상관없이 자신의 느낌을 강하게 표현하는 것이다. 감탄문은 주로 '-구나, -군, -구먼, -아라/어라' 등으로 끝을 맺으며, 문장 부호는 느낌표(!)를 사용한다. 감탄문의 예로 '나비가 참 아름답구나!', '정말 대단하군!', '발이 상당히 크구먼!', '아이고, 무서워라!' 등이 있다. 감탄문에서는 주어나 목적어, 보어와 같은 주성분의 생략이 자주 나타난다.

3) 좋은 문장의 조건

문장은 일반적으로 의미적 속성, 구성적 속성, 형식적 속성을 가진다. 이러한 속성은 문장이 갖춰야 할 요건이므로 세 가지 속성 중 어느 하나라도 빠지면 문장이라고 할 수 없다. 의미적 속성은 문장이 통일된 생각이나 느낌을 나타내는 하나의 완결된 단위라는 것이다. 구성적 속성은 문장이 하나 이상의 단어로 이루어진 구성체라는 것이다. 형식적 속성은 문장이 다른 언어형식에 의존하거나 내포되지 않은 자립적 언어형식이라는 것이다. 세 가지 속성에 의해 문장은 글쓴이의 손을 떠나는 순간부터 자체적으로 발전하게 된다(장하늘, 2007). 글쓴이의 손을 떠나는 순간부터 문장은 그 자체의 속성에 의해 결코 회수할 수 없는 영역으로 달아나 버리는 것이다. 이렇게 한 번 떠나버린 문장을 되찾는 것은 거의 불가능하므로 글을 쓸 때는 한 문장 한 문장에 심혈을 기울여 좋은 문장을 써야 한다.

좋은 문장의 첫 번째 조건은 주어와 서술어가 호응해야 한다는 것이다. 주어와 서술어가 호응하지 않는 문장은 자기 생각이나 느낌을 완결된 내용으로 표현할 수 없기 때문이다. 주어와 서술어가 호응하는 문장을 쓰려면 무엇을 주어로 할지, 무엇을 서술어로 할지를 정하는 것이 우선이다(신봉섭, 2017). 그다음에 주어 가까이에 서술어를 두어야 한다. 주어와 서술어 사이에 너무 많은 수식어가 들어가서 주어와 서술어 사이의 거리가 멀어지면 안 된다. 즉, 문장이 길어지면 안 된다. 문장이 길어지면 글쓴이는 어떤 것을 주어로 했는지를 잊어버리게 된다. 한 문장 안에 여러 가지 생각을 집어넣다가 처음에 정한 주어를 잊어버리는 것이다. 문장이 길어지면 문장을 분리해서 주어와 서술어 사이의 거리가 멀어지지 않도록 해야 한다.

문장이 짧아지면 주어와 서술어 사이의 거리가 가까워져서 주술 호응이 잘될 수밖에 없다. 주술 호응이 문장의 기본인 만큼 주술 호응만 잘되어도 문장이 바로 서게 된다. 문장이 짧아지려면 관형어나 부사어와 같은 수식어가 적어야 한다. 주어와 서술어 사이의 거리가 멀어지는 이유가 수식어가 많이 들어가기 때문이다. 수식어를 많이 사용하면 풍부한 어휘력을 자랑하는 것처럼 보일 수도 있지만, 실제로 적합한 단어나 표현이 떠오르지 않아서 이것저것 나열한 결과일 수 있다. 그러므로 짧은 문장을 쓰려면 문장에 가장 적확한 단어나 표현을 찾아서 쓰는 것이 중요하다. 짧은 문장을 쓰는 것은 많은 수식어 중에서 가장 적합한 표현 하나를 선택하는 과정이라고 할 수 있다.

짧은 문장은 긴 문장보다 잘 읽힌다. 문장이 길수록 그 안에 담기는 생각이 너무 많기 때문이다. 독자의 눈은 문장 끝의 마침표에 도달하면 잠시 시선이 멈춘다. 지금까지 읽은 내용을 정리하고 그 의미를 이해한 후 다음으로 넘어가게 된다. 그러므로 글의 내용이 다른 사람에게 더 빠르고 쉽게 전해지려면 한 문장의 길이를 가능한 한 짧게 줄여야 한다. 적당한 길이는 한 호흡에 읽을 수 있는 정도다. 이를 위해 음절이 적고 친숙한 단어를 선택해야 한다. 어렵고 복잡하고 낯선 단어를 접하면 읽는 속도가 떨어지고 집중이 잘 안되기 때문이다. 글쓴이가 짧고 쉬운 문장을 쓰는 데 시간과 노력을 많이 들일수록 가독성이 높아져서 독자가 글을 읽는 시간과 노력은 줄어들게 된다.

좋은 문장의 두 번째 조건은 목적어와 서술어가 호응해야 한다는 것이다(신봉섭, 2017). 보통 목적어가 둘 이상인 문장에서 목적어와 서술어가 호응하지 않는 경우가 자주 발생한다. 예를 들면, '주말에는 대체로 잡지나 음악을 듣는다.'에서 잡지는 보는 것이지 듣는 것이 아니므로 목적어와 서술어가 호응하지 않는다. 이를 '주말에는 대체로 잡지를 보거나 음악을 듣는다.'라고 바꾸면 목적어와 서술어가 호응하게 된다. '교사는 학부모와의 개별 면담이 필요하다.'처럼 목적격조사를 제대로 사용하지 않아도 목적어와 서술어가 호응하지 않는다. 이를 '교사는 학부모와 개별 면담을 해야 한다.'로 바꾸면 목적어와 서술어가 호응하는 문장이 된다.

좋은 문장의 세 번째 조건은 문장의 내용이 논리적으로 호응해야 한다는 것이다. 다시 말해 문장의 앞뒤 내용이 이치에 맞아야 의미를 정확하게 전달하는 좋은 문장이 된다(배상복, 2006). 문맥에 적절하지 않은 내용이 있거나 내용의 인과관계가 모순되면 논리적으로 호응하지 않는 문장이 된다. '자기 주도적 학생도 스스로 공부하지는 않는다.'라는 문장의 경우, 앞에서는 스스로 한다는 뜻의 자기 주도적이라는 말을 쓰고 뒤에서는 스스로 하지 않는다고 하므로 앞뒤 말이 모순된다. 이를 '자기 주도적 학생도 간혹 스스로 공부하지 않을 때가 있다.'라고 바꾸면 논리적으로 호응하는 문장이 된다. 또 적절하지 않은 어미나 조사를 사용해도 논리적으로 호응하지 않는 문장이 된다. '따스한 봄이 오고, 가슴은 아직도 차갑다.'라는 문장에서 따스한 봄이 오는 것과 차가운 것은 상반되는데도 '-고'를 사용하여 대등하게 연결되어서 논리적으로 호응하지 않는다. 이를 '따스한 봄이 오지만, 가슴은 아직도 차갑다.'라고 바꾸면 논리적으로 호응하는 문장이 된다.

논리적으로 모순되는 잘못된 문장을 쓰는 가장 큰 이유는 문장을 쓸 때 주의를 기울이지 않기 때문이다(배상복, 2006). 문장의 내용에 적합한 단어가 사용되는지, 인과관계가 분명하게 나타나는지, 어미나 조사 등이 문맥에 맞게 사용되는지 등에 주의를 기울이지 않으면 논리적으로 모순된 문장을 쓰게 된다. 단지 내용 전달에만 치중하여 문장을 작성하면 논리적으로 모순되는 문장이 쉽게 만들어진다. 가령 '수돗물이 오염된 것으로 밝혀져서 시민 건강이 위협받고 있다.'라는 문장은 언뜻 보면 아무런 문제가 없지만, 자세히 보면 인과관계에 문제가 있다. 수돗물이 오염된 것으로 밝혀져서 시민 건강이 위협받는 것이 아니라 수돗물이 오염되어서 시민 건강이 위협받기 때문이다. 이를 '수돗물이 오염되어서 시민 건강이 위협받는 것으로 밝혀졌다.'라고 바꾸면 논리적으로 호응하는 문장이 된다(박건삼, 2008). 논리적으로 호응하는 문장을 쓰려면 무엇보다도 주의를 기울여 문장 하나하나를 쓰는 것이 중요하다.

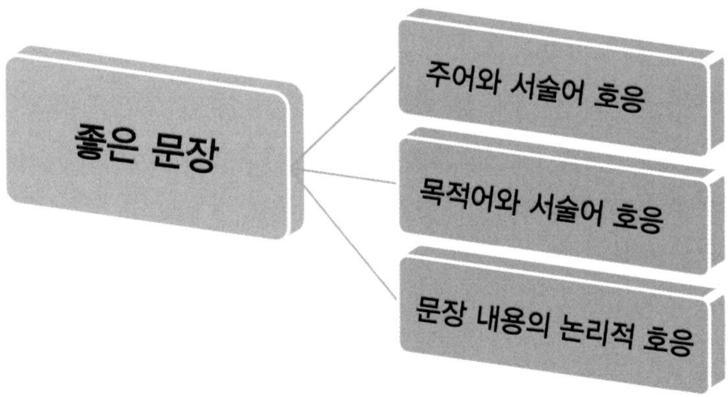

〈좋은 문장의 조건〉

11장 문단

글은 내용별로 묶인 문단이 서로서로 이어져 완성된다. **문단**(paragraph)은 몇 개의 문장이 모여서 하나의 중심 생각을 나타내는 단위다. 즉, 완결된 내용을 나타내는 여러 개의 문장이 모여서 하나의 중심 생각을 나타내는 덩어리가 문단이다. 문단의 내용과 형식은 서로 분리될 수 없으며, 반드시 문단의 형식에 맞춰 내용이 충실히 전개되어야 한다(김현경, 2007). 하나의 문단은 중심문장(topic sentence)과 중심문장을 지지하는 뒷받침 문장(supporting sentences)으로 이루어진다. **중심문장**은 문단의 내용을 대표하는 문장으로, 문단이 논의하려는 중심 생각을 보여준다. 중심문장에 의해 하나의 문단이 논의할 수 있는 내용의 범위가 정해지기 때문에 중심문장은 명료하게 표현되어야 한다. 중심문장이 구체적으로 표현되어야 문단이 무엇을 논의하려는지가 명확히 드러나게 된다. **뒷받침문장**은 중심문장을 지지하는 문장으로, 중심문장에 대한 근거를 제시한다. 하나의 문단에는 하나의 중심문장만 포함되지만, 뒷받침문장은 여러 개가 포함된다. 설명이나 예시, 분류, 비교 등을 통해 중심문장에 대한 근거를 제시하려면 여러 개의 문장이 필요하기 때문이다. 따라서 문단은 하나의 중심 생각을 명료하게 표현한 중심문장과 이를 지지하는 뒷받침문장으로 이루어진 덩어리다.

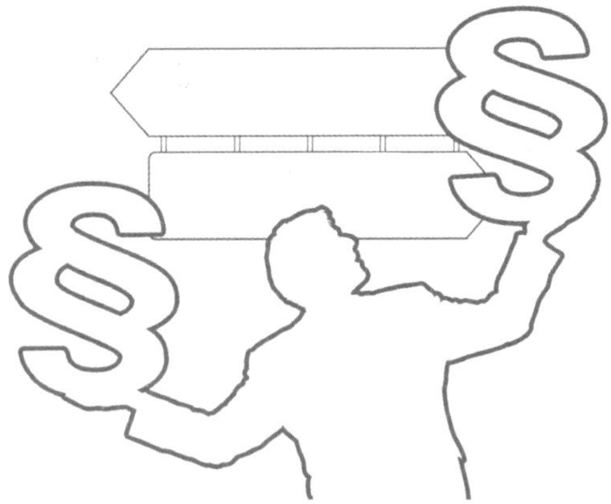

1. 문단의 구조

문단의 구조는 중심문장이 어디에 있느냐에 따라 두괄식 구조, 미괄식 구조, 양괄식 구조, 중괄식 구조 등으로 나뉜다. 다시 말해 주장하려는 결론을 어디에 두느냐에 따라 문단은 두괄식, 미괄식, 양괄식, 중괄식 등으로 구분된다. 두괄식 구조는 중심문장이 문단의 앞에 있는 구조로, 중심문장이 쉽게 발견되어 중심 생각이 잘 드러나기 때문에 논술에서 가장 많이 사용된다. 미괄식 구조는 뒷받침문장을 먼저 제시하여 중심문장에 대한 근거를 마련한 다음에 중심문장을 문단의 마지막에 놓는 구조다. 이렇게 근거를 먼저 제시하기 때문에 미괄식 구조는 글쓴이의 주장에 비우호적인 독자를 설득하는 데 효과적이다. 양괄식 구조는 문단의 맨 앞과 맨 뒤에 중심문장을 놓는 구조로, 중심 생각을 분명히 밝힐 수 있다는 장점이 있다. 중괄식 구조는 문단의 중간에 중심문장이 있는 구조로, 문단의 앞부분에서 중심문장을 유도하고 뒷부분에서 중심문장을 보충하는 것이다. 중괄식 구조는 글쓴이가 편하게 내용을 전개할 수 있다는 이점이 있지만, 독자가 중심 생각을 찾는 데 어려움을 겪는다는 단점이 제기된다. 두괄식 구조가 가장 기본적이고 대표적 문단 구조지만, 때에 따라 적합한 문단 구조가 달라지는 만큼 상황에 맞는 문단 구조를 선택하는 것이 중요하다.

1) 두괄식 구조

두괄식 구조는 가장 기본이 되는 문단 구조로, 중심문장을 문단의 맨 앞에 제시한 다음에 이어서 뒷받침문장을 배열하는 짜임새를 갖는다(김희수 외, 2013). 두괄식 구조는 글쓴이가 전달하려는 내용을 먼저 말하고 그것을 뒷받침하는 정보를 덧붙이는 구조다. 두괄식 구조는 먼저 주장을 말하고 나중에 근거를 제시하는 것이어서 자기주장을 논리적으로 서술하는 데 효과적이다. 즉, 말하는 사람이 먼저 자기주장을 말하기 때문에 이를 바탕으로 일관성 있게 말이나 글의 내용을 전개할 수 있다. 듣는 사람은 결론에 해당하는 주장을 먼저 듣기 때문에 그 이유와 배경을 파악하기 위해 말하는 사람에 대해 높은 집중력을 유지하게 된다. 듣는 사람은 결론을 우선 파악하고 그에 대한 근거가 옳은지 그른지를 판단하기 위해 심사숙고하게 된다.

그러므로 두괄식 구조는 상대방의 관심을 유도하면서 메시지를 전달하는 데 효과적인 구조다. 이는 글쓰기와 말하기 모두에 적용되는 것으로, 두괄식 구조는 다른 문단 구조보다 메시지를 더 효율적이고 더 명료하게 전달하는 경향이 있다(황성근, 2011). 그래서 최근 글쓰기와 말하기에서 두괄식 구조가 많이 사용되고 있다. 신문 기사는 전형적인 두괄식 구조로, 핵심 내용이 먼저 서술되고 그다음에 부가적 내용이 서술된다. 부가적 내용도 중요한 것부터 중요하지 않은 것의 순서로 전개된다. 특히 논술에서는 두괄식 구조가 선호되는데, 왜냐하면 자기주장을 일관되게 전개함으로써 상대방을 설득하는 데 효과적이기 때문이다. 문단이 길어질수록 중심 생각을 찾기가 더 어려워지는 만큼 논술에서는 중심문장을 쉽게 찾을 수 있는 두괄식 구조가 선호된다.

〈두괄식 구조의 사례〉[1)]

융합인재교육(STEAM)은 제4차 산업혁명으로 새로운 문제가 지속해서 발생하는 시대적 상황과 맞물려 그 중요성과 필요성이 더욱더 강조되고 있다. 기존의 문제해결 방법으로 새롭게 제기되는 다종다양한 문제를 효과적으로 해결할 수 없기 때문에 새로운 시각으로 문제를 해결할 수 있는 능력을 기르는 융합인재교육(STEAM)이 강조되는 것이다. 특히 유아교육은 생활주제 중심으로 수업이 이루어짐으로써 문제해결보다는 지식 습득에 치중하는 경향이 있어서 융합인재교육의 중요성과 필요성이 더욱 강조된다. 즉, 실생활 경험만으로 문제해결능력을 기르는 데 한계가 있으므로 다양한 자원과 맥락을 제공함으로써 유아의 문제해결능력을 기를 수 있는 융합인재교육이 강조된다(Munley, 2012). 융합인재교육의 중요성과 필요성에 대한 공감은 융합인재교육에 대한 연구와 논의가 활발하게 진행되는 상황에서 잘 드러난다. 예를 들어, 융합인재교육을 과학수업에 적용한 후 나타나는 효과(박혜원, 신영준, 2012; 배진호, 윤봉희, 김진수, 2013; 이시예, 이형철, 2013), 융합인재교육의 의미와 문제점(이경진, 김경자, 2012; 임유나, 2012), 융합인재교육 모형(김성원, 장영란, 우애자, 이현주, 2012) 등의 연구가 있다.

위 사례는 두괄식 구조로, 융합인재교육(STEAM)이 시대적 상황과 맞물려 그 중요성과 필요성이 더욱더 강조된다는 중심문장을 문단의 맨 앞에 제시한 다음 이어서 뒷받침문장을 배열한다. 뒷받침문장은 예시를 통해 문제해결력을 기르는 융합인재교육이 강조되고 융합인재교육에 대한 연구와 논의가 활발하다는 점을 보여준다. 즉, 뒷받침문장은 융합인재교육의 중요성과 필요성이 더욱더 강조된다는 중심문장에 대한 근거를 제시한다.

---

1) 김민아, 김승희, "융합인재교육(STEAM)에 대한 유아교사의 인식 및 활성화 방안", 한국보육지원학회지, 2017.

2) 미괄식 구조

미괄식 구조는 중심문장이 문단의 맨 끝에 오는 문단 구조로, 뒷받침문장을 먼저 제시하고 맨 나중에 중심문장을 드러내는 것이다. 미괄식 구조는 문단의 앞부분에 예시나 설명, 비교, 대조 등의 방법으로 뒷받침문장을 쓰고, 이어서 앞에 제시된 내용을 종합하는 식으로 중심문장을 배열하는 짜임새를 갖는다. 이처럼 중심문장과 관련된 정보를 먼저 배열한 후 중심문장을 나중에 제시하기 때문에 미괄식 구조는 독자가 문단의 중심 생각을 파악하는 데 어려움을 겪을 수 있다는 단점이 제기된다. 그러나 미괄식 구조는 독자의 시선을 지속해서 잡아둘 수 있다는 장점이 있는데, 왜냐하면 독자는 중심 생각이 무엇인지를 찾기 위해 끝까지 긴장을 늦추지 않기 때문이다. 또 미괄식 구조는 중심문장을 맨 나중에 제시함으로써 극적 효과를 거둘 수도 있다(김희수 외, 2013).

두괄식 구조는 주장이 먼저 나오고 주장 뒤에 '왜냐하면'의 형태로 주장을 뒷받침하는 근거가 제시된다. 반면에 미괄식 구조는 근거가 먼저 나오고 맨 나중에 '따라서'의 형태로 주장에 해당하는 결론을 제시한다. 이처럼 근거를 먼저 제시하므로 미괄식 구조는 비우호적인 사람을 설득하는 데 효과적이다. 주장을 뒷받침하는 사례나 전문가의 말을 인용하는 등 충분한 근거가 먼저 제시되므로 듣는 사람의 마음이 움직여지는 것이다. 비우호적인 사람에게 두괄식 구조로 자기주장을 먼저 내세우면 설득은커녕 반감을 살 수 있다. 일반적으로 두괄식 구조가 자기주장을 논리적으로 전개하는 데 매우 효과적이지만, 듣는 사람에 따라 두괄식 구조가 적절하지 않을 수 있다. 따라서 말하거나 글을 쓸 때는 듣는 사람의 성향이나 태도, 관심사, 가치관 등을 고려하여 두괄식이냐 미괄식이냐를 결정해야 한다.

〈미괄식 구조의 사례〉[2)]

유아교사는 돌보는 일과 가르치는 일을 조화롭게 유지하면서 유아발달에 지대한 영향을 미치는 직업이다(문병환, 조은정, 2015). 유아교사는 돌봄이라는 수동적 업무부터 교육이라는 적극적 업무까지 다양한 업무를 수행하면서 유아발달을 증진하는 데 최선을 다하는 직업이다. 그러므로 유아교사는 일상적으로 유아와 상호작용을 함으로써 유아의 전인적 발달을 위해 다양한 자극을 제공하고 있다. 하지만 유아교사에게는 끊임없는 희생과 봉사가 요구되면서 유아교사는 유아발달에 대한 막중한 책임감으로 심리적 부담감을 크게 느끼고 있다. 또한 유아뿐만 아니라 학부모, 원장, 동료 교사 등과의 인간관계에서 유발되는 스트레스 때문에 힘들어하고 있다(조성연, 2005). 이러한 유아교사의 스트레스는 유아에게 그대로 전이되어 유아발달에 부정적 영향을 미치기도 한다. 이렇게 유아교사에게는 여타 직업과 다른 특성이 있기 때문에 유아교사의 행복감은 유아교육기관의 직무 특성이 반영되어 논의되어야 한다.

위 사례는 미괄식 구조로, 마지막 문장이 중심문장이다. 즉, 중심문장을 지지하는 뒷받침문장을 먼저 제시하고 문단의 맨 끝에 중심문장을 드러내는 구조다. 뒷받침문장은 유아교사에게 여타 직업과 다른 특성이 있다는 점을 여러 가지 측면에서 보여준다. 이렇게 유아교사의 특성을 보여줌으로써 뒷받침문장은 유아교사의 행복감이 유아교육기관의 직무 특성이 반영되어 논의되어야 한다는 중심문장에 대한 근거를 제시한다.

3) 양괄식 구조

양괄식 구조는 중심문장이 문단의 앞부분과 끝부분에 반복하여 나타나는 문단 구조다. 양괄식 구조는 문단의 맨 앞에 중심문장을 내걸고, 이어서 제시하는 뒷받침문장을 통해 글을 전개한 후, 맨 나중에 중심문장을 다시 내세우는 짜임새를 갖는다(김희수 외, 2013). 양괄식 구조는 글쓴이가 전달하려는 주장을 먼저 말하고

2) 오수현, 김승희, "교사 배경 변인에 따른 유아교사의 행복감", 학습자중심교과교육연구, 2016.

그와 관련된 정보를 제시하다가 다시 주장을 정리하는 것이다. 이렇게 주장이 반복되므로 양괄식 구조는 중심 생각이 한층 강하게 드러나는 효과가 있다. 그래서 양괄식 구조는 글쓴이가 자기주장을 분명히 밝히면서 강조하고자 할 때 많이 사용된다.

양괄식 구조는 논술뿐만 아니라 시가(poetry)에서 자주 사용된다. 시와 노래는 운율을 중시하기 때문에 첫 연을 끝 연에 반복해서 쓰는 경우가 많다. 첫 연이 곧 끝 연이고, 끝 연은 곧 첫 연인 셈이다. 이렇게 처음과 끝에 같은 운율을 되풀이하면 처음과 끝이 균형을 이루어 시와 노래는 안정감을 가지게 된다. 구조적 완결성을 갖추게 되는 것이다(이영광, 1997). 시와 노래는 의미를 강조하기 위해 비슷한 내용의 구절이나 문장을 반복적으로 배치하는 경우가 많다. 시와 노래에서의 양괄식 구조는 안정적 구조를 갖춤으로써 의미를 강조하기 위해 사용된다.

〈양괄식 구조의 사례〉[3]

양육 스트레스는 가족이나 친지, 친구, 지역사회 내의 다양한 구성원들과 단체 등 사회적 지원의 영향을 많이 받기 때문에(김동진, 2012) 사회적 자본의 관점에서 조손가족 조부모의 양육 스트레스 해결방안을 살펴보는 것이 필요하다. 사회적 자본은 사회적 관계망 속에서 형성되는 실제적이고 잠재적인 자원의 총합으로(Bourdieu, 1986), 개인이 아니라 사회적 관계 속에 존재하는 자본이다(노희선, 2008). 사회적 자본은 사회적 관계를 유지하기 위해 끊임없이 노력해야 소유할 수 있으며, 부모의 양육방식이나 학교의 규범적 구조, 지역사회에 거주하는 학부모들 간 사회적 상호작용 등으로 나타난다(이지민, 2009; 이희정, 조윤주, 2010; 정윤미, 장영애, 2009). 그러므로 사회적 자본은 조부모-손자녀 관계, 교육적 관심, 지역사회와의 유대감 등 손자녀에게 영향을 미치는 다양한 요인들을 고려하여 조손가족 조부모의 양육 스트레스 해결방안을 현실적으로 제시할 수 있는 개념이다.

위 사례는 양괄식 구조로, 사회적 자본의 관점에서 조손가족 조부모의 양육 스트레스 해결방안을 살펴봐야 한다는 중심문장을 문단의 앞부분에 내걸고, 이어서 뒷받침문장을 전개한 후, 문단의 끝부분에 중심문장을 다시 내세운다. 뒷받침

3) 김승희, "사회적 자본의 관점에서 본 조손가족 조부모의 양육문제 해결방안", 육아정책연구, 2016.

문장은 사회적 자본이 조손가족 조부모의 양육 스트레스 해결방안을 현실적으로 제시할 수 있는 개념임을 보여줌으로써 중심문장에 대한 근거를 제시한다.

4) 중괄식 구조

중괄식 구조는 중심문장이 문단의 중간에 있는 구조로, 중심문장의 앞뒤로 뒷받침문장이 놓여있는 짜임새를 갖는다. 중괄식 구조는 비교적 가볍고 자유롭게 시작하면서 중심문장을 유도한 다음, 다시 뒷받침문장을 통해 중심문장을 보충하는 구조다(한우리독서문화운동본부 교재집필연구회, 2007).

중괄식 구조는 문단의 중간에 중심문장이 있어서 글쓴이가 독자에게 자기주장을 전달하기에 효과적이지 못하다는 단점이 제기된다(김희수 외, 2013). 중심문장이 시각적으로 잘 드러나지 않아서 독자가 중심문장을 찾기 어렵기 때문이다. 이처럼 중심 생각이 분명히 전달되지 않을 수 있어서 중괄식 구조는 논술에서 선호하지 않는 문단 구조다.

〈중괄식 구조의 사례〉[4)]

> 다문화가족 자녀의 정체성과 연관된 선행연구들은 정체성 형성에 영향을 미치는 요인들에 대한 것들이 대다수를 차지하고 있으며, 몇몇 연구들이 다문화가족 자녀의 정체성 혼란으로 인한 어려움에 관한 내용을 다루고 있다. 정체성 형성에 영향을 미치는 요인 중에는 친구의 지지와 같은 사회적 지지가 가장 크게 영향을 미치고 있으며, 정체성 혼란으로 인한 어려움 역시 교우 관계가 원만하지 못함으로써 겪는 외로움으로 나타났다. 즉, 원만한 친구 관계를 유지하면서 자신을 당당히 드러낼 수 있느냐 마느냐의 문제가 다문화가족 자녀의 정체성을 결정하는 요인이라고 할 수 있다. 이는 다문화사회에서 정체성이 인종과 문화가 다양한 사람들 사이의 상호작용을 통해 변화되고 새롭게 형성된다는 것을 입증한다. 또 다문화가족 자녀의 정체성 혼란은 현재의 한국 사회가 정체성 형성의 역동성을 보장하지

4) 김승희, "다문화가족 자녀의 정체성 문제에 관한 질적 연구", 가족과 문화, 2011.

> 못하고 있음을 단적으로 보여준다고 할 수 있다. 다문화가족 부/모의 정체성 혼란이 자녀에게 고스란히 전이된다는 선행연구 결과 역시 다문화가족 자녀의 정체성 문제를 해결하기 위해서 한국 사회가 이질적인 것과의 타협을 용인하고 수용하는 것이 시급함을 보여주고 있다.

위 사례는 중괄식 구조로, 원만한 친구 관계를 유지하면서 자신을 당당히 드러낼 수 있느냐 마느냐의 문제가 다문화가족 자녀의 정체성을 결정하는 요인이라는 중심문장이 문단의 중간에 있고, 중심문장의 앞뒤로 뒷받침문장이 놓여있다. 뒷받침문장은 다문화가족 자녀의 정체성 형성에 영향을 미치는 요인과 다문화가족 자녀의 정체성 혼란에 관해 언급함으로써 중심문장에 대한 근거를 제시한다.

2. 문단의 원리

문단의 원리는 문단을 전개할 때 지켜야 할 원칙으로, 글쓴이의 주장을 독자에게 효과적으로 전달하는 데 필요한 지침이다. 문단을 전개하는 원리는 학자에 따라 다르게 주장되지만, 일반적으로 통일성과 긴밀성, 완결성이 논의된다. 이는 하나의 문단에는 하나의 중심 생각만 있어야 하고, 하나의 문단 안에 있는 문장들은 서로 긴밀하게 연결되어야 하며, 중심문장을 지지하는 뒷받침문장이 충분히 제시되어야 함을 의미한다. 이러한 문단의 원리는 논술뿐만 아니라 다른 형식의 글을 쓸 때도 일반적으로 적용되는 원리다. 하나의 문단에 두 개 이상의 중심 생각이 있으면 독자는 글쓴이가 도대체 무슨 말을 하려는지 알 수 없다. 문장들이 서로 긴밀하게 연결되지 않으면 독자는 글을 읽으면서 글쓴이가 횡설수설한다는 느낌을 받는다. 글쓴이가 이 얘기, 저 얘기를 하는 것으로 보이기 때문에 독자는 고개만 갸우뚱하다가 글의 흐름을 전혀 파악하지 못하고 급기야 글 읽기를 포기하게 된다. 그러므로 자기주장을 효과적으로 전달함으로써 상대방을 설득하려는 논술에서 문단의 원리는 반드시 지켜져야 한다. 다시 말해 글쓴이의 주장이 독자에게 정확히 전달되려면 문단의 원리에 따라 문단이 전개되어야 한다.

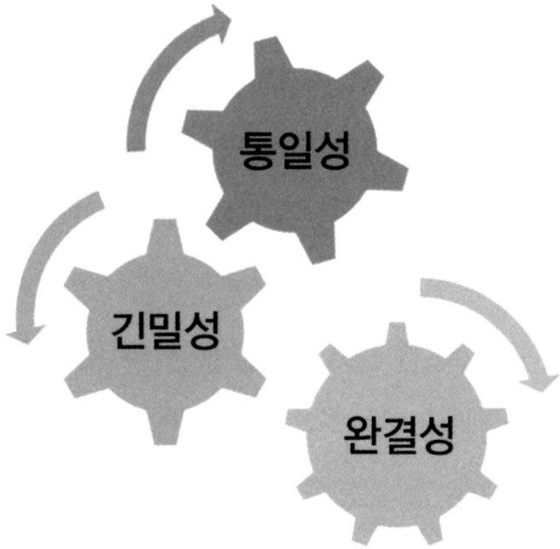

〈문단의 원리〉

1) 통일성

통일성은 한 문단에 하나의 중심 생각만 있어야 한다는 것이다(김현경, 2007). 즉, 한 문단에는 하나의 중심문장만 있어야 하며 모든 뒷받침문장은 중심문장의 내용에서 벗어나지 않아야 한다. 한 문단 안에 중심문장과 상관없거나 모순되는 내용이 포함되어서는 안 된다. 간혹 글쓴이가 자신이 알고 있는 사실을 과시하기 위해 중심문장과 상관없는 내용을 문단에 포함하거나 새로운 내용을 끌어들이는 경우가 있다. 이런 경우에 독자는 글쓴이의 의도를 짐작할 수 없게 된다. 글쓴이가 말하고자 하는 바가 문단에 명확히 드러나지 않는 것이다(기초글쓰기교재편찬위원회, 2015). 독자는 통일성이 없는 문단을 읽으면 주의가 흩어지면서 무언가가 잘못되고 있다는 느낌을 받는다. 그러므로 글쓴이는 중심문장에서 벗어난 내용을 한 문단 안에 담지 않아야 한다. 더 나아가 중심 생각은 한정되고 단일한 개념으로 표현되어야 한다. 이는 글쓴이가 중심 생각을 제한된 범위 내에서 전개하는 데 매우 효과적이다.

〈사례〉

문화는 축적된다. 문화는 인간이 자연환경에 적응하는 과정에 만들어진 모든 생활양식으로, 세대를 거쳐 전달되면서 앞 세대의 유산에 새로운 내용이 더해지기 때문에 지속해서 축적되는 속성을 가진다. 가령 채소에 여러 가지 양념을 버무려 발효시킨 김치는 약 3,000년의 역사를 자랑하지만, 과거의 김치와 현재의 김치는 담그는 방법을 비롯하여 모양이나 맛, 색깔 등에서 차이가 있다. 과거에는 채소를 오래 보관하기 위해 소금이나 식초에 절이는 방법을 사용했지만, 현재에는 마늘이나 생강과 같은 다양한 부재료와 고추, 젓갈 등으로 버무리는 방법을 사용하고 있다. 주재료 역시 오이나 가지, 순무 등에서 통이 크고 속이 꽉 찬 배추로 바뀌었으며, 그 결과 배추의 속에 여러 가지 양념을 넣어서 담그는 오늘날의 통배추김치가 나타나게 되었다. 즉, 오늘날과 같은 형태의 김치는 오랫동안 경험과 지식이 쌓이면서 새로운 식자재가 개발되고 담그는 방법이 발전한 결과다. 이처럼 문화는 앞 세대의 지식과 경험 위에 새로운 내용이 더해지면서 축적되는 속성이 있다.

출처: 김승희 (2017b). 유아 다문화교육. 경기: 정민사.

위 사례는 통일성 있는 문단의 예로, 첫 번째 문장이 중심문장이다. 나머지 문장은 모두 중심문장을 뒷받침하는 문장이다. 위 사례에는 중심문장과 상관없거나 중심문장의 내용에서 벗어나는 문장이 하나도 없다. 모든 문장이 '문화는 축적된다.'라는 중심문장과 연관된다. 그래서 문화는 축적된다는 중심 생각이 독자에게 분명하게 전달되고 있다.

2) 긴밀성

긴밀성은 한 문단 안에 있는 문장들이 서로 긴밀하게 연결되어 글의 맥락이 잘 통해야 한다는 것이다(기초글쓰기교재편찬위원회, 2015). 이는 중심문장이 잘 드러나도록 문단 안의 모든 문장이 배열되어야 함을 의미한다. 즉, 각각의 문장을 적재적소에 배치함으로써 중심문장이 잘 드러나도록 하는 것이 긴밀성이다. 긴밀성을 높이려면 지시어와 접속어를 적절하게 사용하여 문장들을 자연스럽게 연결하는 것이 필요하다. 지시어나 접속어를 사용하지 않고 문장이 이어지면 각각의 문장이 서로 연결되지 않고 마치 개별적으로 놓여있는 것처럼 보인다. 이는 결과적으로 논리 전개가 매끄럽지 못하다고 느끼게 만든다. 따라서 문단을 구성할 때는 지시어와 접속어를 적절히 사용함으로써 앞 문장과 뒤 문장이 긴밀하게 연결되어 있음을 보여주는 것이 중요하다.

긴밀성은 한 문단 안에서 지켜져야 할 원리일 뿐만 아니라 문단과 문단 사이에서도 지켜져야 할 원리다(박지동, 2006). 오히려 긴밀성은 문단 안에서보다 문단 사이에서 더 엄밀히 지켜져야 한다. 문단과 문단이 긴밀하게 연결되지 않고 한 문단 뒤에 엉뚱한 내용의 문단이 이어지면 짜임새 있는 글이 되기 어렵다. 여러 개의 문단이 모여서 이루어지는 글에서 문단 간의 연결이 긴밀하지 않으면 글의 짜임새가 엉성해진다. 그래서 문단 사이의 긴밀성은 좋은 글을 완성하는 데 필수적이다. 문단 간 긴밀성은 '그리고, 그러나, 한편, 이런 점에서, 왜냐하면' 등의 접속어에 의해 보장된다. 또 앞 문단에서 사용된 단어나 구절로 새로운 문단이 시작함으로써 문단 간 긴밀성은 유지된다. 하지만 지시어나 접속어가 없어도 문단의 논리적 배열로 문단 간 긴밀성은 유지될 수 있다(박지동, 2006).

〈사례〉

먼저 교사는 유아의 주의를 집중시키고 그 주의가 유지될 수 있도록 해야 한다. 주의집중은 학습을 위해 가장 먼저 이루어져야 하는 조건인데, 왜냐하면 아무리 완벽하게 설계된 수업일지라도 유아가 교사의 말에 귀를 기울이지 않으면 수업 자체가 무의미하기 때문이다. 따라서 교사는 계속해서 유아의 호기심을 자극하는 것이 필요하다. 유아의 주의를 집중시키는 방법으로 학습 내용과 관련된 그림이나 도표, 동영상 등을 보여주는 것, 비유나 은유를 사용하여 유아의 연상작용을 도와주는 것 등이 있다. 또한 학습 내용을 효과적으로 전달할 수 있는 다양한 교수-학습 방법을 사용함으로써 유아의 주의를 유지하는 것이 필요하다.

출처: 김승희 (2017a). 유아사회과교육. 서울: 학지사.

위 사례는 긴밀성 있는 문단의 예로, 적절한 지시어와 접속어의 사용으로 앞 문장과 뒤 문장이 긴밀하게 연결되어 있다. 문장은 ① 주의집중 필요 ② 주의집중이 필요한 이유 ③ 주의집중을 위한 호기심 자극 ④ 주의를 집중시키는 방법 ⑤ 주의집중을 위한 교수-학습 방법 등의 순으로 전개되고 있다. 다섯 개의 문장이 뚜렷한 연관성을 가지고 긴밀하게 배열된 것이다.

3) 완결성

완결성은 중심문장을 지지하는 뒷받침문장이 충분히 제시되어야 한다는 것이다(기초글쓰기교재편찬위원회, 2015). 이는 충분히 많은 뒷받침문장이 중심문장을 지지할 때 중심 생각이 독자에게 효과적으로 전달될 수 있음을 의미한다(김현경, 2007). 즉, 글쓴이가 말하고자 하는 중심 생각이 충분한 근거에 의해 뒷받침되어 두드러지도록 문단이 완결된 구조를 갖춰야 한다. 만약 문단에서 중심문장을 지지하는 뒷받침문장이 충분히 제시되지 않으면 주장만 있고 근거가 없는 문단이 된다. 근거가 없으면 독자는 글쓴이의 중심 생각에 동조하기 어렵다. 글쓴이가 독자를 설득하지 못하는 것이다. 따라서 자기주장을 논리적으로 서술함으로써 상대방을 설득하려면 뒷받침문장을 충분히 제시하여 문단의 완결성을 높여야 한다. 중심 생각을 독자에게 효과적으로 전달하기 위해 예시나 인용, 비교, 대조 등의 방법이 사용된다.

〈사례〉

사회가 변함에 따라 현대사회에서 조부모의 역할과 지위가 변하고 있으며, 이에 따라 조부모-손자녀 관계도 다양하게 나타난다. 예를 들어, 노인 인구가 증가하고 고령 사회로 급속히 이행되면서 조부모의 권위가 많이 약화하고 있다(함은미, 2007). 이혼율의 증가로 한부모가족과 조손가족이 늘어나고 여성 취업률의 증가로 맞벌이가족이 증가하면서 전적으로 손자녀 양육을 책임지는 조부모가 많아지고 있다. 주양육자로서 손자녀를 양육하는 조부모의 경우, 양육비를 벌기 위해 취업하거나 손자녀와 세대 차이로 인한 정서적 문제로 힘들어한다(박은주, 2012). 또한 손자녀에 대한 책임감과 죄책감 사이에서 끊임없이 갈등하면서 양육 스트레스를 많이 받으며, 이러한 조부모의 양육 스트레스는 종종 손자녀를 제대로 돌보지

> 않는 결과를 초래하기도 한다. 결국 조부모가 영유아의 사회화에 미치는 영향은 조부모가 처한 상황이나 조부모-손자녀 관계의 양상 등에 따라 매우 다양하게 나타난다.

출처: 김승희 (2021). 영유아발달. 경기: 정민사.

위 사례는 완결성 있는 문단의 예로, 중심문장은 첫 번째 문장이다. 조부모의 역할과 지위가 변함에 따라 조부모-손자녀 관계가 다양하게 나타난다는 중심문장을 지지하기 위해 뒷받침문장이 충분히 제시되고 있다. 고령 사회, 이혼율 증가, 맞벌이가족 증가, 양육 스트레스 등의 다양한 예시를 통해 글쓴이의 중심 생각이 효과적으로 전달되고 있다.

3. 문단의 특징

문단은 일련의 문장들이 모여서 이루어지고, 이러한 문단들이 모여서 한 편의 글이 완성된다. 문단이 문장과 글 사이의 중간 위치에 놓여있는 셈이다. 그러므로 짜임새 있는 글이 완성되려면 각 문단이 글 전체와 긴밀하게 연관되어야 한다. 각 문단의 중심 생각은 글의 주제와 연관되어야 하며, 각 문단은 문맥의 흐름에 따라 자연스럽게 이어져야 한다. 내용 측면이나 형식 측면에서 각각의 문단과 글 전체가 연관되어야 한다. 특히 누구나 쉽게 문단을 구분할 수 있도록 들여쓰기가 지켜져야 한다. 다시 말해 문장들이 모인 덩어리가 한눈에 들어오도록 배열되어야 한다. 이렇게 문단이 시각적으로 뚜렷이 구분되어야 독자는 쉽게 중심문장을 찾을 수 있다. 중심문장을 찾음으로써 독자는 글의 주제를 파악할 수 있다. 또 중심문장을 연결함으로써 독자는 글 전체의 요약문을 완성할 수 있다. 각 문단의 중심 생각이 중심문장을 통해 드러나기 때문이다. 따라서 하나의 문단은 하나의 중심 생각이 분명히 드러나도록 쓰여야 하며, 각 문단의 중심 생각은 글의 주제에서 벗어나지 않아야 한다. 더불어 문단의 시작 부분이 명확히 드러나서 독자가 문단을 쉽게 구분할 수 있도록 들여쓰기가 반드시 지켜져야 한다.

1) 내용 측면

내용 측면에서 나타나는 문단의 특징은 하나의 중심 생각을 독자가 이해하기 쉽도록 표현한다는 점이다. 단지 글쓴이가 하고 싶은 말을 하는 데 초점을 두는 것이 아니라 독자가 문단의 내용을 이해하는 데 주안점을 두는 것이다. 다시 말해 독자가 하나의 문장을 읽고 고개를 끄덕인 후 그다음 문장으로 넘어갈 수 있도록 문단이 쓰여야 한다. 독자가 문단의 내용을 이해하려면 무엇보다도 독자의 주의가 흩어지지 않도록 문단의 내용에 일관성이 있어야 한다. 가령 하나의 문단을 읽는 동안 시점(point of view)이 바뀌거나 여러 가지 시제(tense)가 나타나면 독자는 혼란스러움을 느끼면서 글에 집중하기 어렵다. 독자는 글쓴이가 횡설수설한다는 느낌을 받으면서 중심 생각을 파악하지 못하고 급기야 그다음 문단을 읽지 못하는 경우가 발생하게 된다. 따라서 문단은 일관된 분위기로 하나의 중심 생각을 구체적으로 전개해야 한다. 문단은 독자가 처음부터 끝까지 주의를 집중하여 읽을 수 있도록 안정적으로 쓰여야 한다.

문단이 안정적으로 쓰이려면 우선 하나의 시점으로 글이 전개되어야 한다. 글쓴이는 참여자로서 일인칭으로 쓸 것인지 또는 관찰자로서 삼인칭으로 쓸 것인지를 정한 후, 한 가지 시점으로 글을 전개해야 한다. 논술에서는 일반적으로 삼인칭 관찰자 시점으로 글을 전개하는 것이 바람직하다. 달리 말하면 논술에서 일인칭 주인공 시점으로 글을 전개하는 것은 바람직하지 않다(권재술 외, 2012). 논술 자체가 자기 생각을 보여주는 것이므로 굳이 '내가 어찌한다.'라는 표현을 사용할 필요가 없기 때문이다. 특히 논술에서 '나는 ~라고 생각한다.'라는 표현을 사용하지 않아야 한다. 객관적 증거가 아니라 주관적 견해를 바탕으로 자기주장을 전개하는 것처럼 비쳐서 글의 객관성이 떨어지기 때문이다. 즉, 객관적 근거가 아니라 주관적 경험에 의존하여 쓴 글로 비치게 된다. 그러므로 '내가 어찌한다./어떠하다.'라는 표현이 꼭 필요한 경우가 아니면 논술에서는 삼인칭 관찰자 시점으로 글을 전개하는 것이 바람직하다.

또 문단이 안정적으로 쓰이려면 시제가 통일되어야 한다. 시제의 통일은 글쓰기에서 가장 기본적인 것으로, 한 문장뿐만 아니라 한 문단 안에서 지켜져야 하는 원칙이다. 현재시제(present tense)는 지금 하는 행위나 일어나고 있는 현상, 상태 등을 표현한다. 현재시제는 지금 사건이 일어나고 있는 것처럼 말하기 때문에 현실감과 생동감을 느끼게 한다. 반면에 과거시제(past tense)는 과거에 했었던 동작이나 과거의 상태, 이미 지난 과거의 일을 표현한다. 과거시제는 이미 지난 일을 회상하는 것처럼 말하기 때문에 현장감을 느끼는 데 한계가 있다. 따라서 논술을 쓸 때는 현재시제를 사용하는 것이 바람직하다. 논술이 현재 일어나고 있는 문제에 대해 자기 의견을 제시함으로써 독자를 설득하려는 것이기 때문이다. 현재 제기되는 문제를 '무엇이 무엇이었다.'라는 식의 과거시제로 말하면 독자를 설득하기 어렵다. 물론 자기주장에 대한 근거를 제시하기 위해 예시나 인용, 비교, 대조 등이 포함된 뒷받침문장에서는 과거시제를 사용할 수 있다. 논술에서는 과거시제가 꼭 필요한 경우를 제외하고 현재시제로 통일하는 것이 바람직하다.

이 외에도 문단이 안정적으로 쓰이려면 일관된 분위기로 글이 전개되어야 한다(권재술 외, 2012). 글은 일상적 어투나 공식적 어투로 표현될 수 있다. 일상적 어투로 쓴 글은 독자가 글의 내용을 쉽게 알 수 있다는 장점이 있다. 하지만 일상적 어투는 스쳐 지나가듯이 말하므로 사실과 의견을 구분하기 어렵고 자기주장을 강하게 표현하기 힘들다는 단점이 있다. 따라서 논술과 같이 자기주장을 논리적으로 서술하여 상대방을 설득하려는 글에서는 일상적 어투보다 공식적 어투가 선호된다. 공식적 어투는 딱딱한 느낌이 있지만, 감정적 표현을 자제하고 객관적 근거를 바탕으로 자기 의견을 제시하는 데 효과적이다. 공식적 어투로 쓴 글은 객관성이 높으므로 독자가 글쓴이의 주장을 믿게 하는 데 효과적이다. 그러나 공식적 어투의 사용이 전문적 용어로 어렵게 글을 전개하는 것을 의미하지는 않는다. 공식적 어투의 사용은 감정적 표현을 최대한 자제함으로써 글쓴이와 독자 사이에 적당한 거리감을 유지하는 것을 가리킨다. 따라서 객관적 근거에 의존하는 논술에서는 공식적 어투로 글을 전개하는 것이 바람직하다.

2) 형식 측면

형식 측면에서 나타나는 문단의 가장 큰 특징은 새로운 문단이 언제나 줄을 바꾸어서 들여쓰기로 시작한다는 점이다. 이는 문단 작성 시 반드시 지켜야 하는 원칙으로, 문단을 시각적으로 쉽게 드러나게 함으로써 글의 가독성을 높이려는 것이다. 들여쓰기로 시작한 첫 문장을 보면 독자는 새로운 문단의 시작임을 인지하고 문단에 드러난 중심 생각을 쉽게 찾을 수 있다. 만약 들여쓰기로 문단이 시작하지 않으면 독자는 어디서부터 어디까지가 하나의 문단인지를 알 수 없어서 각 문단의 중심 생각을 파악하기 어렵다. 가독성이 매우 떨어지는 것이다. 이는 글 전체의 내용 파악이 불가능하다는 것으로, 글쓴이가 말하고자 하는 바가 제대로 전달되지 않음을 의미한다. 그러므로 들여쓰기는 글을 쓸 때 꼭 지켜야 할 원칙이다. 특히 자기 생각을 효과적으로 전달하여 상대방을 설득하려는 논술에서 들여쓰기는 필수적이다. 들여쓰기가 되지 않아 자기 생각이 전달되지 않는 논술은 논술로서의 가치가 없는 것이다.

들여쓰기와 함께 형식 측면에서 나타나는 문단의 또 다른 특징은 문단의 처음과 끝이 두드러져야 한다는 점이다. 글에서 가장 중요한 문장은 첫 문장이다(권재술 외, 2012). 첫 번째 문장이 독자의 마음을 사로잡지 못하면 독자는 두 번째 문장을 읽지 않기 때문이다. 첫 번째 문장이 매력적일 때 그 문장이 독자를 두 번째 문장으로 이끌고, 두 번째 문장이 다시 독자를 세 번째 문장으로 이끌게 된다. 글에서 첫 문장이 매력적이지 않으면 독자는 더는 글을 읽지 않으므로 그 글은 죽은 글이 된다. 그러므로 하나의 문단을 작성할 때는 첫 문장을 쓰는 데 가장 많은 신경을 써야 한다. 어떻게 써야 독자의 관심을 붙잡을 수 있을지를 고민하고 많은 시간과 에너지를 투자해서 첫 문장을 써야 한다. 논술이 두괄식 구조를 선호하는 이유 중의 하나도 첫 문장에 중심 생각을 놓음으로써 독자의 관심을 붙잡을 수 있기 때문이다. 문단의 처음에 중심 생각이 놓여있으면 독자는 글쓴이가 왜 그런 생각을 하는지가 궁금하여 그다음 문장을 읽게 된다.

문단에서는 첫 문장만큼 마지막 문장도 중요하다. 다시 말해 문단을 작성할 때는 마지막 문장도 첫 문장만큼 신경을 써야 한다(권재술 외, 2012). 마지막 문장은 다음 문단으로 이어지는 발판이 되기 때문이다. 짜임새 있는 글이 되려면 문단과 문단이 긴밀하게 연결되어야 한다. 앞 문단의 마지막 문장과 뒤 문단의 첫 문장이 서로 연관되어야 한다. 그렇지 않으면 문단 간 긴밀성이 떨어져 짜임새 있는 글이 되지 않는다. 따라서 마지막 문장은 다음 문단에 전개될 내용을 고려하여 쓰여야 한다. 마지막 문장은 앞 문단의 끝이면서 다음 문단의 시작이 된다는 점을 글쓴이는 명심해야 한다. 특히 논술은 체계적인 논리 전개를 위해 문단의 첫 문장과 마지막 문장에 많은 주의를 기울여야 한다. 자기주장을 입증하는 데만 치중하여 뒷받침문장이 매우 산만하게 나열되다가 첫 문장과 상관없는 마지막 문장으로 문단이 끝날 수 있기 때문이다. 따라서 논술에서 체계적인 논리 전개를 위해서는 첫 문장과 마지막 문장에 많은 신경을 쓰는 것이 필요하다.

요약하면 문단 작성 시 한 문단에 하나의 중심 생각이 분명히 드러나도록 문단의 내용 측면과 아울러 형식 측면을 고려해야 한다. 특히 형식 측면에서 독자가 한눈에 중심 생각을 찾을 수 있도록 문단을 작성하는 것이 중요하다. 들여쓰기로 문단을 구분하는 것뿐만 아니라 적절한 지시어와 접속어를 사용하여 앞 문단과 뒤 문단을 연결하는 것이 요구된다. 문단과 문단 사이에 놓여있는 지시어와 접속어는 앞 문단과 뒤 문단의 관계를 보여주므로 독자가 글 전체의 내용을 파악하는데 도움을 준다. 또 문단을 구성하는 문장의 길이가 짧아야 한다. 즉, 간결하게 쓰인 문장들로 문단이 작성되어야 한다. 문장이 길어질수록 독자는 내용을 기억하고 집중해야 한다는 강박감을 느끼기 때문이다(권재술 외, 2012). 문장은 문법에 따라 명확하고 쉽게 표현되어야 한다. 문법에 어긋난 문장을 읽으면 독자는 혼란스러움을 느끼고 글쓴이의 의도를 파악하지 못하게 된다. 따라서 글쓴이는 자기 생각을 분명하게 전달하기 위해 문법에 맞는 문장으로 문단을 작성하도록 주의를 기울여야 한다.

3) 사례

'초부자 증세' 합의한 G20 회의, 부자 감세로만 가려는 한국

주요 20개국(G20) 재무장관들이 초부유층의 부유세 부과를 위해 노력하기로 합의했다. 지난 25~26일 브라질에서 열린 G20 재무장관회의 합의문에는 "초고액 자산가에게 효과적으로 세금을 부과하도록 협력할 것"이라는 내용이 담겼다. 국제적 차원에서 부자 증세 논의의 첫발을 뗀 셈이다. 맹목적인 부자 감세에 기울어진 윤석열 정부 정책 기조와 대비된다.

이번 G20 재무장관회의 주요 의제는 초부자 증세였다. 의장국인 브라질은 10억 달러(약 1조 4,000억 원) 이상 재산이 있는 전 세계 3,000명 초부자에게 보유 재산의 2%를 매년 '최소 세금'으로 매기자고 제안했다. 프랑스·스페인·남아프리카공화국 등이 찬성했지만 '2% 최저세율'까지 합의하지 못했다. "세금 정책은 전 세계적으로 조율하기 매우 어렵다."(재닛 옐런 미 재무장관) 등 국가별 이견이 있었기 때문이다. 하지만 나라마다 자산평가·과세 방식이 다르고 국가 간 정보교환 여건이 충분하지 않은 상황에서 초부자 증세 합의문이 나온 의미는 절대 작지 않다.

'초부자 증세' 논의에는 부의 양극화와 불평등 심화가 전 세계적 갈등을 유발한다는 문제의식이 깔려 있다. 소수의 초국적 자본이 독과점으로 거대한 부를 확장하고 있지만, 조세회피처 등 '합법적 탈세'는 늘고 있다. 반대로 저개발 국가에 대한 노동 수탈은 교묘해지고 전쟁과 기후변화로 식량이 부족한 지역은 넓어지고 있다. 이런 부의 양극화가 경제적 약자의 빈곤과 이민 행렬, 혐오와 차별을 키우고 있다고 보는 것이다.

하지만 한국은 '부자 감세'만 금과옥조처럼 받들고, 반대로 가고 있다. 정부의 올해 세법 개정안엔 상속세 자녀 공제 금액을 1인당 5,000만 원에서 5억 원으로 높여주는 감세안이 포함됐다. 이렇게 되면 17억 원짜리 서울 아파트 한 채를 배우자와 자녀 1명에게 물려주더라도 상속세를 한 푼도 내지 않게 된다. 지난해 상속세를 낸 사람은 전체 피상속인의 6.5%에 불과하다. 그런데도 대표적 초부자 세금인 상속세 최고세율을 50%에서 40%로 낮추고, 일괄공제 금액을 10배나 높이겠다는 것이다. 근로소득세 최고세율(45%)보다 상속세 최고세율을 낮추는 발상이 합당한가. 부모에게서 물려받은 재산으로 상대적 빈곤감이 증폭되면 사회적 갈등이 커질 수밖에 없다. 자산 격차와 불평등은 커지는데 부자 감세만 골몰하는 사회가 윤 대통령이 말하는 공정한 사회인지 묻는다.

(출처: 경향신문 사설, 2024.07.28)

위 사례는 네 개의 문단으로 이루어진 글이다. 들여쓰기가 제대로 이루어져서 문단이 확연히 구분되고, 삼인칭 관찰자 시점으로 글이 전개된다. 사실을 전하는 뒷받침문장을 제외하고 현재시제로 글이 쓰여 있으며, 공식적 어투로 객관적 근거를 제시하면서 자기주장을 서술하고 있다. 한 문단은 하나의 중심 생각만을 포함하며, 간결하게 쓰인 문장들로 문단이 작성되어 있다. 적절한 지시어와 접속어의 사용으로 앞 문단의 마지막 문장이 뒤 문단의 첫 문장과 연관되는 등 앞 문단과 뒤 문단이 자연스럽게 연결된다. 제목에 글 전체의 주제가 제시되어 있으며, 각 문단의 중심 생각은 중심문장으로 드러나고 있다. 따라서 중심문장을 연결함으로써 글 전체의 요약문이 완성될 수 있다.

중심문장	• 주요 20개국(G20) 재무장관들이 초부유층의 부유세 부과를 위해 노력하기로 합의했다. • 나라마다 자산평가 · 과세 방식이 다르고 국가 간 정보교환 여건이 충분하지 않은 상황에서 초부자 증세 합의문이 나온 의미는 절대 작지 않다. • '초부자 증세' 논의에는 부의 양극화와 불평등 심화가 전 세계적 갈등을 유발한다는 문제의식이 깔려 있다. • 하지만 한국은 '부자 감세'만 금과옥조처럼 받들고, 반대로 가고 있다.
요약문	주요 20개국(G20) 재무장관들이 초부유층의 부유세 부과를 위한 노력에 합의했다. 나라마다 자산평가와 과세 방식이 다르고 국가 간 정보교환 여건이 불충분함에도 초부자 증세 합의문이 나온 것은 매우 의미 있다. 그만큼 부의 양극화와 불평등 심화가 전 세계적 갈등을 유발한다는 문제의식이 큰 것이다. 하지만 한국은 '부자 감세'만 외치면서 세계적 추세와 반대로 가고 있다. '부자 감세'는 부의 양극화와 불평등 심화를 가속하므로 재고되어야 한다.

12장 퇴고

글쓰기의 마지막 단계는 퇴고다. 퇴고를 끝마쳐야 한 편의 글이 완성된다. 퇴고(revision)는 글을 여러 번 고치고 다듬는 것으로, 글쓰기에는 반드시 퇴고가 포함된다(윤호병, 2008). 집필 단계에서 쓰는 글은 초고에 지나지 않으며, 퇴고 단계를 거친 후에야 한 편의 글이 완성된다. 즉, 퇴고하지 않은 글은 단지 초고(draft)에 불과하다. 초고는 처음 쓴 글로, 아직 다듬어지지 않은 상태의 글이다. 초고라는 말 자체가 고칠 것을 전제로 글을 쓴다는 것을 의미한다. 글은 이미 고쳐질 것을 전제로 탄생하는 것이다. 한 번에 완벽하게 글을 쓰는 사람은 없다. 그런데도 글을 다듬지 않는 것은 글쓰기를 포기하는 것이나 매한가지다. 퇴고는 초고를 쓴 직후에 할 수도 있지만, 좀 더 여유를 가지고 천천히 시작하는 것이 바람직하다. 한결 차분한 마음으로 새로운 시각에서 글을 다듬을 수 있기 때문이다. 퇴고는 오·탈자를 수정하는 것이나 표현을 바꾸는 것, 문장이나 문단을 빼거나 추가하는 것, 문단의 순서를 바꾸는 것 등을 포함한다. 한마디로 퇴고는 글을 좀 더 좋은 상태로 손질하는 것이다. 여러 번 고칠수록 더 좋은 글이 완성되므로 글쓴이는 마지막까지 열과 성을 다해 글을 꼼꼼히 다듬어야 한다.

1. 퇴고의 원칙

퇴고는 부가의 원칙, 삭제의 원칙, 구성의 원칙과 같이 몇 가지 원칙에 따라 이루어진다. 이러한 원칙은 더 좋은 글을 만들기 위한 것이므로, 글쓴이는 반드시 퇴고의 원칙을 따라야 한다. 하지만 대부분 사람은 퇴고의 원칙을 따르지 않고 자신이 작성한 초고를 그대로 유지하려는 경향이 있다. 자신이 초고를 완성했다는 그 사실에 스스로 만족하면서 글을 바꾸지 않으려는 모습이 강하게 나타난다. 지금까지 많은 시간과 노력을 들여서 작성한 글을 바꿔야 한다는 사실에 심한 거부감을 보이는 것이다. 특히 글쓰기 경험이 적은 사람일수록 자신의 글에서 불필요한 부분을 삭제하는 데 심한 거부감을 보인다. 한 문장도 만들기가 어려운 상황에서 겨우 힘들게 작성한 문장인데, 그것을 삭제해야 한다는 사실을 받아들이기가 어려운 것이다. 그러나 불필요한 부분을 삭제하지 않고 계속 채우기만 한다면 글은 완전히 방향을 잃어버리고 누더기가 될 수 있다. 마치 불필요한 물건임에도 버리기가 아까워 버리지 못한 물건 때문에 집이 지저분해지는 것처럼 글이 엉망이 되어버리는 것이다. 따라서 퇴고할 때는 지금까지 자신이 들인 시간과 노력에 대한 미련을 과감히 버리고 완전히 새로 쓰겠다는 마음가짐으로 임하는 것이 필요하다.

〈퇴고의 원칙〉

1) 부가의 원칙

부가의 원칙은 자신이 쓰고자 하는 바가 만족스럽게 표현되었는지를 살펴본 후 부족한 부분을 첨가하여 보충하는 것이다. 글을 쓰다 보면 자신이 관심을 두는 부분에 치중하여 특정 부분의 내용은 많고 다른 부분은 소홀해지는 일이 종종 발생한다. 그래서 글쓴이는 퇴고할 때 의도했던 글의 내용이 제대로 포함되었는지를 살피고 부족한 부분을 첨가하여 보충해야 한다. 즉, 내용을 보완하고 표현을 좀 더 섬세하게 다듬어서 글의 충실성을 높이는 것이 부가의 원칙이다(한국외국어대학교 한국어교육과, 2011).

글쓴이는 쓰고자 하는 바를 제대로 썼는지를 살피면서 대상에 관한 서술이 제대로 안 된 부분, 논의가 충분히 이루어지지 못한 부분, 지나친 생략으로 의미가 통하지 않는 부분 등을 보충해야 한다(한우리독서문화운동본부 교재집필연구회, 2007). 이는 독자가 글의 내용을 정확히 이해할 수 있도록 독자의 관점에서 글을 살펴보는 것이 필요함을 가리킨다. 더불어 글쓴이는 글의 흐름에서 단절이나 비약, 논리적 결함이 있는지, 수집한 자료를 충분히 활용하고 있는지 등을 살핀 후 수정하고 보완해야 한다.

논술에서는 자기주장에 대한 근거가 분명하게 제시되어야 하므로 근거를 보충하는 것이 필요하다(이은경, 이은하, 2014). 서론에서는 문제가 제기되었는지, 본론에서는 각 문단에 중심문장을 지지하는 뒷받침문장이 충분하게 제시되었는지, 결론에서는 자기주장이 강조되었는지 등을 살펴보아야 한다. 글쓴이는 논술에 반드시 포함되어야 하는 내용을 검토하고 빠진 부분을 보충해야 한다. 주장이나 근거가 빈약하면 독자를 설득할 수 없으므로 부족한 주장이나 근거를 보충하는 것은 매우 중요하다.

2) 삭제의 원칙

삭제의 원칙은 불필요한 부분을 삭제함으로써 글의 긴장성을 높이는 것이다(윤호병, 2008). 자기 생각이 솔직하게 표현되고 있는지, 가식이나 허식은 없는지, 지나치게 과장되거나 조잡한 표현은 없는지 등을 살펴보면서 표현을 긴장시키는 것이 삭제의 원칙이다. 삭제의 원칙은 퇴고의 세 가지 원칙 중 글쓴이가 가장 지키기 어려운데, 왜냐하면 힘들게 쓴 글을 버리는 게 너무 아깝다고 생각하기 때문이다. 그러나 너무 구구절절이 설명된 글은 독자의 흥미를 떨어뜨릴 수 있다. 어디까지 확실하게 드러낼지, 어떤 부분을 숨기거나 생략해서 독자가 생각하게 만들지를 고민해서 쓴 글이 오래 기억된다.

표현의 긴장을 위해 글쓴이가 삭제할 것은 필요 없는 표현, 과장이 심한 표현, 이해하기 어려운 수식어, 초점이 흐려지는 표현, 적절하지 않은 표현 등이다(한우리독서문화운동본부 교재집필연구회, 2007). 필요 이상으로 복잡한 문장이나 표현은 글의 힘과 긴장성을 떨어뜨리므로 글쓴이는 불필요한 부분을 과감히 삭제하는 것이 필요하다. 특히 글쓴이는 중언부언 반복되는 문장이나 불필요한 문단을 삭제해야 한다(한국외국어대학교 교재편찬위원회, 2003). 반복은 글을 죽인다. 한 문단에 같은 단어가 두 번 이상 있거나 앞 문장에 있는 표현이 그다음 문장에 또 나오는 것은 글을 죽인다.

논술은 독자를 설득하기 위해 간단하고 명료한 문장으로 표현되어야 한다(이은경, 이은하, 2014). 하지만 자기주장을 내세우기 위해 글을 쓰다 보면 문장이 길어지고 내용이 반복되기 쉽다. 상대방을 설득하기 위해 계속 말을 이어 나가면서 많은 내용을 넣다 보니까 문장이 길어지는 것이다. 문장이 길어지면 자신도 모르게 불필요한 단어나 어절을 사용하고 이미 한 말을 반복적으로 되풀이하게 된다. 단순할수록 더 많이 담기는 법이므로 글쓴이는 욕심을 버리고 문장을 짧게 써야 한다. 따라서 자기주장을 논리적으로 서술하여 독자를 설득하려면 반드시 불필요한 부분을 삭제해야 한다.

3) 구성의 원칙

구성의 원칙은 글이 전개되는 순서나 문장구성 등을 고쳐서 글의 완성도를 높이는 것이다. 즉, 글의 구성이 글쓴이의 동기와 의도를 충실히 반영하고 있는지를 살피고 글의 순서와 흐름을 다시 구성하는 것이 구성의 원칙이다(오경균, 2009). 이를테면, 글이 논리적으로 전개되고 있는지, 글의 순서가 글의 효과를 높이기에 적절한지, 문장구성이 주제를 효과적으로 드러내고 있는지 등을 살핀 후 주제 전개의 양상을 고치는 것이다.

글쓴이는 글의 완성도를 높이기 위해 글의 흐름이 매끄러운지, 제목과 주제, 자료 등이 제대로 연결되어 있는지, 순서가 적절한지 등을 살펴야 한다(한우리독서문화운동본부 교재집필연구회, 2007). 이는 글의 순서가 효과적인지 아닌지를 살피는 것으로, 자기주장을 논리적으로 서술하는 논술에서 특히 강조된다. 문장이나 문단이 매끄럽게 서술되어도 전체적인 글의 흐름이 논리적이지 않으면 독자를 설득할 수 없기 때문이다.

구성에서 중요한 부분은 문장을 어떻게 배치하고 단어를 어떤 순서로 배열하느냐다. 문단별로, 문장별로 따로 떼어 재배치하면서 같은 내용끼리 묶다 보면 겹치고 반복되는 것이 나타난다. 반복되는 부분을 삭제하고 정리하면 문장과 단어가 강화되고 더 짜임새 있는 글이 완성된다. 정말 필요한 문장인지, 더 간단히 표현할 방법은 없는지, 더 쉽게 쓸 수 없는지 등을 살피면서 다듬으면 논리적인 글이 완성될 수 있다.

2. 퇴고의 수준

퇴고는 단순히 오·탈자를 고치거나 표현 일부분을 수정하는 정도에서 그치는 것이 아니다. 퇴고는 글의 전체 수준부터 단어 수준까지 수준별로 상세히 이루어진다. 즉, 전체 수준에서 시작하여 문단 수준, 문장 수준, 단어 수준의 순으로 퇴고가 이루어진다(글쓰기교재편찬위원회, 2004). 글을 쓸 때는 단어부터 시작하여 문장과 문단이 만들어져 한 편의 글이 완성된다. 하지만 퇴고는 거꾸로 글 전체부터 시작하여 문단, 문장, 단어의 순으로 이루어진다. 전체 수준에서는 글의 구성이나 형식을, 문단 수준에서는 중심문장과 뒷받침문장 등을 살펴보고 수정해야 한다. 문장 수준에서는 문법이나 맞춤법, 띄어쓰기, 문장 부호 등을(한우리독서문화운동본부 교재집필연구회, 2007), 단어 수준에서는 서투른 외래어나 신조어, 비속어, 은어, 사투리, 유행어, 상투어 등을 점검하고 적절하게 고쳐야 한다. 이렇게 수준별로 상세히 퇴고가 이루어질 때 글은 비로소 제대로 된 모습을 갖추게 된다. 뜸을 들여야 맛있는 밥이 완성되듯이 퇴고를 거쳐야 좋은 글이 완성된다. 초고의 설익은 상태는 퇴고라는 뜸 들이기를 거쳐야 맛과 모양을 갖춘 글이 된다. 따라서 퇴고는 글 전체부터 단어에 이르기까지 어느 것 하나도 소홀함 없이 꼼꼼히 이루어져야 한다.

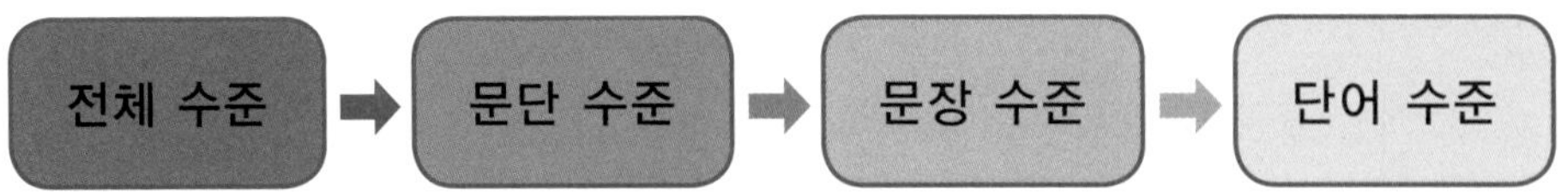

〈퇴고의 절차〉

1) 전체 수준

전체 수준에서 고쳐쓰기는 글의 구성이나 형식을 고치는 것이다. 먼저 제목이 글의 핵심 내용을 간결하고 명료하게 표현하는지를 살펴야 한다. 자료를 검색할 때 제일 처음 읽는 것이 제목이므로 제목에는 글의 내용이 핵심적으로 담겨야 한다. 제목은 글의 첫인상으로서 글에 대한 선입견과 기대치를 부여한다. 제목이 너무 거창하면 그만큼 기대치를 높여서 글을 다 읽은 후 실망감이 커질 수 있다. 그러므로 제목은 적정한 수위의 정확한 표현이 중요하다. 다음으로 목차를 보면서 글의 전체적 구성이나 형식을 살펴보는 것이 필요하다(권재술 외, 2012). 글쓴이는 글의 논리적 흐름에 초점을 두고, 문장이나 문단의 위치 변경, 삭제, 추가 등을 결정해야 한다. 문장이나 문단의 전후 관계에 초점을 두고 앞뒤 말이 이치에 맞도록 문장이나 문단을 배열하는 것이 중요하다.

퇴고는 반드시 전체 수준부터 시작해야 하는데, 왜냐하면 글의 짜임새가 잘못된 상태에서 문단이나 문장, 단어 등을 고치는 것은 아무런 의미가 없기 때문이다. 다시 말해 글이 논리적으로 전개되지 않은 채 쓴 문단이나 문장, 단어 등은 어떤 의미도 가지지 못한다. 아무리 문장이 화려해도 그 문장이 왜 거기에 쓰여 있는지를 독자가 이해하지 못하기 때문이다. 그런데도 대부분 사람은 퇴고할 때 글의 전체적 흐름보다 단어나 문장을 고치는 데 매달리는 경향이 있다. 이렇게 단어나 문장을 바꾸는 데만 집중하면 나중에는 도저히 손을 쓸 수 없는 상태의 글이 될 수 있다. 뼈대에 이상이 있는 건물의 외관을 화려하게 장식하다가 급기야 건물이 무너지는 것과 마찬가지인 셈이다. 따라서 글의 전체적 구성을 바로잡는 것이 퇴고에서 우선임을 글쓴이는 항시 명심해야 한다.

- 제목에 주제가 분명히 드러나 있는가?
- 주제는 독창적이고 논의할 만한 가치가 있는가?
- 주제문은 분명하게 나타나 있는가?
- 주제에서 벗어난 부분은 없는가?

- 주제 이외의 다른 의도가 두드러지지 않는가?
- 자기주장과 무관한 내용이나 오해 소지가 있는 내용은 없는가?
- 글의 구성이 짜임새 있게 놓여있는가?
- 글의 구성이 글의 주제를 드러내는 데 효과적인가?
- 글의 구성을 변경할 필요는 없는가?
- 글 전체의 길이가 주제를 드러내는 데 적절한가?
- 서론, 본론, 결론이 적절한 분량으로 배열되어 있는가?

2) 문단 수준

문단 수준에서 고쳐쓰기는 문단에 나타난 글쓴이의 주장을 비롯하여 주장을 뒷받침하는 근거나 자료 등을 고치는 것이다. 즉, 각 문단이 글쓴이의 주장과 연관되는지, 각 문단의 중심문장이 잘 드러나는지, 중심문장을 지지하는 뒷받침문장이 적절한지 등을 점검하고 수정하는 것이다. 이때 독자를 효과적으로 설득하기 위해 글쓴이는 자기주장에 대한 반론을 제기하는 문단을 첨가할 수 있다(권재술 외, 2012). 문단을 첨가함으로써 문단 간 긴밀성을 높일 수 있다. 이처럼 문단 수준에서 고쳐쓰기는 자기주장에 대한 논리적 근거를 제시하는 데 주안점을 두고 내용을 넣거나 빼는 식으로 이루어진다.

- 문단과 문단은 상호 긴밀하게 연결되어 있는가?
- 한 문단에 하나의 중심 생각만 있는가?
- 각 문단의 중심 생각은 글 전체의 주제와 잘 연관되는가?
- 각 문단의 중심 생각은 한 문단에서 다루기에 너무 작거나 너무 크지 않은가?
- 각 문단의 길이가 적절한가?
- 들여쓰기가 지켜지고 있는가?
- 각 문단의 중심문장은 적절하고 명료하게 서술되어 있는가?
- 각 문단의 중심문장을 지지하는 뒷받침문장이 일관적으로 전개되고 있는가?

- 각 문단의 중심문장을 지지하는 뒷받침문장이 충분히 제시되어 있는가?

3) 문장 수준

문장 수준에서 고쳐쓰기는 각 문장의 내용을 고치는 것이다. 다시 말해 글쓴이는 분명한 내용 전달을 위해 각 문장이 정확하게 쓰여 있는지를 점검하고 수정해야 한다. 문법에 맞지 않는 문장은 내용 전달이 제대로 이루어지지 않으므로 문장이 문법에 맞게 쓰여 있는지를 점검해야 한다. 비문을 찾아서 수정하는 것이다. 아울러 의미 전달이 더 효과적으로 이루어지도록 문장을 바꾸는 것이 중요하다. 문장은 글쓴이에 따라 얼마든지 다양하게 표현될 수 있다. 따라서 문법에 맞게 문장을 고치는 것과 아울러 의미 전달이 가장 효과적으로 이루어질 수 있도록 문장을 고치는 것이 필요하다.

논술에서는 반드시 수동태를 사용해야 하는 경우가 아니면 능동태를 사용해야 한다(권재술 외, 2012). 수동태 문장을 사용하면 의미가 모호해지거나 오해가 생길 수 있기 때문이다. 능동태 문장에서 주어는 어떤 행동을 하고, 수동태 문장에서 주어는 어떤 행동을 당한다. 그래서 수동태 문장에서는 행위자가 빠져 있거나 흐릿하게 표현되면서 문장 전체의 의미가 모호해질 수 있다. 주체와 객체가 명확히 드러나지 않는 것이다. 수동태 문장은 우회적 표현으로 글의 초점을 흐리기 때문에 글쓴이가 독자에게 글의 의미를 정확히 전달하기 어렵다. 수동태 문장은 독자를 설득하기 어려운 것이다.

- 의미가 모호하게 작성된 문장은 없는가?
- 문장이 문법에 맞게 제대로 작성되어 있는가?
- 각 문장의 길이는 적절한가?
- 각 문장은 내용을 정확하게 나타내고 있는가?
- 문장을 소리 내어 읽을 때 어색한 부분은 없는가?
- 더욱 간결하게 표현할 문장은 없는가?

- 문장의 내용은 독자가 이해할 수 있게 쓰여 있는가?
- 각 문장이 논리적으로 연결되어 있는가?
- 문장 부호는 올바르게 사용되고 있는가?
- 각 문장의 주어와 서술어가 호응하고 있는가?
- 각 문장의 목적어와 서술어가 호응하고 있는가?

4) 단어 수준

단어 수준에서 고쳐쓰기는 단어의 표현을 고치는 것이다. 논술은 자기주장을 논리적으로 서술하는 것이므로 글쓴이의 주관적 감정이 아니라 객관적 근거를 제시하는 데 중점을 둔다. 따라서 글쓴이는 객관적 근거 제시에 적합한 단어를 사용해야 한다. 또 어림짐작보다 단정적으로 표현하는 것이 바람직하다. '아마', '어쩌면', '~인 것 같다.', '~일 것이다.'와 같은 단어를 사용하면 명확하지 않아서 독자의 신뢰를 얻기 어렵다. 모호하고 추상적 표현보다 명확하고 구체적 표현이 독자의 마음을 움직여 공감을 얻을 수 있다. 가독성을 높이기 위해 서투른 외래어나 신조어, 비속어, 은어, 사투리, 유행어, 상투어 등을 점검하고 적절하게 고치는 것도 필요하다.

더 나아가 같은 표현이라도 누구나 이해할 수 있도록 가장 쉬운 단어를 선택하는 것이 요구된다. 어렵고 복잡한 한자어나 전문용어, 학술용어, 외국어, 약어 등이 있으면 독자가 글의 내용을 이해하지 못한 채 넘어갈 수 있기 때문이다. 또는 독자가 단어의 뜻을 찾아보기 위해 잠시 멈추면서 글의 흐름을 놓칠 수 있기 때문이다. 같은 맥락에서 맞춤법이나 띄어쓰기도 정확해야 한다. 맞춤법이나 띄어쓰기가 틀린 문장은 글의 흐름을 방해하여 독자의 집중력을 흩트리는 결과를 초래한다. 게다가 맞춤법을 통해 글에 대한 글쓴이의 태도가 느껴져서 독자의 신뢰가 떨어지고 심지어 글을 읽고 싶다는 마음도 사라지게 된다. 좋은 글은 독자의 집중력을 높여서 막힘없이 한 번에 쉽게 읽히는 것이다.

- 글의 내용과 연관된 단어가 올바르게 사용되고 있는가?
- 사용하고 있는 단어는 풍부하고 다양한가?
- 단어가 맥락에 따라 정확하게 사용되고 있는가?
- 오 · 탈자는 없는가?
- 맞춤법과 구두점, 띄어쓰기 등이 정확한가?

〈논술에서 점검할 사항〉

주제의 명료성	전체적으로 글의 내용이 명료하고 핵심적 생각이 잘 드러나는가? 주제에 대한 글쓴이의 주장은 설득력이 있는가? 주제는 독자의 관점을 고려하고 있는가? 주제는 다룰 만한 가치가 있는 것인가? 문제가 글에서 다루어지고 있는가?
논리의 일관성	주장에 대한 근거가 충분한가? 근거는 정확하고 구체적인가? 주제에 동의하지 않는 독자를 설득할 정도로 뒷받침문장이 충분히 제시되고 있는가? 내용에 논리적 비약은 없는가? 내용이 타당하고 일관적인가?
구성의 적합성	각 문단은 중심 생각에 따라 명확히 구분되는가? 논증의 전개 순서는 명확하고 효과적인가? 논증의 순서를 바꿀 필요는 없는가? 문장과 문장, 문단과 문단 사이에 논리적 비약은 없는가? 각 문단의 마지막 문장은 다음 문단의 첫 문장과 의미상으로 연관되는가? 결론에서 글쓴이의 주장이 충분히 강조되는가?
표현의 정확성	어색한 문장이나 단어는 없는가? 맞춤법이나 띄어쓰기가 정확한가? 문장에 맞는 적절한 표현을 사용하고 있는가?
사고의 독창성	글쓴이의 생각은 흥미롭고 창의적인가? 글쓴이의 독창적 관점이 나타나는가? 제목은 독자의 관심을 끌 수 있는가?

출처: 김돈, 고원, 김세령, 이민호, 이수곤, 전승주 (2013). 대학 글쓰기와 커뮤니케이션. 서울: 아카넷.

3. 퇴고의 방법

글쓰기에서 퇴고는 글쓴이의 글을 객관화하는 과정이다(권재술 외, 2012). 글쓴이가 쓴 글은 세상에 모습을 드러내는 순간 이미 만인의 글이 된다. 글은 다른 사람에게 자기 생각을 전달하기 위한 것이므로 글쓴이의 품을 떠나는 순간부터 글쓴이 자신의 것이 아니다. 이미 엎질러진 물을 주워 담을 수 없듯이 한번 세상에 모습을 드러낸 글은 되돌릴 수 없다. 그래서 글은 세상에 드러나기 전에 완벽한 모습을 갖추어야 한다. 잘못된 글이 자신도 모르게 계속 떠돌아다니는 불상사를 막기 위해 글쓴이는 최대한 수정하고 확인한 후 자신의 글을 발표해야 한다. 퇴고는 글이 객관적으로 인정받을 수 있도록 만드는 과정이다. 퇴고는 글쓴이 스스로 할 수도 있고 동료의 도움이나 전문가의 도움을 받아서 할 수도 있다(신형기 외, 2008). 그러나 실제로 대부분 사람은 동료나 전문가의 도움을 받아서 퇴고하는 것이 여의치 못하다. 동료에게 자신의 글을 보여주는 것이 민망하거나 창피할 수 있고 주변에서 전문가를 만나는 게 쉽지 않기 때문이다. 이러저러한 이유로 대부분 사람은 자신의 글을 스스로 퇴고하게 된다. 그러므로 퇴고의 원칙과 순서에 따라 글을 고치면서 최대한 자신의 글을 객관화하는 것이 요구된다.

1) 고쳐쓰기 방법

(1) 글쓴이 스스로 고쳐쓰기

글쓴이 스스로 고쳐 쓸 때는 먼저 소리를 내어 초고를 읽는 것이 필요하다(오경균, 2009). 눈으로 읽을 때 문제없던 구절도 소리 내어 읽는 순간 이상한 부분이 발견될 수 있다. 동서양을 막론하고 글을 수정할 때는 소리 내어 글을 읽는 것이 일반적이다. 말에는 일정한 리듬이 있다. 말은 발성 기관을 통해 흘러나오는 공기의 울림이기 때문에 리듬이 맞지 않는 말은 귀에 거슬린다. 말소리가 자연스럽게 흘러가는 것이 아니라 무언가에 부딪혀 걸리는 느낌이 드는 것이다. 글을 읽을 때 막히는 부분이 있다는 것은 문장이 문법에 맞지 않거나 내용이 앞뒤가 맞지 않음을 가리킨다. 술술 읽히면서 내용이 파악되어야 하는데, 무언가 잘못되거나 어색한 느낌이 들면서 자꾸 신경이 쓰이는 것이다. 따라서 글쓴이는 글을 소리 내어 읽을 때 뭔가 어색한 느낌이 든다면 바로 수정해야 한다.

다음으로 글쓴이는 충분한 시간적 여유를 가지고 고쳐쓰기를 하는 것이 필요하다(권재술 외, 2012). 퇴고는 여러 번 읽고 수정해야 하므로 초고를 쓰는 것보다 훨씬 더 많은 시간과 노력을 요구한다. 많은 사람이 퇴고의 중요성을 깨닫지 못하고 퇴고를 쉽게 생각하지만, 퇴고는 글의 질적 수준을 담보하는 데 결정적 역할을 한다. 이는 건물을 지을 때 건물의 내부와 외부를 치장하는 마무리 공사에 더 많은 시간과 노력을 쏟고 결국 마무리 공사에 의해 건물의 질이 결정되는 것과 같다. 따라서 글쓴이는 퇴고에 충분한 시간을 할애해야 한다. 기한이 정해져 있는 리포트나 보고서를 쓸 때는 퇴고할 시간을 고려하여 초고를 미리미리 마쳐야 한다. 기한에 맞춰 초고를 마치면 퇴고하지 못한 채 엉망인 글을 그냥 제출하여 낭패를 볼 수 있기 때문이다.

마지막으로 글쓴이는 자신의 습관적 실수를 메모하고 고치는 것이 필요하다. 많은 사람은 자신이 평소에 사용하는 말투가 있어서 똑같은 실수를 반복하는 경향이 있다. 몸에 배어버린 말투 그대로 글을 쓰면서 잘못된 표현이 반복되는 것이다. 접속어를 쓸데없이 자주 사용하거나 같은 표현을 반복해서 쓰는 것이 그 예다. 특히 한자어의 사용으로 같은 표현의 반복이 흔하게 나타난다. 예를 들어, '사전에 예방하다.'에서 '예방하다.'가 미리 대처한다는 뜻이므로 '사전에'는 쓸 필요가 없다(신봉섭, 2017). '행복감을 느낀다.'에서 '감'이라는 한자에 '느낀다.'라는 뜻이 담겨 있으므로 '행복하다'라고 표현하면 된다. 이런 식의 실수는 글쓴이 스스로 고치겠다는 적극적 의지가 없으면 잘 고쳐지지 않는다. 그러므로 글쓴이는 자신이 흔히 범하는 실수를 메모하여 똑같은 실수를 반복하지 않도록 노력해야 한다.

(2) 동료의 도움으로 고쳐쓰기

글쓴이 스스로 고쳐 쓰는 방법 외에 동료의 도움을 받아 고쳐 쓰는 방법이 있다. 글쓴이에게 동료는 친구일 수도 있고 직장이나 사업 등의 이유로 만나는 사람일 수도 있다. 즉, 동료는 글쓴이 주변에 있으면서 글쓴이와 허심탄회하게 서로 의견을 주고받을 수 있는 사림이다. 동료의 도움으로 글을 고친다면 동료는 글쓴이의 첫 독자인 셈이다. 그래서 글쓴이는 처음부터 글을 쓸 때 동료를 독자로 생각하고 동료를 떠올리면서 글을 쓰는 것이 바람직하다. 동료가 이 글을 이해할 수 있을지, 동료가 이 글에 동의할지, 동료가 이 글에 관심을 가질지 등을 고려하면 효과적으로 글을 쓸 수 있다. 막연한 독자가 아니라 구체적 독자를 떠올리면서 글을 쓰기 때문에 독자의 관심이나 경험 등을 고려한 글을 쓸 수 있다. 처음부터 독자를 고려한 글을 쓰기 때문에 설득력 있는 글이 완성될 수 있다. 따라서 글쓴이는 동료를 자신의 글을 읽는 첫 독자로 간주하고 글을 쓰는 것이 요구된다.

동료에게 자신의 글을 보여주고 고쳐 쓸 때는 일정한 절차와 방법을 따르는 것이 필요하다(신형기 외, 2008). 동료의 도움에 의한 고쳐쓰기 절차는 먼저 초고를 보여주고 동료의 질문에 솔직하게 답하면서 내용을 점검한다. 다음으로 점검한 내용에 대해 서로 토의하고 동료의 제안을 수용할지 말지를 결정한다. 마지막으로 초고를 수정하고 수정한 글을 다시 동료에게 보여준 후 의견을 나눈다. 동료의 도움에 의한 고쳐쓰기 방법은 첫째, 동료가 자신의 초고를 처음부터 끝까지 꼼꼼히 읽을 수 있도록 배려한다. 그렇지 않으면 동료가 잘못된 피드백을 제공할 수 있기 때문이다. 둘째, 작은 문법적 실수보다 글의 구성이나 내용 등에 집중한다. 이는 나무만 보고 숲을 보지 못하는 우를 범하지 않기 위해서다. 셋째, 동료가 지적한 내용을 빠짐없이 메모한다. 넷째, 긍정적 언급뿐만 아니라 부정적 언급도 흔쾌히 받아들인다. 이는 동료가 주저하지 않고 적극적으로 피드백을 제공하도록 도와준다.

(3) 전문가의 도움으로 고쳐쓰기

글쓴이는 전문가의 도움을 받아 글을 수정할 수도 있다. 글쓴이가 보통 만날 수 있는 전문가는 대학의 교수나 글쓰기센터의 전문가다(권재술 외, 2012). 대학의 교수는 리포트를 제출해야 할 강좌의 교수일 수도 있고 지도교수일 수도 있다. 가주제가 정해져 있는 리포트를 제출하는 경우, 초고를 작성한 후 직접 교수를 찾아가거나 전자메일을 통해 피드백을 받을 수 있다. 지도교수는 평소에 자주 만나면서 교감이 형성되어 있으므로 글쓴이는 편하게 자신의 글을 지도교수에게 보이고 조언을 구할 수 있다. 특히 대학원에서 학위논문을 쓸 때는 지도교수와의 만남을 통한 고쳐쓰기가 주로 이루어진다. 학위논문을 쓸 때는 동료의 도움을 받아 고쳐 쓸 수도 있지만, 지도교수의 도움으로 고쳐쓰기를 하는 것이 효과적이다. 지도교수는 논문의 내용과 형식을 누구보다 잘 알고 있어서 고쳐야 할 부분을 정확히 지적하기 때문이다. 따라서 교수의 도움에 의한 고쳐쓰기는 매우 효율적으로 글을 고치는 방법이다.

글쓰기센터 전문가의 도움에 의한 고쳐쓰기도 매우 효율적으로 글을 고치는 방법이다. 글쓰기센터 전문가는 글쓰기에 대한 전문적 지식과 경험이 풍부하므로 글쓴이에게 많은 도움을 제공할 수 있다. 글쓰기센터 전문가는 주로 글쓴이와 이야기를 주고받으며 글쓴이가 글을 고치도록 도와준다. 글쓰기센터 전문가는 주제를 설정한 이유가 무엇인지, 글쓴이의 의도가 무엇인지, 궁극적으로 글쓴이가 하려는 말이 무엇인지 등을 질문하면서 글쓴이의 문제의식을 끌어내고 글의 방향을 명확히 정하도록 도와준다. 또 문장의 삭제나 첨가, 문단 위치의 변경 등을 권유하면서 글쓴이가 글을 섬세하게 다듬을 수 있도록 격려한다. 글쓰기센터 전문가는 단순히 글을 고쳐주는 사람이 아니라 글쓴이가 글을 논리적으로 전개하도록 사고 확장을 도와주는 사람이다. 그러므로 글쓴이는 글을 고쳐 쓸 때마다 글쓰기센터 전문가를 찾아가 조언을 구하고 전문적 지도를 받는 것이 필요하다.

2) 교정부호 사용

요즘은 컴퓨터를 이용하여 퇴고하는 것이 일반적이다. 원고지를 사용할 때와 다르게 컴퓨터를 이용하면 종이를 낭비하지 않고 손쉽게 글을 수정할 수 있다는 장점이 있다. 다양한 맞춤법 검사기 사이트를 통해 맞춤법이나 띄어쓰기를 바로 확인하고 고칠 수도 있다. 특히 컴퓨터를 이용하면 한눈에 글 전체의 구성을 확인하고 고칠 수 있다는 이점이 있다. 글이 시각적으로 깔끔하게 편집되어 있는지, 글자의 모양이나 크기가 적절한지, 문단의 길이가 적절한지, 줄 간격이나 여백 등이 적절한지, 인용이나 주석은 본문과 구분하여 제시되어 있는지 등을 쉽게 파악할 수 있다. 그래서 요즘은 초고 작성뿐만 아니라 퇴고 역시 컴퓨터를 이용하는 추세다.

하지만 글은 모니터를 통해 볼 때와 지면으로 볼 때 차이가 있다(오경균, 2009). 컴퓨터상에서 보이지 않던 오·탈자나 잘못된 문장 부호, 어색한 문장 등이 지면에서 드러나게 된다. 이는 아무리 글을 잘 쓰고 글쓰기 경험이 풍부한 사람이라도 겪는 일이다. 그래서 컴퓨터로 글을 쓴 다음에는 반드시 종이로 출력하여 지면으로 글을 확인하면서 퇴고하는 과정을 거쳐야 한다. 만약 시간에 쫓겨서 종이로 출력하여 고치는 과정을 거치지 못하고 그냥 리포트나 보고서를 제출하면 고칠 수 있는 부분을 고치지 못한 채 그냥 제출하는 실수가 나타난다. 그러므로 처음에 컴퓨터로 퇴고하더라도 나중에 꼭 종이로 출력한 후 지면에서 다시 고쳐 써야 한다.

지면에서 글을 고칠 때는 교정부호를 사용하는 것이 효과적이다. **교정부호**는 글에서 잘못된 부분을 바로잡을 때 사용하는 것으로, 고칠 내용을 다른 사람이 알아보기 쉽게 정해 놓은 규칙이다. 교정부호는 사람들이 정한 규칙이므로 반드시 지켜져야 한다(기초글쓰기교재편찬위원회, 2015). 교정부호를 사용하면 고쳐야 할 내용을 글자로 길게 쓰는 대신 부호로 간단히 나타내기 때문에 글쓴이와 동료, 전문가 사이에 의사소통이 효율적으로 이루어질 수 있다. 교정부호를 사용하는 것은 글쓴이 스스로 고쳐 쓸 때뿐만 아니라 동료나 전문가의 도움으로 고쳐 쓸 때 매우 유용하다.

그러나 교정부호는 최소한 사용되어야 한다. 교정부호를 너무 많이 사용하면 글이 지저분해지기 때문이다. 이런 이유로 교정부호를 사용한 고쳐쓰기는 퇴고가 어느 정도 마무리되는 시점에서 이루어지는 것이 바람직하다. 컴퓨터상에서 퇴고하고 출력한 후 지면에서 다시 고치는 작업을 여러 번 반복한 후 크게 고칠 것이 없다고 판단될 때 교정부호를 사용하여 고쳐쓰기를 하는 것이 효과적이다. 이때 교정부호를 사용하면 수정할 부분만 고칠 수 있어서 시간을 절약하게 된다. 교정부호를 사용한 고쳐쓰기를 거친 후에야 글쓴이는 비로소 한 편의 글을 완성하게 된다.

〈교정부호〉

교정 부호	용도	교정 전	교정 후
V	띄어 쓸 때	기분 좋은날씨	기분 좋은 날씨
	붙여 쓸 때	사랑 하는 엄마	사랑하는 엄마
	한 글자를 고칠 때	만 마나러 간다.	만나러 간다.
	줄을 바꿀 때	멀리서 소리친다. "할머니 오신다."	멀리서 소리친다. "할머니 오신다."
	줄을 이을 때	할아버지께서 참외를 사 오셨다. 정말 컸다.	할아버지께서 참외를 사 오셨다. 정말 컸다.
	여러 글자를 고칠 때	맛있게 온 가족이 모여서 마신게 먹었다.	온 가족이 모여서 맛있게 먹었다.
	글자를 뺄 때	가족과 함께 저녁 음식을 먹었다.	가족과 함께 저녁을 먹었다.
	글의 내용을 추가할 때	바로 내가 사랑하는 사람은 아빠다.	내가 사랑하는 사람은 바로 아빠다.
	앞뒤 순서를 바꿀 때	공부하였다. 열심히	열심히 공부하였다.
=	필요 없는 내용을 지울 때	밥을 정말 엄청 많이 먹었다.	밥을 많이 먹었다.
^	문장 부호를 넣을 때	그래 같이 가자.	그래, 같이 가자.
	글자를 오른쪽으로 밀 때	나는 운동을 하였다.	나는 운동을 하였다.
	글자를 왼쪽으로 당길 때	나는 음악을 들었다.	나는 음악을 들었다.
	줄을 서로 바꿀 때	지수가 선생님께 혼났다. 지수가 지각하였다.	지수가 지각하였다. 지수가 선생님께 혼났다.

4. 원고지 사용법

원고지는 글을 작성할 때 사용하는 일정 규격의 용지로, 한 장에 들어갈 수 있는 글자의 수가 정해져 있다. 그래서 원고지를 사용하면 글자를 구분하고 글자의 수를 파악하기가 쉽다. 낱낱의 글자가 글쓴이의 눈에 들어오기 때문에 맞춤법이 틀린 단어나 잘못된 문장 부호 등이 쉽게 발견된다. 또 원고지에서는 한 칸 들여쓰기로 새로운 문단이 시작하므로 문단이 쉽게 구분된다. 이런 이유로 원고지에 글을 쓰면 퇴고하기가 편리하다. 원고지 사용의 여러 가지 장점 때문에 글쓰기에는 항상 원고지가 따라다닌다. 바늘 가는 데 실 가듯이 글쓰기와 원고지는 떼려야 뗄 수 없는 관계다. 요즈음에는 글의 작성이나 편집, 저장, 인쇄 등이 주로 워드프로세서를 통해 이루어진다. 하지만 워드프로세서 역시 원고지 사용법에 따라 만들어진 것이다(김희수 외, 2013). 워드프로세서에서 한 문장이 길어지면 자동으로 행이 바뀌는 것, 들여쓰기가 지정되어 있으면 행이 바뀔 때 강제로 문장의 시작 위치가 정해지는 것 등은 모두 원고지 사용법을 따르기 때문이다. 글쓴이는 워드프로세서와 원고지의 장점을 모두 이용하여 워드프로세서에 있는 원고지에 글을 쓸 수 있다. 따라서 워드프로세서를 이용한 글쓰기가 일반적임에도 좋은 글을 쓰려면 원고지 사용법을 잘 아는 것이 필요하다.

1) 원고지 사용의 장점

원고지 사용의 가장 큰 장점은 글의 분량을 쉽게 파악할 수 있다는 것이다(김희수 외, 2013). 200자 원고지 몇 장이라고 하면 글쓴이는 바로 글자의 수를 계산하여 글의 분량을 정확히 파악할 수 있다. 원고지는 용도에 따라 200자, 400자, 1,000자 등 여러 종류가 있지만, 흔히 사용되는 것은 200자와 400자 원고지다. 글의 분량 역시 200자 원고지를 기준으로 말하는 것이 일반적이다. 학교에서 200자 원고지로 몇 장의 과제나 리포트를 제출하라는 것이 그 예다.

원고지 사용의 또 다른 장점은 원고지가 일정한 규격을 갖추고 있어서 맞춤법이나 띄어쓰기, 문장 부호 등의 잘못을 쉽게 발견할 수 있다는 것이다. 원고지에 글을 쓸 때는 한 칸에 한 글자만 써야 하므로 띄어쓰기가 제대로 되어 있는지, 정확한 문장 부호가 쓰여 있는지 등을 금방 확인할 수 있다. 즉, 평서문이나 의문문, 인용문, 대화문 등의 다양한 문장에 따라 요구되는 문장 부호가 적절하게 쓰여 있는지를 쉽게 알 수 있다. 그뿐만 아니라 주어와 서술어 호응, 목적어와 서술어 호응도 쉽게 눈에 띄기 때문에 원고지에 쓴 글은 퇴고하기에 편리하다는 점이 특징이다(이은경, 이은하, 2014).

특히 원고지에서는 한 칸 들여쓰기로 새로운 문단이 시작하므로 문단이 제대로 구분되어 있는지를 쉽게 파악할 수 있다. 또 서론, 본론, 결론 등이 적절한 분량으로 배열되어 있는지, 문단의 길이가 적절한지 등을 한눈에 확인할 수 있다. 각 문단에서 중심문장과 뒷받침문장을 찾기도 쉬워서 글쓴이의 주장과 주장에 대한 근거를 금방 파악할 수 있다. 이렇게 주장과 근거가 쉽게 파악되고 맞춤법이나 띄어쓰기, 문장 부호 등의 잘못도 쉽게 발견되므로 논술시험은 대체로 원고지를 이용한 글쓰기로 시행된다.

결론적으로 원고지에 글을 쓰면 글의 전체적 흐름을 비롯하여 서론, 본론, 결론 등의 논리적 관계, 글쓴이의 주장과 주장에 대한 근거 등을 한눈에 파악할 수 있다. 다시 말해 글쓴이 스스로 자기주장을 논리적으로 서술하고 있는지를 쉽게 파악할 수 있다. 아울러 맞춤법이나 띄어쓰기, 문장 부호 등이 제대로 쓰여 있는지를 쉽게 확인할 수 있다. 자신의 글에서 고쳐야 할 부분이 한눈에 들어오기 때문에 글쓴이는 쉽게 잘못을 발견하고 고칠 수 있다. 따라서 원고지에 글을 쓰면 초고를 쓸 때뿐만 아니라 퇴고할 때 매우 편리하다.

2) 원고지 사용의 원칙

(1) 초고 쓸 때

- 한 칸에 한 글자만 쓴다.
- 구두점이나 괄호 등의 문장 부호는 한 칸을 차지한다. 그러나 쉼표나 마침표처럼 비교적 간단한 문장 부호 다음에는 보통 한 칸을 비우지 않는다.
- 알파벳 소문자나 두 자 이상의 아라비아 숫자는 한 칸에 두 자씩 쓴다. 하지만 알파벳 대문자나 로마자 숫자, 한 자로 된 아라비아 숫자는 한 칸에 한 자씩 쓴다.
- 띄어야 할 곳은 모두 빈칸으로 표시한다. 만약 띄어야 할 곳이 원고지 왼편의 첫 칸이면 비우지 않고, 그 앞줄 오른쪽 끝에 '∨' 표시하여 띄어야 함을 나타낸다.
- 새로운 문단을 시작할 때는 첫 칸을 비우고 들여 쓴다. 새로운 문단의 시작이 아니면 절대로 첫 칸을 비워서는 안 된다. 들여쓰기가 반드시 지켜져야 한다.
- 인용문이나 대화문은 보통 큰따옴표나 작은따옴표를 사용하므로 전체를 한 칸 들여 써야 하며, 아무리 짧은 문장이라도 이어 쓰지 말고 꼭 줄을 바꾸어 쓴다.
- 제목은 원고지 위에서 두 번째 줄 가운데에 쓴다. 글쓴이 이름은 네 번째 줄에 쓰며, 맨 뒤 두 칸을 비우고 오른쪽으로 치우치게 쓴다.

(2) 고쳐 쓸 때

- 교정부호의 색을 글자와 다르게 하여 눈에 잘 띄도록 표시한다.
- 교정부호는 간단하고 명확하게 표시한다.
- 여러 교정부호를 사용할 때는 서로 겹치지 않도록 주의한다.
- 잘못된 부분이나 불필요한 부분은 두 줄로 그어 취소함을 표시한다.

- 잘못된 부분을 두 줄로 그은 후 다른 내용으로 바꿀 때는 그 위의 여백에 고친 내용을 적는다.
- 만약 지운 부분을 되살리고 싶으면 그은 줄 위에 '×' 표시하거나 '生'을 표시한다.
- 빠진 글자를 넣을 때는 빠진 위치에 '∨' 표시하고 그 위에 빠진 글자를 적는다.
- 적은 분량의 내용을 삽입할 때는 원고지 여백에 적는다. 하지만 분량이 많으면 별도의 원고지에 번호를 붙여 사용하고, 삽입할 위치에 '몇 장 삽입'이라고 표시한다(기초글쓰기교재편찬위원회, 2015).

13장 인용

논술에는 주장과 주장을 뒷받침하는 근거가 반드시 포함되는 만큼 다른 사람이 쓴 자료가 포함될 수밖에 없다. 그래서 자료를 올바르게 인용하는 것이 중요하다. 인용(quotation)은 다른 사람의 말이나 글을 자신의 말이나 글 속에 끌어 쓰는 것으로, 자기주장을 더 분명히 전달하려는 데 그 목적이 있다. 권위 있는 사람 또는 전문가의 말이나 글, 책에 있는 내용 등을 인용함으로써 자기주장의 신뢰성을 높이려는 것이 인용이다. 이를테면, 시간을 계획적으로 써야 한다고 말하는 것보다 '시간은 금이다.'라는 말을 인용한 후 시간을 계획적으로 써야 한다고 말하는 것이 자기 의견을 전달하는 데 더 효과적이다. 인용은 다른 사람의 말이나 글을 빌려와 자신의 글에 변화를 줌으로써 글의 내용을 풍부하게 하고 자기주장의 신뢰성을 높이는 데 이바지한다. 그러나 인용은 어디까지나 다른 사람의 말이나 글을 빌려 쓰는 것이다. 따라서 분명히 빌려온 것임을 표시해야 한다. 그렇지 않으면 남의 물건을 훔치는 꼴이 된다. 출처 표시 없이 쓴 글은 표절(plagiarism)이 되므로 인용 방법을 정확히 알고 인용하는 것이 중요하다. 표절은 엄연히 도둑질임을 명심하고 어떤 경우에도 표절하지 않도록 주의를 기울여야 한다. 표절은 변명이 통하지 않는 것이다.

1. 인용 방법

인용의 목적은 독자에게 자기주장을 더 분명하게 전달하려는 것이다. 다시 말해 글의 주제와 연관된 권위 있는 학자의 이론이나 견해를 제시함으로써 글쓴이의 논리에 대한 타당성과 정당성을 확보하려는 것이 인용의 목적이다. 이러한 인용의 목적이 효과적으로 달성되려면 빌려온 자료가 정확성과 객관성을 유지하는 등 증거로서 충분한 가치를 지녀야 한다(권재술 외, 2012). 또 빌려온 자료가 글의 주제에 따라 적절하게 다루어져야 한다. 아무리 권위 있는 학자의 이론이나 견해라도 그것이 글의 주제와 부합하지 않거나 논리적으로 처리되지 않으면 인용은 오히려 역효과를 일으키게 된다. 가령 글의 주제와 직접 연관되지 않은 사실을 인용하면 글이 산만해지면서 글쓴이의 주장이 약화하는 결과를 초래한다. 인용이 빈번해지면 글이 짜깁기한 것처럼 보이면서 설득력 없는 글이 되므로 지나친 인용은 삼가야 한다. 따라서 글의 주제를 논리적으로 전개하는 데 꼭 필요하다고 판단되는 자료만 인용해야 한다. 인용은 객관적이고 타당한 근거를 제시하는 데 필수적인 만큼 인용할 때는 세심하게 주의를 기울이는 것이 필요하다. 인용 방법은 크게 직접 인용(direct quotation)과 간접 인용(indirect quotation)으로 나뉜다.

1) 직접 인용

직접 인용은 다른 사람의 말이나 글을 그대로 따와서 쓰는 것으로, 원저자의 말이나 표현을 정확히 보존할 필요가 있을 때 사용하는 인용 방법이다. 즉, 원저자의 표현이 중요한 의미를 지니거나 강력한 근거를 제시할 때 직접 인용이 사용된다. 직접 인용은 보통 따옴표와 같은 인용부호를 사용한다. 따옴표는 다른 사람의 말과 그것을 옮겨다 쓰는 사람의 말을 분명히 구별하기 위해 따다 쓴 말 앞뒤에 붙인다. 직접 인용은 다른 사람의 말이나 글을 그대로 가져오는 것이기 때문에 대명사의 인칭이나 시간, 장소 등이 원래 말한 그대로 표시된다. '수미는 선생님에게 "저는 지금 여기서 이런 생각을 하였습니다."라고 말하였다.'에서 큰따옴표 안의 문장이 직접 인용의 예다. 원문이 너무 길어서 일부를 생략하고 부분만 인용할 때는 '줄임표(…)'를 사용하거나 '(중략)'이라고 표시한다(최미숙 외, 2014).

직접 인용은 철자와 구두점까지 원문과 같게 써야 한다. 원문의 맞춤법이나 문법이 잘못되어도 그대로 옮겨야 한다. 글쓴이가 원문을 조금이라도 바꿔서 쓴다면 이를 명백하게 밝혀야 한다. 가령 원문에 밑줄이 없는데 글쓴이가 밑줄을 그었다면 글쓴이는 자신이 밑줄을 그었음을 명시해야 한다(권재술 외, 2012). 그러나 가능하면 직접 인용은 삼가야 한다. 원문을 그대로 옮기다 보면 글쓴이의 말투와 다른 말투가 끼어들어서 글의 흐름이 끊어지기 때문이다. 또 인용부호가 자주 사용되면 글이 시각적으로 매우 지저분해 보여서 독자의 주의를 흐트러뜨리기 때문이다. 특히 논술에서는 자기주장이 분명하게 드러나야 하므로 남의 말이 아닌 자기 말로 글이 전개되어야 설득력이 있다. 그러므로 논술을 쓸 때는 부득이한 경우를 제외하고 직접 인용을 하지 않아야 한다.

논술에서 직접 인용이 요구될 때는 첫째, 원문보다 더 적절한 표현을 찾을 수 없는 경우다(고려대학교 사고와 표현 편찬위원회, 2005). 원문을 사용해야만 글의 내용이 분명하게 전달된다고 판단되면 원문을 그대로 옮길 수 있다. 둘째, 원문을 그대로 제시하지 않으면 독자가 해석을 다르게 할 수 있는 경우다. 독자의 잘못된 해석으로 글의 내용이 왜곡될 수 있다고 판단되면 원문을 그대로 옮기는 것이 바람직하다. 셋째, 글쓴이의 주장과 대조되는 견해를 더욱 분명하게 드러내고자 하는 경우다. 자기주장과 대조되는 원문을 그대로 옮겨와 보여줌으로써 대조의 효과를 부각할 수 있기 때문이다. 넷째, 수학 공식이나 통계자료와 같은 수식을 인용하는 경우다. 이러한 수식은 변경할 수 없으므로 자료 자체의 정확성을 충분히 검토한 후 그대로 옮겨 써야 한다.

2) 간접 인용

간접 인용은 다른 사람의 말이나 글을 자기 말로 바꾸어 쓰는 것으로, 원저자의 아이디어나 논지가 따옴표와 같은 인용부호 없이 문장 속에서 자연스럽게 드러나도록 인용하는 방법이다. 간접 인용은 글쓴이의 관점에서 원문의 주체나 객체, 시간, 공간 등을 바꾸어서 인용하는 것이다(권재일, 2005). 예를 들어, '수미는 선생님에게 "저는 지금 여기서 이런 생각을 하였습니다."라고 말하였다.'를 간접 인용으로 바꾸면 '수미는 선생님에게 자기가 그때 거기서 그런 생각을 하였다고 말하였다.'가 된다. 대명사 '저'는 '자기'로, '지금'이라는 시간은 '그때'로, '여기'라는 장소는 '거기'로, '이런'은 '그런'으로, '~습니다.'는 '~다.'로 바뀌게 된다. 즉, 간접 인용은 글쓴이가 원문을 자기 말로 바꾸어 자신의 글에 삽입하는 인용 방법이다.

간접 인용을 할 때는 원문을 정확히 이해하는 것이 우선이다. 원저자가 어떤 의도로 어떤 맥락에서 원문을 썼는지를 분명히 이해한 후에야 원문을 자기 말로 바꿀 수 있기 때문이다. 원문을 이해하지 않은 채 간접 인용을 하면 원문과 자기 말이 섞이면서 이도 저도 아닌 문장이 만들어져 글의 내용이 꼬이게 된다. 독자가 보기에 하겠다는 건지 말겠다는 건지 알 수 없는 잘못된 글이 만들어지는 것이다. 따라서 표절을 피하고자 단지 단어 한두 개를 바꾸는 수준으로 간접 인용을 해서는 안 된다. 간접 인용은 단순히 단어를 바꾸는 것이 아니라 원문 전체를 자신의 말투로 바꾸어서 표현하는 것이다. 논술에서 보통 간접 인용은 원문을 요점만 짧게 쓰거나 다른 말로 바꾸어서 부연하는 식으로 나타난다. 원문을 간추릴 때는 단 하나의 단어로 요약할 수도 있으며, 부연할 때는 원문보다 더 길어질 수도 있다.

직접 인용이든 간접 인용이든 인용은 일차자료에 근거하는 것이 원칙이다(권재술 외, 2012). 하지만 일차자료를 구하는 것이 불가능한 경우에는 이차자료를 이용하거나 남이 인용한 것을 다시 인용할 수 있다. 남이 인용한 것을 다시 인용하는 것을 **재인용**이라고 하며, 반드시 재인용임을 표시해야 한다. 그러나 원칙적으로 재인용은 하지 않아야 한다. 특히 논술에서 재인용은 삼가야 하는데, 왜냐하면 잘못 인용되거나 임의로 인용된 것을 그대로 인용할 위험이 있기 때문이다(김해식, 2011). 잘못된 내용을 인용함으로써 자기주장의 신뢰성이 낮아질 수 있는 것이다. 따라서 불가피한 경우가 아니면 재인용은 하지 않아야 한다. 게다가 재인용하고 마치 원문을 보고 인용한 것처럼 써도 안 된다. 결론적으로 논리 전개에 필요한 경우에 글의 주제와 직접 연관된 내용만 인용하고, 부득이한 경우가 아니면 직접 인용이나 재인용은 삼가야 한다. 논술에서는 직접 인용보다 간접 인용이 바람직하다.

3) 출처 표시

출처(source)는 사물이나 말 따위가 나온 곳으로, 인용할 때는 반드시 출처를 밝혀야 한다. 인용이 다른 사람의 말이나 글을 빌려오는 것이므로 어디서 빌려온 것인지를 밝혀야 한다. 즉, 누구의 말이나 글인지, 어디에서 찾은 것인지 등을 정확히 표시해야 한다. 저자명과 발행 연도, 출판사, 쪽 등을 밝힘으로써 글쓴이가 빌려온 말이나 글을 누구든지 찾을 수 있도록 해야 한다.

하지만 누구나 알고 있는 상식은 출처를 밝힐 필요가 없다(강명구 외, 2008). 다시 말해 이미 다른 곳에서 여러 번 언급되어 보편적 지식이 된 정보의 출처는 밝히지 않아도 된다. 우리말 사전이나 시사 사전 등에서 찾을 수 있는 사실 역시 이미 잘 알려져 있으므로 출처를 밝히지 않아도 된다. 이런 예외적인 몇 가지 경우를 제외하고 글쓴이는 항상 정확히 출처를 밝혀야 한다.

출처의 표시는 주석(annotation)을 기재하는 것으로 나타난다. 주석은 그 위치에 따라 본문 안에 있는 내주, 본문 아래에 있는 각주, 본문의 끝에 있는 후주 등으로 구분된다(최미숙 외, 2014). 내주는 저자명과 발행 연도, 쪽 등을 소괄호 안에 묶어서 나타낸다. 각주는 본문 속에 주석 번호를 붙이고 해당 면 아래쪽에 저자명과 서명, 발행 연도, 쪽, 출판사 등의 서지사항을 제시한다. 후주는 본문 끝에 주석을 기재하는 것으로, 각주와 위치만 다를 뿐 주석을 기재하는 방식은 같다.

학술 문헌에서는 출처를 바로바로 확인할 수 있어서 각주를 선호하지만, 교양 서적에서는 각주가 읽기를 방해하는 경향이 있어서 후주를 사용한다(권재술 외, 2012). 그러나 각주가 많아지면 가독성이 떨어지는 등 여러 가지 제한점이 있어서 요즘 학계에서는 내주에 저자명과 발행 연도만 제시하여 출처를 간단히 밝히는 추세다. 미국심리학회(American Psychological Society)에서 정한 APA 양식에서는 각주 없이 내주에 저자명과 발행 연도만 제시하는 것을 표준으로 정하고 있다.

4) 참고문헌 작성

(1) 원칙

참고문헌(reference)은 논술 작성을 위해 참고한 문헌으로, 주제와 관련된 여러 가지 자료를 포함한다. 즉, 논리적으로 자기주장을 서술하는 과정에서 도움을 받은 자료가 참고문헌이다. 참고문헌이 제대로 작성되지 않으면 자료의 출처가 확인되지 않아서 논술에 대한 신뢰성이 낮아지게 된다. 따라서 글쓴이는 논술을 쓰면서 참고하거나 인용한 자료를 일정한 양식에 맞추어 논술의 끝부분에 제시해야 한다. 참고문헌은 보통 한글 문헌을 먼저 기재하고 외국어 문헌을 나중에 기재한다. 한글 문헌은 가나다순으로, 외국어 문헌은 ABC 순으로 나열한다(김명석 외, 2009). 같은 저자의 자료를 여러 개 기재할 때는 발행 연도 순서에 따라 제시하고, 같은 연도에 발표한 자료는 선후를 따져서 a, b, c 등으로 제시한다.

각주와 참고문헌은 기재하는 방식에서 몇 가지 차이가 있다. 각주는 저자명과 서명 등 각 항목을 쉼표로 구분하여 나열하지만, 참고문헌은 각 항목을 마침표로 끝내면서 나열한다(한국외국어대학교 한국어교육과, 2011). 서양 이름은 각주에서 '이름, 성' 순으로, 참고문헌에서 '성, 이름' 순으로 기재한다(최미숙 외, 2014). 각주는 하나의 자료에 관한 정보를 부분적으로 제공하지만, 참고문헌은 자료에 관한 정보를 총체적으로 제시한다. 그러므로 독자는 각주에서 어떤 정보의 출처를 알고 참고문헌에서 그 출처에 관한 정보를 상세히 확인할 수 있다. 각주와 참고문헌은 불가분의 관계에 있으면서 본문의 내용과 유기적으로 연관된다(권재술 외, 2012).

참고문헌을 제시함으로써 글쓴이는 자기주장의 타당성과 정확성을 증명할 수 있는데, 왜냐하면 참고문헌이 논술의 성격이나 질을 가늠하는 잣대가 되기 때문이다. 더 나아가 참고문헌은 본문에 인용된 자료를 직접 찾아서 이용하려는 독자에게 도움을 제공한다. 참고문헌을 통해 독자가 자료를 찾아보고 확인할 수 있기 때문이다. 독자는 글을 읽으면서 글에 인용된 자료를 직접 찾아서 읽어보고 싶은 욕구를 느끼게 되는데, 이러한 욕구 충족을 도와주는 것이 참고문헌이다. 따라서 글쓴이는 인용한 자료를 빠짐없이 참고문헌에 포함해야 한다. 또 참고한 자료의 제목과 저자명, 발행 연도, 출판사 등의 서지사항을 정확히 기재하여 글에 대한 신뢰성을 높이면서 독자가 자료를 찾도록 도와주어야 한다.

(2) 양식

참고문헌 작성은 여러 가지 양식에 따라 이루어지지만, 현재 가장 많이 사용되는 양식은 미국심리학회(American Psychological Society)에서 정한 APA 양식이다. APA 양식은 심리학이나 교육학 등의 사회과학 분야를 비롯하여 생물학이나 지구과학 등의 자연과학 분야에서 널리 사용된다. 본문에는 저자명과 발행 연도를 소괄호로 묶어서 인용하고, 인용한 것을 참고문헌 목록에서 찾아볼 수 있도록 하는 것이 APA 양식의 특징이다.

APA 양식의 참고문헌 목록에서 단행본은 저자명, 발행 연도, 서명, 발행지,

발행처 등의 순으로 기재한다. 학술지에 실린 논문은 저자명, 발행 연도, 논문 제목, 학술지 이름, 권, 호, 논문이 실린 쪽 등의 순으로 기재한다. 학위논문은 저자명, 발행 연도, 논문 제목, 학위 수여 기관 등을, 인터넷 자료는 저자명, 접속 일자, 자료 이름, 웹사이트 주소 등을, 신문 기사는 저자명, 발행 연월일, 기사 제목, 신문 이름 등을 기재한다.

〈APA 양식 참고문헌 목록 사례〉

김문수 (2017). **논술의 기술: 합격을 부르는 좋은 글은 첫 문장에서 비롯된다.** 서울: 서교출판사.

김미경 (2002). 한국어 문어체 담화와 대화체 담화의 선호논항구조 비교. **언어, 27**(3), 315-343.

김미나 (2015). 초등 학습자의 문법 개념 연구: 품사와 문장 성분을 중심으로. 서울대학교 대학원 석사학위논문.

남형두 (2009a). 표절과 저작권침해: 저작권 측면에서 본 표절에 관한 학제적 연구의 기초. **창작과 권리, 54**, 32-68.

남형두 (2009b). 표절사례 연구: 학술저작물을 중심으로. **법조협회, 58**(5), 259-320.

한국과학창의재단 (2017.10). **융합인재교육이란?** http://steam.kofac.re.kr/?page_id=30 에서 2017년 10월 11일 인출.

황미현 (2013). 아동의 문장 구성 능력 발달 연구: 초등학생들이 6년 동안 쓴 일기를 중심으로. 경인교육대학교 교육대학원 석사학위논문.

황성근 (2011). 글쓰기에서 말하기의 영향: 의사소통 측면을 중심으로. **사고와 표현, 4**(1), 183-208.

황송문 (2002). **글쓰기의 이론과 실제.** 서울: 국학자료원.

Clement, J. J. (2008). *Creative model construction in scientists and students: The role of imagery, analogy, and mental simulation*. Springer Science + Business Media B. V.

Copi, I. M., Cohen, C., & McMahon, K. (2015). **논리학 입문** (박만준, 윤진각 공역). 서울: 경문사.

Corrigan, T. (2003). **영화 비평, 어떻게 쓸까?** (이권 역). 서울: 시공사.

Creme, P., & Lea, M. R. (2006). 작문신공: 나의 생각을 디자인하는 글쓰기 (강주현 역). 경기: 효형출판.

Epstein, S., Pacini, R., Denes-Raj, V., & Heier, H. (1996). Individual differences in intuitive-experimental and analytical-rational thinking styles. *Journal of Personality and Social Psychology, 71*(2), 390-405.

Lind, K. K. (2005). *Exploring science in early childhood education: A developmental approach* (4th ed.). Clifton Park, NY: Delmar, Cengage Learning.

Park, J., & Han, S. (2002). Using deductive reasoning to promote the change of students' conceptions about force and motion. *International Journal of Science Education, 24*(6), 593-609.

Siegel, H. (1988). *Educating reason: Rationality, critical thinking, and education (Philosophy of education research library).* New York, NY: Routledge.

Torrance, E. P. (1988). The nature of creativity as manifest in its testing. In R. J. Sternberg (Ed.), *The nature of creativity: Contemporary psychological perspectives* (pp. 43-75). New York, NY: Cambridge University Press.

2. 표절

표절(plagiarism)은 다른 사람이 창작한 아이디어나 과정, 결과, 표현 등을 출처 없이 사용하는 것으로, 한마디로 남의 것을 훔치는 절도 행위다. 다른 사람이 쓴 문학작품이나 학술논문, 음악, 그림, 사진 등을 저작권자의 허락 없이 몰래 가져다가 마치 자신이 창작한 것처럼 발표하는 행위가 표절이다. 출처를 밝히더라도 자신의 글 대부분이 남의 글에서 따온 것이면 표절이 될 수 있다. 표절은 보통 학문이나 예술의 영역에서 출처를 밝히지 않고 다른 사람의 저작물을 도용하는 행위를 가리킨다. 이처럼 표절은 학문이나 예술 분야에 있는 사람이 갖춰야 할 기본 윤리와 연관되므로 법률적 용어라기보다 윤리적 개념이다. 표절은 타인의 저작물을 무단으로 이용한다는 점에서 저작권법에 따라 처벌을 받는 저작권침해와 유사하다. 하지만 표절과 저작권침해가 반드시 일치하는 것은 아닌데, 왜냐하면 각각의 맥락과 지향이 다르기 때문이다. 예를 들어, 저작권이 소멸한 타인의 저작물을 출처 표시 없이 이용하는 것은 표절이지만, 저작권침해는 아니다(남형두, 2009a). 즉, 법률적으로 저작권침해가 아니더라도 윤리적으로 비난받는 것이 표절이다. 그러므로 표절을 피하려면 표절이 무엇이고 표절이 왜 문제인지를 우선으로 깨달아야 한다.

1) 표절의 구별

표절은 모방(imitation), 패러디(parody), 오마주(hommage) 등과 구별된다. 모방은 다른 사람의 창작물을 본으로 삼아서 나름대로 새로운 창작물을 만들어내는 것이다. 원래 작품을 본떠서 완전히 새로운 작품을 만드는 것이 모방이다. 모방은 창조의 어머니라는 말이 있듯이 모방은 창조의 바탕이 된다. 다시 말해 모방을 통해서만 창조가 가능하다. 마차를 모방하여 자동차가, 유선전화를 모방하여 휴대전화가 창조된 것이 그 예다. 한국어 역시 모방으로 창조된 것인데, 예컨대 자음은 소리가 나오는 입 모양을 본떠서 만든 것이고 모음은 하늘과 땅, 사람 등의 모양을 본떠서 만든 것이다. 따라서 모방은 다른 사람의 창작물을 이용한다는 점에서 표절과 유사하지만, 자신만의 새로운 창작물을 만들어낸다는 점에서 엄연히 구별된다.

패러디는 원본을 밝히고 그것을 풍자적·해학적으로 표현하는 것으로, 사회문화적 상황과 연관되어 나타난다. 패러디는 잘 알려진 원본을 비틀어 풍자적으로 새로운 메시지를 만들어내는 것이다(신원선, 2005). 패러디라는 것을 모두가 알아야 하므로 패러디할 때는 널리 알려진 작품을 사용하는 것이 효과적이다. 패러디는 단순히 다른 작품을 모방하는 것이 아니라 그 작품의 문제점을 폭로하는 것이므로 대상이 되는 작품을 정밀하게 분석하는 것이 우선이다. 대상 작품의 주제나 기법, 배경 등을 확실히 알아야 패러디하는 것이 가능하다. 패러디는 모든 허구를 깨뜨리고자 하는 의식의 발로로, 패러디의 본질은 권위주의에 대한 냉소와 도전이다. 이처럼 패러디는 원본을 비판적으로 재구성한 결과로, 패러디의 대상이 된 작품과 패러디한 작품 모두 새로운 의미가 있다는 점에서 표절과 구별된다.

오마주는 다른 작가나 감독의 업적이나 재능에 대한 존경의 표시로 특정 장면이나 대사를 모방하는 것이다. 오마주는 감사나 존경, 경의 등을 뜻하는 프랑스어로, 주로 영화에서 존경하는 감독이 만든 작품의 주요 장면이나 대사를 자신의 작품 속에 인용하는 것으로 나타난다. 미국의 영화감독 쿠엔틴 타란티노가 자신의 작품 '저수지의 개들'에 자신이 존경하는 홍콩의 영화감독 오우삼의 작품 '첩혈쌍웅'에 나오는 장면을 각색하여 삽입한 것이 오마주의 대표적 예다. 또 후배 화가들이 선배 화가에 대한 존경의 표시로 그 화가의 작품 일부를 자신의 작품에 그려서 전시하는 식의 오마주도 있다. 오마주는 영화뿐만 아니라 음악이나 미술 등에서 광범위하게 쓰이고 있으며, 존경을 표현한다는 점에서 패러디나 표절과 구별된다(정진근, 유충권, 2007).

모방이나 패러디, 오마주 등은 윤리적 문제가 없는 합법적 행위라는 점에서 표절과 구별된다. 모방이나 패러디, 오마주 등은 문화계에서 합법적이라고 판단되어 오랫동안 하나의 기법으로 이용되어 온 만큼 저작권침해와 같은 법률적 문제에서 벗어날 수 있다. 저작권법 자체가 문화계의 발전을 도모하고자 만들어진 것이기 때문에 모방이나 패러디, 오마주 등과 같이 문화계의 발전에 이바지할 것으로 판단되는 행위는 저작권법의 규제를 벗어날 수 있다(정진근, 유충권, 2007). 하지만 모방이나 패러디, 오마주 등에 대한 합법과 위법의 경계가 여전히 모호하다는 문제점이 제기된다. 창작인지 아닌지를 판가름하기 어려운 경우가 많은 것이다. 따라서 문화계의 발전을 위해서는 합법과 위법의 경계에 대해 지속해서 논의하는 것이 요구된다.

2) 표절의 유형

(1) 타인표절

타인표절은 크게 아이디어 표절과 텍스트 표절로 구분된다. **아이디어 표절**은 원저자의 설명이나 이론, 결론, 가설, 은유 등을 그대로 또는 피상적으로 수정하여 도용하는 행위다. 이는 원저자의 공적을 인정하지 않고 일부나 전부를 출처 표시 없이 도용하는 것으로, 남의 아이디어를 마치 자신의 것처럼 나타내는 행위다. 그러나 영화나 음악 분야에서는 단순한 아이디어 도용은 표절로 간주하지 않는다. 음악의 경우, 가락과 리듬, 화음의 세 요소를 바탕으로 곡의 전체적 분위기와 곡에 대한 일반 청중의 의견 등을 종합하여 표절 여부를 판단한다. 특히 몇 마디를 베꼈다는 식의 양적 기준보다 질적 판단을 중시하기 때문에 곡의 클라이맥스가 유사하면 표절로 판단될 가능성이 크다. 즉, 세 마디를 베껴도 어느 부분이냐에 따라 표절이 될 수도 있고 그렇지 않을 수도 있다. 영화나 드라마는 등장인물과 구성, 사건의 전개 과정, 전개 속도, 작품의 전체적 분위기, 대사 등의 여러 가지 요소를 고려하여 표절 여부를 판단한다.

텍스트 표절은 원저자를 밝히지 않고 다른 사람이 저술한 텍스트 일부를 베끼는 행위다. 텍스트 표절은 구성표절, 내용표절, 문장표절, 단어표절 등으로 구분된다(권재술 외, 2012). **구성표절**은 글의 뼈대가 되는 구성을 베끼는 것으로, 글의 주제가 같거나 글의 흐름이 비슷한 것으로 나타난다. 구성표절은 보고서나 학위논문처럼 분량이 많은 글에서 자주 발생한다. **내용표절**은 원저자의 허락 없이 원저자가 쓴 글의 내용을 베끼는 것으로, 가장 흔하게 나타나는 표절유형이다. 내용표절은 내용 일부나 전부를 그대로 베끼거나 짜깁기하는 것으로 나타난다. 짜깁기는 두 개 이상의 글을 출처 표시 없이 부분적으로 뒤섞어 마치 자신이 쓴 것처럼 조작하는 행위다. 출처 표시를 하더라도 여기저기서 뽑은 내용으로 쓴 글은 단지 다른 사람의 생각을 정리한 것에 지나지 않으므로 자신의 글이 아니라 자료 정리에 불과하다(최미숙 외, 2014). **문장표절**은 다른 사람이 쓴 문장을 그대로 옮겨놓는 것으로, 주로 중심문장을 훔쳐서 사용하는 것으로 나타난다. 한 문장에서 여섯 개 이상의 단어가 연속해서 똑같이 열거되면 문장표절로 간주한다. **단어표절**은 글쓴이의 독창성이 부여된 개념이나 용어를 출처 표시 없이 무단으로 사용하는 것이다.

이 외에도 보편적 지식이 아닌 사실이나 통계자료, 그림, 표, 사진 등을 출처 표시 없이 사용하는 것, 과제물을 사고파는 것, 온라인상에서 논문을 거래하는 것 등이 타인표절에 해당한다(김준희, 2017). 타인표절의 여러 가지 유형 중에서 학생들 사이에서 가장 빈번하게 나타나는 표절은 짜깁기다. **짜깁기**는 여러 개의 자료에서 필요한 부분만 뽑아서 출처 표시 없이 적당히 연결하여 그럴싸하게 포장하는 것이다. 물론 짜깁기도 쉬운 일은 아니다. 자료를 찾고 필요한 부분을 뽑아내고 연결하는 데 시간과 노력이 소모되기 때문이다. 하지만 아무리 시간과 노력을 많이 들여 쓴 글이라도 그 글에는 자기 생각은 없고 다른 사람의 아이디어만 들어있으므로 짜깁기한 글은 표절이다. 이렇게 짜깁기하여 글을 쓰는 데 익숙해지면 스스로 생각하는 대신 온갖 자료를 다 찾아서 쌓아두고 계속 더 좋은 자료를 찾는 데 시간과 노력을 허비하게 된다. 자기 힘으로 생각하고 자기 생각을 정리할 기회를 스스로 저버리면서 급기야 자기 생각이 없는 사람이 되는 것이다. 따라서 짜깁기는 표절이며 짜깁기한 글은 온전하게 자신의 글이 될 수 없음을 분명히 깨닫는 것이 필요하다.

표절처럼 학계에서 윤리적으로 비난받는 행위는 여러 가지가 있다. 실험이나 조사 보고서를 작성할 때 과정이나 결과를 조작 또는 왜곡하는 것, 다른 사람과 함께 조사하고 연구한 결과물을 단독으로 발표하는 것, 공동의 보고서나 논문을 작성하는 데 이바지하지 않고 이름만 올리는 것 등이 그 예다(최미숙 외, 2014). 특히 최근 학계에서는 연구 과정이나 결과를 조작하는 행위의 심각성이 크게 대두하고 있다. 자료의 조작이나 왜곡은 단지 윤리적 문제에서 그치지 않고 공공의 이익을 해치기 때문이다. 실험이나 조사를 시행하지 않고도 한 것처럼 꾸며서 논문을 쓰고 잘못된 연구 결과를 유포함으로써 누군가가 심각한 피해를 볼 수 있다. 따라서 연구 결과는 절대 왜곡하지 말아야 하며, 자료의 위조나 날조도 절대 해서는 안 된다. 연구 결과를 발표할 때도 연구에 이바지한 정도를 따져서 제1저자, 교신저자, 공동저자 등으로 구분하여 정확히 기재해야 한다(Greene, 2010). 저자는 누가 실험에 참여하여 자료를 수집하였는지, 누가 수집한 자료를 분석하고 해석하였는지, 누가 논문의 초고를 작성하였는지 등에 따라 구분된다.

(2) 자기표절

자기표절(self-plagiarism)은 자신의 이전 저작물의 일부 또는 전부를 이후 저작물에 사용하면서 출처 표시를 하지 않는 행위다. 설령 출처 표시를 하더라도 사회적으로 인정될 수 있는 범위를 넘어설 때는 자기표절로 간주한다(이인재, 2009a). 자기표절은 중복게재나 중복출판의 형태로 나타난다. 중복게재는 이전 저작물의 내용을 조금 바꾸거나 새로운 내용을 조금 보태서 다시 게재하는 행위로, 보통 같은 논문을 여러 학술지에 중복해서 싣는 것으로 나타난다. 즉, 가설이나 자료, 토론, 쟁점, 결론 등에서 상당 부분이 겹치거나 실질적으로 유사한 논문을 두 개 이상의 학술지에 게재하는 것이 중복게재다. 중복출판은 같은 출판사에서 같은 작품을 제목만 바꿔서 출판하거나 다른 출판사에서 기존 작품을 다시 출판하는 것으로 나타난다.

자기표절은 이전 저작물을 새로운 창작물로 보이게 함으로써 자신의 양심과 독자의 신뢰를 저버리는 윤리적 문제다(이인재, 2009a). 자기표절은 글쓴이가 이전 저작물에서 가져온 자료임을 독자에게 알리지 않고 이전 저작물의 자료를 다시 사용하기 때문에 독자를 속이는 것이다. 더군다나 이전 저작물의 저작권이 다른 사람에게 양도되면 자기표절은 법률적 문제가 될 수 있다. 자신의 저작물이 학술지에 실리면 저작권은 학술지를 출판하는 학회나 출판사가 가지는 게 일반적이다. 자신이 쓴 글이라도 학술지에 실리면 공적 영역에 속하게 되어 더는 자신의 것이 아니다. 그래서 이전에 자신이 쓴 글이라도 다른 글에 인용할 때는 출처를 표시해야 한다. 학술지에 실린 자신의 저작물을 출처 표시 없이 사용하면 학회나 출판사로부터 저작권침해를 이유로 소송을 당할 수도 있다(이인재, 2009b).

자기표절은 자기 자신뿐만 아니라 독자와 학회, 출판사 모두를 속인다는 데 문제의 심각성이 있다. 자신이 이전에 쓴 글을 마치 새로 쓴 글처럼 세상에 내놓고 모두가 새로운 글로 오해하게 만들기 때문이다. 그뿐만 아니라 새로운 내용을 포함하지 않은 채 같거나 유사한 저작물을 다시 게재함으로써 학문 발전을 저해한다는 문제점이 제기된다. 새로운 연구를 시도하는 것이 아니라 기존 연구를 재탕하여 연구 실적을 부풀리는 데만 급급하기 때문이다. 자기표절은 연구의 독창성과 성실성을 떨어뜨림으로써 학문적으로 의미 있는 성과가 나타나지 못하게 한다. 따라서 자신의 저작물이라도 일단 학술지에 실리면 더는 자신의 것이 아님을 명심해야 한다. 자기표절 역시 엄연히 표절이므로 자신의 저작물을 인용할 때 출처 표시를 정확히 해야 한다.

3) 표절의 문제

표절은 윤리적 문제로서 학문적 부정행위다. 다시 말해 표절은 자신의 양심에 비추어서 해서는 안 되는 올바르지 못한 행위다. 표절한 사실이 발각되건 안 되건 또는 표절로 인해 처벌을 받건 받지 않건 간에 자신의 양심에 비추어서 표절은 하지 말아야 한다. 그러나 표절은 모든 학문 분야에서 광범위하게 나타나고 있어서 실제로 많은 사람은 표절 문제의 심각성을 느끼지 못하고 있다. 자신이 하는 행위가 표절이라는 것을 의식하지 못할 수도 있지만, 표절임을 알면서도 저지르는 경우도 많다. 이 사람도 하고 저 사람도 하는데 설마 이 정도의 표절이 문제가 되겠냐는 생각으로 많은 사람이 쉽게 표절하고 있다.

표절하는 가장 큰 이유는 시간과 노력을 들이지 않고 손쉽게 결과물을 얻고 싶기 때문이다. 아무리 단순해 보이는 아이디어라도 아이디어를 만들어내려면 수

많은 시간과 노력을 들여야 한다. 셀 수 없는 밤을 지새우며 남모를 고통을 이겨내야 새로운 아이디어를 만들어내는 것이 가능하다. 글을 쓸 때도 독창적으로 표현하기 위해 다른 사람이 사용하지 않은 단어와 문장을 머릿속에서 짜내야 한다. 한 편의 글을 완성하려면 썼다가 지우고 다시 쓰는 과정을 수도 없이 반복해야 한다. 이렇게 피와 땀을 흘려야 겨우 하나의 작품을 완성할 수 있다는 것을 알기에 많은 사람이 표절의 유혹에 쉽게 빠져드는 것이다.

따라서 의도적이든 비의도적이든 표절은 비난받아 마땅하다. 단지 한두 단어, 한두 문장을 베끼는 것일지라도 그 단어 하나, 문장 하나를 만드는 데 들인 시간과 노력을 도둑질하는 것이기 때문이다. 그래서 현재 많은 국가에서는 표절을 엄연한 도둑질로 규정하고 표절에 대한 사회적 잣대를 매우 엄격하게 적용하고 있다. 교수나 연구원은 표절한 사실이 발각되면 신뢰성이나 성실성 면에서 심각한 손상을 입을뿐더러 정직이나 파면 등의 징계를 당할 수 있다. 학생은 돈을 주고 산 과제물을 제출한 사실이 발각되면 퇴학 처분을 당하기도 한다(최미숙 외, 2014). 저작권 보호가 엄격한 사회일수록 표절에 대한 사회적 잣대도 엄격한 편이다.

표절은 윤리적 문제로 그치지 않고 법률적 문제로 비화할 수 있다. 도용된 저작물이 저작권법에 따라 보호되고, 자신의 저작물이 도용된 저작물에 따르고 있음에도 원저자의 허락 없이 사용하고, 두 저작물 사이에 같거나 실질적인 유사성이 있으면 저작권침해가 된다(정진근, 유충권, 2007). 표절을 넘어서서 다른 사람의 재산권을 침해하는 저작권침해가 되어 법적 처벌을 받는 것이다. 따라서 단순히 표절을 윤리적 문제로 치부하여 가볍게 보아서는 안 된다. 여기저기서 뽑은 내용을 적당히 짜깁기하면 알아보는 사람이 없을 것이라는 안이한 생각을 가져서는 안 된다. 표절한 사실은 원저자나 제삼자에 의해 언젠가는 밝혀지므로 표절한 사실을 영원히 숨기고 살 수는 없다. 표절한 사실은 이미 돌이킬 수 없으므로 영영 남의 물건을 훔친 사람으로 낙인찍히게 되는 것이다.

3. 글쓰기 윤리

요즈음 과정으로서의 논술이 강조되면서 글쓰기 윤리에 대한 논의가 활발한 상황이다. 논술에는 주장과 주장을 뒷받침하기 위한 근거가 반드시 포함된다. 근거를 마련하기 위해 글쓴이는 다양한 방법으로 여러 가지 자료를 모으고 수집한 자료를 적절하게 인용하여 자기주장을 논리적으로 서술한다. 논술에는 다른 사람이 쓴 자료가 포함될 수밖에 없어서 자료를 올바르게 인용하는 것이 중요하다. 글쓴이는 표절하지 않고 정확하게 인용함으로써 논술의 가치를 높일 수 있다. 그래서 글쓰기 윤리는 정확한 인용을 강조한다. 더 나아가 글쓰기 윤리는 논술을 쓰는 과정 그 자체의 정직성을 강조한다. 단지 결과물을 보고 판단하는 것이 아니라 논술을 쓰는 과정을 보고 윤리적 문제가 있는지 없는지를 판단하는 것이다. 즉, 결과가 아닌 과정으로서 논술이 강조됨에 따라 연구윤리(research ethics)를 준수하면서 논술을 쓰는 것이 중요해지고 있다. 글쓰기 윤리는 단순히 표절과 연관된 윤리적 문제를 넘어서서 연구윤리에 대한 근본적 질문을 던지는 문제다. 글쓰기 윤리를 위배하면 연구윤리를 준수하지 않는 것으로 해석되어 심각한 사회문제가 된다. 따라서 글쓰기 윤리를 지키려면 우선으로 연구윤리를 이해하는 것이 필요하다.

1) 연구윤리

연구윤리는 연구자가 반드시 지켜야 할 윤리로, 정직성과 개방성, 사회적 책임, 합법성, 상호존중 등을 포함한다. 연구윤리는 주로 자연과학 분야의 연구에서 활발히 논의되고 있으며, 사회과학 분야의 연구에서는 자연과학 분야와 다른 윤리적 쟁점이 논의된다. 자연과학 분야에서 연구윤리는 인간과 동물을 대상으로 하는 실험의 설계와 수행, 위조나 날조 따위의 연구 부정행위, 연구비의 공정한 관리와 집행 등을 다룬다(최용성, 2007). 사회과학 분야에서 연구윤리는 연구 참여자의 사생활이나 권리 보호, 비밀 보장, 연구를 통해 발견된 정보의 오남용 등을 다룬다.

연구윤리를 준수하면서 글을 쓰는 것은 주제 설정을 비롯하여 자료 수집, 개요 작성, 집필, 퇴고로 이어지는 글쓰기의 전 과정에 해당하는 문제다. 글의 주제를 정하거나 자료를 수집할 때 글쓴이 자신의 편견이나 가치를 개입하지 않는 것, 자기주장을 내세울 때 주관적 판단이 아니라 객관적 근거에 의존하는 것 등이 연구윤리 준수에 해당한다. 반면에 자신이 원하는 답을 제공해 줄 수 있는 집단만을 대상으로 자료를 수집하는 것, 자신에게 유리한 자료만 이용하는 것, 수집한 자료를 주관적으로 해석하는 것 등은 연구윤리를 위배하는 것이 된다.

특히 인터뷰를 통해 자료를 수집할 때 상대방에게 수치심을 자극하는 질문을 던지거나 강제로 답을 요구하는 등의 행위는 연구윤리를 심각하게 위배하는 것이 된다. 이와 같은 연구윤리 위배는 개인의 사생활뿐만 아니라 인권을 침해하기 때문에 심각한 사회문제를 일으킬 수 있다. 또 수집된 자료를 잘 관리하고 외부로 유출하지 않고, 연구 목적 이외에 사용하지 않는 등 연구 참여 동의서에 있는 내용이 지켜져야 한다. 공동으로 작성한 글을 학술지에 발표할 때도 글을 작성하는 데 이바지한 정도에 따라 제1저자, 교신저자, 공동저자 등으로 저자를 구분해야 한다.

더 나아가 학술지에 실린 자신의 글을 출처 표시 없이 사용하는 자기표절의 우를 범하지 않아야 한다. 연구윤리 준수는 일시적이거나 제한적인 것이 아니라 반복적이고 영구적이다. 그러므로 글을 쓸 때는 항시 연구윤리를 준수하기 위해 긴장의 끈을 놓아서는 안 된다. 긴장의 끈을 놓는 순간 더 쉽고 더 편한 길을 찾으려고 하면서 연구윤리를 위배하기 때문이다. 아무리 출처 표시가 명확하고 논리적으로 전개된 글이라도 글을 쓰는 과정에 윤리적으로 문제가 있다면 그 글은 글로서의 가치가 없는 것이다. 따라서 글의 주제를 마련하는 순간부터 완성된 글을 발표할 때까지 반드시 연구윤리를 준수하는 것이 중요하다.

2) 생각하는 힘

글쓰기 윤리가 확립되려면 무엇보다도 생각하는 힘을 기르는 것이 필요하다. 스스로 생각하지 않고 다른 사람이 쓴 것을 베껴서 쉽게 결과물을 얻으려는 속셈에서 표절이 비롯하기 때문이다. 자기 힘으로 주어진 문제를 해결하는 대신 다른 사람의 아이디어에 기대어 흉내만 내는 것이 표절이다. 생각하는 사람은 스스로 문제를 발견하고 해결하는 과정 그 자체를 즐기기 때문에 자신의 말투로 글을 쓰고 결과물을 보면서 성취감을 느끼고자 한다. 다른 사람이 쓴 글을 베끼는 것은 성취감을 누릴 기회를 스스로 빼앗는 셈이므로 생각하는 사람은 표절하지 않는다. 생각하는 사람은 자신이 할 수 있는 일을 다른 사람에게 의존하여 해결하는데 심한 수치심을 느낀다. 더더군다나 표절과 같이 비윤리적 행위를 저지르는 자신을 스스로 용서하지 못한다. 따라서 글쓰기 윤리가 확립되려면 무엇보다도 생각하는 힘을 기르는 것이 필요하다.

생각하는 힘은 논술을 쓰면서 길러진다. 생각하는 힘은 매일매일 발생하는 수많은 사건과 사고에 관심을 기울이고 문제의식을 느끼며 문제를 해결하기 위해 다양한 방법을 모색하면서 길러진다. 즉, 스스로 문제를 발견하고 여러 가지 방법으로 문제를 해결하고 자기주장의 옳음을 입증하기 위해 근거를 찾는 등 논술을 쓰는 일련의 과정을 통해 생각하는 힘은 길러진다. 더 나아가 생각하는 힘은 독자를 설득하기 위해 독자의 이해와 반응을 고려하고 독자를 설득할 수 있는 표현을 찾으면서 길러진다. 논술을 통해 추론하고 비판하고 분석하는 등의 고등정신기능이 길러지는 것이다. 고등정신기능이 길러지지 않으면 자기 생각에 대한 확신이 없어서 다른 사람의 생각에 질질 끌려다닐 수밖에 없다. 자기 생각에 따라 판단하고 결정하기 위해 생각하는 힘을 기르는 것은 필수적이다. 결론적으로 생각하는 힘을 기르기 위해 논술을 써야 한다.

연구윤리 확보를 위한 지침

[시행 2023. 7. 17.] [교육부훈령 제449호, 2023. 7. 17., 전부개정.]

제1장 총칙

제1조(목적) 이 지침은 「학술진흥법」 제15조에서 위임한 사항을 정함으로써, 연구자 및 대학 등의 연구윤리를 확보하는 데 필요한 역할과 책임에 관하여 기본적인 원칙과 방향을 제시하고, 연구부정행위를 방지하기 위한 사항을 정함을 목적으로 한다.

제2조(정의) 이 지침에서 사용하는 용어의 정의는 다음과 같다.

1. "연구자"란 「학술진흥법」 제2조제5호에서 규정한 연구자를 말한다.
2. "대학 등"이라 함은 「학술진흥법」 제2조제2호, 제3호, 제4호와 제5조제2항에서 규정한 대학·연구기관·학술단체(이하 "대학 등"이라 한다)를 말한다.
3. "전문기관"이란 「학술진흥법」 제5조제2항에서 규정한 기관 중 교육부장관이 지정한 기관으로서, 연구자 및 연구기관 등을 지원하고 관리·감독하는 기관을 말한다.
4. "연구 원자료"란 연구 목적을 달성하기 위해 연구자가 실험, 관찰, 조사 등을 거쳐 수집한 가공 이전의 자료와 문헌 등을 말한다.
5. "연구자료"란 연구 원자료를 가공한 자료와 이를 활용한 2차 자료 및 문헌을 말한다.
6. "연구결과"란 연구자가 연구 활동을 통해 얻은 연구자료를 활용하여 도출한 체계화된 결론을 말한다.
7. "연구결과물"이란 연구자가 연구 활동을 통해 최종적으로 얻은 결과를 기술한 보고서·논문·간행물·단행본 등의 학술적 저작물과 지식재산을 말한다.

제3조(적용대상) ① 이 지침의 제1장 및 제2장은 제2조에서 규정한 연구자, 대학등, 전문기관에 적용한다.

② 제1항의 적용 대상자가 다음 각 호의 사업을 수행하는 경우 이 지침의 제3장도 적용한다.

1. 「학술진흥법」 제5조에 따른 학술지원사업
2. 「기초연구진흥 및 기술개발지원에 관한 법률」 제6조 및 제14조에 따른 교육부 소관 기초연구사업 및 특정연구개발사업
3. 제1호 및 제2호 외의 교육부 소관 연구개발사업
4. 그 밖에 교육부장관이 필요하다고 인정하는 사업 및 분야

제4조(적용범위) 이 지침은 연구과제 제안, 과제 수행, 과제 결과 보고 및 발표 등 전 범위에 적용하며, 다른 법령에서 정한 경우를 제외하고는 이 지침을 따른다.

제5조(연구자의 역할과 책임) 연구자는 연구의 자유에 기초하여 자율적으로 연구를 수행하되, 다음 각 호의 사항을 준수하여야 한다.

1. 연구대상자의 인격 존중 및 공정한 대우
2. 연구대상자의 개인 정보 및 사생활의 보호
3. 사실에 기초한 정직하고 투명한 연구의 진행
4. 전문 지식을 사회에 환원할 경우 전문가로서 학문적 양심 견지
5. 새로운 학술적 결과를 공표하여 학문의 발전에 기여
6. 자신 및 타인의 저작물 활용 시 적절한 방법으로 출처를 밝히는 등 선행 연구자의 업적 인정·존중
7. 연구계약의 체결, 연구비의 수주 및 집행 과정의 윤리적 책임 견지
8. 연구비 지원기관의 이해관계에 영향을 받지 않고, 연구결과물에 연구와 관련된 모든 이해관계 명시
9. 연구결과물을 발표할 경우, 연구자의 소속, 직위(저자 정보)를 정확하게 밝혀 연구의 신뢰성 제고
10. 지속적인 연구윤리교육의 참여

제6조(대학 등의 역할과 책임) ① 대학 등은 연구자가 연구에 전념하고 연구윤리를 준수할 수 있도록 합리적이고 자율적인 연구 환경과 연구 문화를 조성하는 데 적극 노력하여야 한다.
② 대학 등은 연구윤리를 확보하고 연구부정행위의 발생을 예방하기 위하여 연구수행 과정에서의 갈등이나 분쟁을 중재하거나 조정하는 기구를 설치·운영할 수 있다.
③ 대학 등은 연구부정행위가 발생하였을 경우 이에 대해 검증·판단하는 기구를 설치·운영하여야 한다.
④ 대학 등은 연구자가 연구수행 과정에서 연구윤리를 준수하고 연구부정행위를 예방할 수 있도록 정기적으로 연구윤리 교육을 실시하여야 하며 연구윤리 업무 담당자의 전문성 강화를 위하여 노력하여야 한다.
⑤ 대학 등은 교육부장관 또는 전문기관의 장이 연구윤리 실태 조사 등 연구윤리 확립을 위한 업무를 수행할 때 이에 적극 협조하여야 한다.
⑥ 대학 등은 학술지 발간, 학술대회 개최, 연구업적 관리 등을 할 경우, 관련 연구결과물의 저자 정보를 확인하고 관리하며, 교육부장관 또는 전문기관의 장으로부터 관련 자료를 요청받을

경우 이에 적극 협조하여야 한다.

⑦ 대학 등은 인지하거나 제보받은 연구부정행위 의혹에 대해 엄정하게 조사하여야 하며, 교육부장관, 전문기관 및 대학 등으로부터 소속 연구자의 연구부정행위 의혹에 대한 조사 또는 자료를 요청받을 경우 이에 적극 협조하여야 한다.

제7조(전문기관의 역할과 책임) ① 전문기관의 장은 이 지침을 토대로 하여 자체 연구윤리 지침을 마련하여야 한다.

② 전문기관의 장은 소속 구성원을 대상으로 정기적으로 연구윤리 교육을 실시하여야 한다.

제8조(연구윤리 교육 및 지원) 교육부장관과 전문기관의 장은 연구윤리 인식 확산을 위한 교육·홍보 및 정보 제공, 연구윤리 교육 자료의 개발·보급 등을 위해 필요한 지원 시책을 마련하여야 한다.

제9조(연구윤리자문위원회의 구성 및 운영) ① 교육부장관은 연구윤리 정책 등에 대한 전반적인 자문을 받기 위하여 관계전문가로 구성된 연구윤리자문위원회를 둘 수 있다.

② 연구윤리자문위원회는 위원장 1명을 포함하여 15명 이내로 구성한다.

③ 연구윤리자문위원회의 위원은 관련 분야의 학식과 경험이 풍부한 자 중에서 교육부장관이 위촉하며, 위원장은 위원 중에서 호선한다.

④ 그 밖의 연구윤리자문위원회의 운영을 위하여 필요한 사항은 위원장이 따로 정할 수 있다.

⑤ 연구윤리자문위원회의 운영에 필요한 비용은 예산의 범위 안에서 지출할 수 있다.

제2장 대학 등의 연구윤리 확립

제10조(연구윤리 자체 규정 마련) ① 대학 등은 「학술진흥법」 제15조제4항에 따라 자체적으로 연구윤리 규정을 마련할 때, 이 지침의 내용을 충실히 반영하여야 한다.

② 대학 등은 제1항의 규정을 마련할 때, 대학 등에 소속되거나 소속되었던 연구자, 직원, 학생 등에게 적용되도록 하며, 다음 각 호의 사항을 포함하여야 한다. 다만, 정부출연연구기관이 교육부 소관 연구개발사업 협약 체결 시 협약 내용에 이 지침에서 제시하는 연구부정행위의 검증, 보고, 후속조치 등을 포함하는 경우 자체 규정을 마련한 것으로 본다.

1. 연구자 및 대학 등의 역할과 책임
2. 연구부정행위의 범위
3. 연구윤리진실성위원회 구성 및 운영

4. 연구부정행위의 신고접수 및 조사 등을 담당하는 기구, 부서 또는 책임자
5. 연구부정행위 자체 조사 절차 및 기간
6. 예비조사 및 본조사 실시를 위한 위원회(이하 "조사위원회"라 한다) 등 검증기구의 구성 및 운영 원칙
7. 제보자 및 피조사자 보호 방안
8. 판정 이후의 처리 절차
9. 연구윤리 교육에 관한 사항

제11조(연구부정행위의 범위) ① 연구부정행위는 연구개발 과제의 제안, 수행, 결과 보고 및 발표 등에서 이루어진 다음 각 호를 말한다.

1. "위조"는 존재하지 않는 연구 원자료 또는 연구자료, 연구결과 등을 허위로 만들거나 기록 또는 보고하는 행위
2. "변조"는 연구 재료·장비·과정 등을 인위적으로 조작하거나 연구 원자료 또는 연구자료를 임의로 변형·삭제함으로써 연구 내용 또는 결과를 왜곡하는 행위
3. "표절"은 다음 각 목과 같이 일반적 지식이 아닌 타인의 독창적인 아이디어 또는 창작물을 적절한 출처 표시 없이 활용함으로써, 제3자에게 자신의 창작물인 것처럼 인식하게 하는 행위
   가. 타인의 연구내용 전부 또는 일부를 출처를 표시하지 않고 그대로 활용하는 경우
   나. 타인의 저작물의 단어·문장구조를 일부 변형하여 사용하면서 출처 표시를 하지 않는 경우
   다. 타인의 독창적인 생각 등을 활용하면서 출처를 표시하지 않은 경우
   라. 타인의 저작물을 번역하여 활용하면서 출처를 표시하지 않은 경우
4. "부당한 저자 표시"는 다음 각 목과 같이 연구내용 또는 결과에 대하여 공헌 또는 기여를 한 사람에게 정당한 이유 없이 저자 자격을 부여하지 않거나, 공헌 또는 기여를 하지 않은 사람에게 감사의 표시 또는 예우 등을 이유로 저자 자격을 부여하는 행위
   가. 연구내용 또는 결과에 대한 공헌 또는 기여가 없음에도 저자 자격을 부여하는 경우
   나. 연구내용 또는 결과에 대한 공헌 또는 기여가 있음에도 저자 자격을 부여하지 않는 경우
   다. 지도학생의 학위논문을 학술지 등에 지도교수의 단독 명의로 게재·발표하는 경우
5. "부당한 중복게재"는 연구자가 자신의 이전 연구결과와 동일 또는 실질적으로 유사한 저작물을 출처 표시 없이 게재한 후, 연구비를 수령하거나 별도의 연구업적으로 인정받는 경우 등 부당한 이익을 얻는 행위
6. "연구부정행위에 대한 조사 방해 행위"는 본인 또는 타인의 부정행위에 대한 조사를 고의로 방해하거나 제보자에게 위해를 가하는 행위
7. 그 밖에 각 학문 분야에서 통상적으로 용인되는 범위를 심각하게 벗어나는 행위

② 대학 등의 장은 제1항에 따른 연구부정행위 외에도 자체 조사 또는 예방이 필요하다고 판단되는 행위를 자체 지침에 포함시킬 수 있다.

제12조(연구부정행위의 판단) ① 연구부정행위는 다음 각 호의 기준으로 판단한다.

1. 연구자가 속한 학문 분야에서 윤리적 또는 법적으로 비난받을 만한 행위인지
2. 해당 행위 당시의 '연구윤리 확보를 위한 지침' 및 해당 행위가 있었던 시점의 보편적인 기준을 고려
3. 행위자의 고의, 연구부정행위 결과물의 양과 질, 학계의 관행과 특수성, 연구부정행위를 통해 얻은 이익 등을 종합적으로 고려

② 제11조제1항제7호에서 정한 '그 밖에 각 학문 분야에서 통상적으로 용인되는 범위를 심각하게 벗어난 행위'를 판단하고자 할 때에는 대학 등 연구자의 소속기관에서 금지되는 행위를 명문으로 정하고 있거나 연구자가 속한 학계에서 부정한 행위라는 인식이 널리 퍼져 있는지 등을 고려하여야 한다.

제13조(연구부정행위 제보, 접수 및 처리) ① 교육부장관, 전문기관 및 대학 등의 장은 연구부정행위 제보 접수창구를 마련하여야 한다.

② 교육부 및 전문기관이 연구부정행위에 대한 제보를 접수하거나 그 발생 사실을 인지한 경우에는 해당 기관에 내용을 이관하여 조사할 수 있도록 조치하여야 한다.

③ 제보는 구술·서면·전화·전자우편 등의 방법을 통하여 실명으로 하여야 한다. 단, 익명 제보라 하더라도 연구과제명, 논문명, 구체적인 연구부정행위 등이 포함된 증거를 서면이나 전자우편으로 제보한 경우로서 해당 증거가 신빙성이 있고 연구부정의혹이 구체적이고 명확할 때에는 전문기관 및 대학 등은 실명 제보에 준하여 처리한다.

④ 전문기관 및 대학 등은 제기된 연구부정행위 제보내용이 구체적이지 않을 경우에는 제보자에게 자료의 보완을 요청할 수 있고, 자료의 충분한 보완이 이루어진 경우 정식 제보로 처리한다.

제14조(제보자의 권리 보호) ① "제보자"란 연구부정행위를 인지하여 인지한 사실 또는 관련 증거를 해당 대학 등 또는 교육부, 전문기관에 알린 자를 말한다.

② 교육부장관, 전문기관 및 대학 등의 장은 제보자가 연구부정행위를 제보했다는 이유로 신분상의 불이익이나 근무 조건상의 차별을 받지 않도록 보호하여야 한다.

③ 제보자의 신원에 관한 사항은 정보공개의 대상이 되지 않는다.

④ 제보자가 제2항의 불이익 또는 차별받거나 자신의 의지에 반하여 신원이 노출될 경우 해당 기관은 이에 대한 책임을 진다.

⑤ 제보자는 제보 접수기관 또는 조사기관에 연구부정행위 신고 이후에 진행되는 절차 및 일정 등에 대해 알려줄 것을 요구할 수 있으며 해당 기관은 이에 성실히 응하여야 한다.
⑥ 제보내용이 허위인 줄 알았음에도 이를 제보한 제보자는 보호 대상에 포함하지 않는다.

제15조(피조사자의 권리 보호) ① "피조사자"란 제보자의 제보나 대학 등의 인지로 연구부정행위의 조사 대상이 된 자 또는 조사과정에서 연구부정행위에 가담한 것으로 추정되어 조사 대상이 된 자를 말하며, 조사과정에서의 참고인이나 증인은 이에 포함되지 아니한다.
② 조사기관은 검증과정에서 피조사자의 명예나 권리를 침해하지 않도록 주의하여야 한다.
③ 연구부정행위에 대한 의혹은 판정 전까지 외부에 공개되어서는 아니 된다. 다만, 제31조제3항 각 호의 사항이 발생하여 필요한 조치를 취하고자 할 경우에는 해당되지 아니한다.
④ 피조사자는 조사기관에 연구부정행위의 절차 및 일정 등에 대해 알려줄 것을 요구할 수 있으며, 해당 기관의 장은 이에 성실히 응하여야 한다.
⑤ 조사기관은 연구부정행위에 대한 의혹이 연구부정행위가 아닌 것으로 판정되고, 피조사자가 명예회복을 신청할 경우 명예회복을 위하여 노력하여야 한다.

제16조(연구부정행위 검증 책임주체) ① 연구부정행위에 대한 검증 책임은 해당 연구가 수행될 당시 연구자의 소속기관에 있다. 이 경우, 현재 연구자가 소속되어 있는 기관에서도 자료 제출, 조사 출석 등 검증에 협조하여야 한다.
② 연구부정행위 의혹을 받는 해당 논문을 발간한 학술단체에서도 연구부정행위를 검증할 수 있다.
③ 대학 등은 연구부정행위 검증을 위하여 조사위원회 등 관련 기관을 두어야 한다.
④ 교육부장관은 제1항의 검증책임 주체가 폐교 등의 사유로 부재한 경우, 전문기관 또는 적절한 검증책임 기관을 지정하여 조사를 실시해 줄 것을 요청할 수 있다. 이 경우 요청을 받은 기관은 특별한 사유가 없는 한 이에 응하여야 한다.

제17조(연구부정행위 검증원칙) ① 연구부정행위 여부를 입증할 책임은 해당 기관의 조사위원회에 있다. 단, 조사위원회가 요구한 자료를 피조사자가 고의로 훼손하거나 제출을 거부한 경우에 그 책임은 피조사자에게 있다.
② 조사위원회는 제보자와 피조사자에게 의견진술, 이의제기 및 변론의 권리와 기회를 보장하여야 하며 관련 절차 및 일정을 사전에 반드시 알려주어야 한다. 이 경우 피조사자에게는 해당 제보내용을 함께 알려주어야 한다.
③ 대학 등의 장은 조사위원회가 부당한 압력이나 간섭받지 않고 독립성과 공정성을 유지할 수 있도록 노력하여야 한다.

제18조(연구부정행위 검증 절차) ① 전문기관 및 대학 등의 장이 연구부정행위를 검증하고자 할 경우에는 "예비조사"와 "본조사", "판정"의 절차를 거쳐야 한다.
② 해당 기관의 장은 연구부정행위에 대한 충분한 혐의를 인지하였을 경우에는 예비조사 없이 바로 본조사에 착수할 수 있다.
③ 대학 등의 장은 연구부정행위 검증을 위해 제16조제1항에 따른 해당 연구가 수행될 당시 연구자의 소속기관에서 협조를 요청할 경우 이에 적극 응하여야 한다.
④ 대학 등의 장이 연구자의 연구부정행위를 제보받아 검증하였을 때에는 그 결과를 해당 연구자의 소속기관 및 해당 논문의 발간 학술단체에 통보하여야 한다.

제19조(대학 등의 연구윤리진실성위원회 구성 및 운영) ① 대학 등은 연구윤리 확립을 위하여 위원장 1명을 포함하여 5명~15인 내외의 위원으로 연구윤리진실성위원회를 구성한다.
② 연구윤리진실성위원회는 다음 각 호에 대해서 심의·의결한다.
1. 연구윤리 및 연구부정행위 관련 제도의 수립·운영에 관한 사항
2. 연구윤리 확립 및 교육에 관한 사항
3. 연구부정행위 제보의 접수와 처리에 관한 사항
4. 예비조사 및 본조사 실시를 위한 위원회 구성·운영에 관한 사항
5. 예비조사 및 본조사의 조사 결과 승인에 관한 사항
6. 제보자 및 피조사자 권리 보호에 관한 사항
7. 연구부정행위 검증 결과의 처리 및 후속조치에 관한 사항
8. 기타 위원장이 부의하는 사항

제20조(예비조사) ① 예비조사는 연구부정행위 의혹에 대하여 본조사 실시 여부를 결정하기 위한 요건을 검토하는 절차로, 제보를 접수한 날로부터 30일 이내에 착수하고, 착수 후 30일 이내에 완료하는 것을 원칙으로 한다. 단, 이 기간 내에 조사가 이루어지기 어렵다고 판단될 경우 제보자 및 피조사자, 제보사실 이관기관에게 그 사유를 통보하고 조사 기간을 연장할 수 있다.
② 예비조사는 예비조사위원회를 구성하여 실시하되, 예비조사위원회 구성에 관한 구체적인 사항은 해당 기관의 장이 자율적으로 정한다.
③ 해당 기관의 장은 피조사자가 연구부정행위 사실을 모두 인정할 경우에는 본조사를 거치지 않고 바로 판정을 내릴 수 있다.
④ 해당 기관의 장은 증거자료에 대한 중대한 훼손 가능성이 있다고 판단되는 경우에는 조사위원회 구성 이전이라도 제24조제2항에 따른 증거자료 보전을 위한 조치를 취할 수 있다.
⑤ 해당 기관의 장은 예비조사가 종료된 날로부터 10일 이내에 제보자에게 예비조사 결과를 문

서로 통보하여야 하며, 본조사를 실시하지 않기로 결정한 경우에는 이에 대한 구체적인 사유를 포함하여야 한다. 단, 익명 제보의 경우는 그러하지 않는다.

제21조(본조사) ① 본조사는 연구부정행위의 사실 여부를 입증하기 위한 절차로, 제22조에 따른 조사위원회를 구성하여 실시하여야 한다.
② 조사위원회는 제보자와 피조사자에게 의견진술 등의 기회를 주어야 하며, 당사자가 이에 응하지 않을 경우에는 이의가 없는 것으로 간주한다.

제22조(조사위원회 구성 등) ① 해당 기관의 장은 본조사를 위해 위원장 1명을 포함한 5명 이상으로 조사위원회를 구성하여야 한다.
② 제1항의 조사위원회 또는 검증기구를 구성할 경우에는 다음 각 호의 조건을 모두 충족하여야 한다.
1. 조사위원 전체에서 외부인의 비율이 30% 이상이어야 함
2. 조사위원 중 해당 연구 분야 전문가 50% 이상으로 하되, 이 중 소속이 다른 외부 전문가 1인 이상이 반드시 포함되어야 함

제23조(조사위원의 제척·기피·회피 등) ① 다음 각 호의 어느 하나에 해당하는 경우에는 당해 사건에 조사위원이 될 수 없다.
1. 제보자 또는 피조사자와 민법 제777조에 따른 친인척 관계가 있거나 있었던 자
2. 제보자 또는 피조사자와 사제관계에 있거나 공동으로 연구를 수행하거나 하였던 자
3. 기타 조사의 공정성을 해할 우려가 있다고 판단되는 자

② 연구윤리진실성위원회 위원장은 본조사 착수 이전에 제보자에게 조사위원 명단을 알려야 하며, 제보자는 조사위원이 불공정한 의결을 할 우려가 있다고 인정할 만한 타당한 사유가 있을 때에는 그 사실을 서면으로 밝히고 기피 신청할 수 있다.
③ 연구윤리진실성위원회는 제2항의 기피 신청이 타당하다고 인정하는 때에는 기피 결정을 하여야 하며, 기피 신청의 대상이 되는 위원은 기피 결정에 관여하지 못한다.
④ 조사위원이 조사대상 과제와 이해관계가 있는 경우 스스로 회피 신청을 하여야 한다.

제24조(조사위원회의 권한) ① 조사위원회는 조사과정에서 제보자, 피조사자, 증인 및 참고인에게 진술을 위한 출석을 요구할 수 있으며, 이 경우 피조사자는 반드시 이에 응하여야 한다.
② 조사위원회는 피조사자에게 자료의 제출을 요구할 수 있으며, 증거자료의 보전을 위하여 해당 기관의 장의 승인을 얻어 연구부정행위 관련자에 대한 실험실 출입제한 및 관련 자료의 보전

을 위한 조치를 취할 수 있다.
③ 조사위원회는 해당 기관의 장에게 연구부정행위 관련자에 대한 적절한 제재조치를 건의할 수 있다.

제25조(판정) ① "판정"은 해당 기관의 장이 조사 결과를 확정하여 이를 제보자와 피조사자에게 문서로 통보하는 것을 말한다.
② 예비조사 착수 이후 판정까지의 모든 조사는 6개월 이내에 종료하여야 한다. 단, 이 기간 내에 조사가 이루어지기 어렵다고 판단될 경우 해당 기관은 제보 사실 이관기관, 제보자 및 피조사자에게 그 사유를 통보하고 조사 기간을 연장할 수 있다.

제26조(이의신청) ① 제보자 또는 피조사자는 예비조사 결과 또는 본조사 판정 결과에 이의가 있는 경우 그 결과를 통보받은 날부터 30일 이내에 조사를 실시한 기관의 장에게 서면으로 이의신청을 할 수 있다.
② 조사를 실시한 기관의 장은 제1항에 따른 이의신청이 특별한 사유가 없으면 이의신청이 접수된 날로부터 60일 이내에 처리하여야 한다.
③ 이의신청이 타당하다고 인정되는 경우, 예비조사 결과에 대하여는 예비조사위원회 구성 형태로, 본조사 판정 결과에 대하여는 본조사위원회 구성 형태를 갖추어 조사하여야 한다.

제27조(연구부정행위에 대한 조치) ① 대학 등의 장은 연구부정행위에 대한 판정과 이의신청에 관한 모든 절차를 종료한 후, 연구부정행위에 대해 적절한 조치를 취하여야 한다.
② 연구부정행위에 대한 조치의 내용은 대학 등의 내부 규정과 관련 법령 그리고 사회 일반의 인식에 반하지 않도록 하여야 한다. 이때 대학 등의 장은 징계 등의 조치가 당해 연구부정행위에 상당한 수준으로 비례성이 있는지 등을 고려하여야 한다.

제3장 교육부 소관 연구개발사업에 대한 특칙

제28조(연구부정행위 검증 책임주체의 예외) 대학 등의 장은 제16조제1항에도 불구하고 다음 각 호의 어느 하나에 해당되는 때에는 교육부장관이 지정하는 전문기관의 장에게 조사를 실시해 줄 것을 요청할 수 있다. 요청받은 전문기관의 장은 특별한 사유가 없는 한 이에 응하여야 한다.

1. 검증 전문가 확보가 어려워 자체 조사가 곤란한 경우
2. 공정하고 합리적인 조사를 할 수 없다고 판단한 경우
3. 2개 이상의 연구기관이 참여한 연구부정행위에 대한 검증이 원활하게 이루어지지 않을 경우

제29조(연구윤리 교육) 교육부 소관 연구개발사업을 수행하는 연구자는 협약에 따라 교육부장관이 지정하는 교육기관의 연구윤리 교육을 이수하여야 한다.

제30조(재조사) ① 교육부 소관 연구개발사업에 대하여 제보자 또는 피조사자는 제26조의 이의신청에 대한 처리결과에 이의가 있는 경우 그 결과를 통보받은 날부터 30일 이내에 교육부장관 또는 교육부장관이 지정하는 전문기관의 장에게 당해 건에 대하여 재조사를 요청할 수 있다.
② 교육부장관 또는 교육부장관이 지정하는 전문기관의 장은 다음 각 호의 경우 적절한 조치를 취하여야 한다.

1. 제1항에 따른 제보자 또는 피조사자의 재조사 요청 내용에 합리적인 이유가 있다고 인정되는 경우
2. 대학등의 판정 또는 절차에 중대한 하자가 발견되어 재조사가 필요한 경우

제31조(조사결과의 제출) ① 전문기관 및 대학 등의 장은 제3조제2항의 사업 수행 결과에 대해 예비조사 및 본조사를 실시한 경우, 이의신청 처리를 포함한 조사 결과를 종료 후 각각 30일 이내에 교육부장관에게 제출하여야 한다.
② 제1항의 보고서에는 다음 각 호의 사항이 반드시 포함되어야 한다.

1. 예비조사의 경우
   가. 제보의 내용
   나. 조사 결과
   다. 본조사 실시 여부 및 판단의 근거
   라. 제보자와 피조사자의 진술내용
2. 본조사의 경우
   가. 제보의 내용
   나. 조사 결과
   다. 조사위원회의 위원 명단
   라. 해당 연구에서의 피조사자의 역할과 연구부정행위의 사실 여부
   마. 관련 증거 및 증인, 참고인 기타 자문에 참여한 자의 명단
   바. 제보자와 피조사자의 진술 내용
   사. 검증 결과에 따른 판정 결과
   아. 연구부정행위에 따른 처리 계획

③ 대학 등의 장은 제2항의 조사과정에서 다음 각 호의 사항을 발견한 경우 즉시 교육부장관 및 전문기관의 장에게 보고하여야 하며, 이를 보고받은 교육부장관 및 전문기관의 장과 조사를 실

시한 연구기관 등의 장은 수사기관에 수사 의뢰 또는 고발 등의 조치를 취해야 한다.

1. 법령 또는 해당 규칙에 중대한 위반사항
2. 공공의 복지 또는 안전에 중대한 위험이 발생하거나 발생할 우려가 명백한 경우
3. 기타 전문기관 또는 공권력에 의한 조치가 필요한 경우

제32조(조사결과에 대한 후속조치) ① 교육부장관은 제31조제1항에 따라 통보받은 조사결과가 연구부정행위로 판단되는 경우에는 연구부정행위자에 대한 징계 요구, 「학술진흥법」 제19조 및 제20조에 의한 사업비 지급 중지 및 환수, 학술지원대상자 선정 제외 등의 후속조치를 취할 수 있으며, 이를 연구자의 소속기관에 통보하여야 한다.

② 교육부장관은 제31조제1항에 따른 보고서가 합리성과 타당성에 문제가 있다고 판단되는 경우, 조사를 실시한 기관에 대하여 추가조사 및 조사와 관련된 자료의 제출을 요구하거나 필요한 경우 직접 재조사를 실시할 수 있다.

제33조(조사의 기록과 정보의 공개) ① 조사를 실시한 기관은 조사과정의 모든 기록을 음성, 영상, 또는 문서의 형태로 반드시 5년 이상 보관하여야 하며, 교육부는 제31조제1항에 따라 제출받은 해당 보고서를 10년 이상 보관하여야 한다.

② 조사 보고서 및 조사위원 명단은 판정이 끝난 이후에 공개할 수 있다.

③ 조사위원, 증인, 참고인, 자문에 참여한 자의 명단 등은 당사자에게 불이익을 줄 가능성이 있을 경우 공개하지 않을 수 있다.

제34조(업무의 위탁) 교육부장관은 이 지침에서 정한 연구부정행위의 접수 및 조사에 관한 사항, 수사 의뢰 또는 고발 등에 관한 사항, 후속조치 및 조사, 보고서의 보관 등에 관한 사항을 전문기관에 위탁할 수 있다.

제35조(재검토 기한) 「훈령·예규 등의 발령 및 관리에 관한 규정」에 따라 2023년 1월 1일 기준으로 매 3년이 되는 시점(매 3년째의 12월 31일까지를 말한다)마다 그 타당성을 검토하여 개선 등의 조치를 하여야 한다.

부칙〈제449호, 2023. 7. 17.〉

이 지침은 발령한 날부터 시행한다.

참고문헌

강명구, 김희준, 정윤석, 김상현, 김재영, 김재호, 김준성, 오윤선, 이경우, 이상원, 정병기 (2008). **과학기술 글쓰기**. 서울: 서울대학교 출판부.

고려대학교 사고와 표현 편찬위원회 (2005). **글쓰기의 기초: 사고와 표현**. 서울: 고려대학교 출판부.

공성수, 이요안 (2017). 자료기반 글쓰기(Source-Based Writing)를 통한 읽기-쓰기 통합 교육 모형 연구. **교양교육연구, 11**(2), 211-254.

구연상 (2007). 논술(論述)의 뜻과 성격. **철학논총, 50**(4), 3-24.

구연상 (2008). 글쓰기의 목적과 사무침. **철학과 문화, 17**, 1-33.

권대호 (2014). 토론 담화의 논증 구성과 쟁론 수행에 관한 연구. 한양대학교 대학원 박사학위논문.

권순희 (2009). 논리적인 글쓰기 능력 향상을 위한 연구: 초등학생을 대상으로. 창원대학교 대학원 박사학위논문.

권재술, 손천택, 이성흠 (2012). **학문적 글쓰기의 이해**. 경기: 교육과학사.

권재일 (2005). **20세기 초기 국어의 문법**. 서울: 서울대학교 출판부.

권혁래, 김미영, 박삼열, 박연숙, 박진 (2009). **읽기와 쓰기**. 서울: 숭실대학교 출판부.

글쓰기교재편찬위원회 (2004). **글쓰기의 이론과 실제: 미래를 여는 사고와 표현**. 서울: 경희대학교 출판국.

기초글쓰기교재편찬위원회 (2015). **기초글쓰기: 사고와 표현**. 대전: 궁미디어.

김광덕 (2016). 의사소통 중심의 논술 지도 방안 연구. 인천대학교 교육대학원 석사학위논문.

김광수 (2002). 비판적 사고론. **철학연구, 58**, 5-42.

김기효 (2014). 주제문의 발현(發現)양상에 따라 빈칸의 내용을 추론하는 방안. 인제대학교 교육대학원 석사학위논문.

김돈, 고원, 김세령, 이민호, 이수곤, 전승주 (2013). **대학 글쓰기와 커뮤니케이션**. 서울: 아카넷.

김명석, 김희균, 박민영, 박성순, 배식한 (2009). 글쓰기. 서울: 성신여자대학교출판부.

김문수 (2017). 논술의 기술: 합격을 부르는 좋은 글은 첫 문장에서 비롯된다. 서울: 서교출판사.

김미경 (2002). 한국어 문어체 담화와 대화체 담화의 선호논항구조 비교. 언어, 27(3), 315-343.

김미나 (2015). 초등 학습자의 문법 개념 연구: 품사와 문장 성분을 중심으로. 서울대학교 대학원 석사학위논문.

김미자 (1998). 문단 구체화 전략의 적용 Ⅱ: 설명, 서사, 묘사를 중심으로. 광주초등국어교육연구, 3(1), 181-202.

김민아, 김승희 (2017). 융합인재교육(STEAM)에 대한 유아교사의 인식 및 활성화 방안. 한국보육지원학회지, 13(5), 65-91.

김수경 (2022). 학습자의 질문을 통해 본 개요 작성 교육. 교양학연구, 21, 93-122. http://dx.doi.org/10.24173/jge.2022.10.21.4

김승희 (2011). 다문화가족 자녀의 정체성 문제에 관한 질적 연구. 가족과 문화, 23(3), 25-61.

김승희 (2016). 사회적 자본의 관점에서 본 조손가족 조부모의 양육문제 해결방안. 육아정책연구, 10(1), 1-30.

김승희 (2017a). 유아사회과교육. 서울: 학지사.

김승희 (2017b). 유아 다문화교육. 경기: 정민사.

김승희 (2021). 영유아발달. 경기: 정민사.

김승희 (2023). 교수-학습 모형과 방법을 활용한 유아과학교육. 서울: 학지사.

김연미 (2012). 초등학생의 유머감각과 창의적 성향에 관한 연구. 명지대학교 사회교육대학원 석사학위논문.

김영실, 윤진주 (2015). 유아교사와 유아를 위한 논리·창의·논술교육. 경기: 공동체.

김영일 (2009). 시각장애인의 도서관자료 접근·이용권 확대 방안. 시각장애연구, 25(3), 1-13.

김영정 (2005). 비판적 사고의 9요소와 9기준. 대한토목학회지, 53(11), 217-225.

김영채 (2011). 독서이해와 글쓰기. 경기: 교육과학사.

김영채 (2013). 사고력 교육: 이론과 실제. 서울: 유원북스.

김영희, 김예림, 송은영, 이인영, 이진형, 정희모, 진영복 (2013). 현대사회와 비판적 글쓰기. 서울: 도서출판 박이정.

김용준 (2019). Big 5 성격 요소와 머신 러닝 알고리즘을 통한 창의적인 사람들의 특징 연구. *The Journal of the Institute of Internet, Broadcasting and Communication, 19*(1), 97-102. https://doi.org/10.7236/JIIBC.2019.19.1.97

김욱동 (2008). **포스트모더니즘**. 서울: 연세대학교 출판부.

김윤경 (2010). 제재의 내용 조직하기를 통한 개요 작성 지도 방안 연구. **독서교육연구, 6**, 30-56.

김윤수 (2011). 한국어교육에서 청유문 화행 연구: 한국어 교재를 중심으로. 충북대학교 교육대학원 석사학위논문.

김원경, 김우진 (2004). **인터넷 길라잡이: 나는 정말 이런 인터넷 활용서가 필요했다!** 서울: 정보문화사.

김은경, 이경화, 유경훈 (2010). 대학생들의 창의적 능력과 창의적 성향에 관한 인식 조사. **창의력교육연구, 10**(2), 5-26.

김재문 (2004). **프로기획자의 전략적 사고**. 서울: 새로운 제안.

김정연 (2012). 설득적 텍스트 쓰기 교육 연구: 논증 구조의 고쳐쓰기를 중심으로. 서울대학교 대학원 석사학위논문.

김준희 (2017). 인용의 출처 표기 방법에 관한 연구: 주석과 참고문헌 작성 방법을 중심으로. **아시아문화연구, 43**, 55-81.

김천기, 노상우, 박휴용, 이정애, 임은미 (2013). **다문화교육의 이해와 실천**. 경기: 교육과학사.

김한샘 (2015). 한국어 교재에 나타난 고맥락 문화 양상 연구. 경희대학교 교육대학원 석사학위논문.

김해식 (2011). **가장 기본적이고 실용적인 글쓰기 특강**. 서울: 파라북스.

김현경 (2007). 문단 쓰기 교수·학습 양상 연구. 부산교육대학교 교육대학원 석사학위논문.

김화진 (2007). 학술적 글쓰기의 자료 수집과 활용: 동성파시론(桐城派時論)의 연구주제를 중심으로. **인문과학연구, 25**, 71-85.

김희수, 김용환, 하정연 (2013). **유아교과 논리 및 논술: 예비 유아교사를 위한 문장과 글쓰기**. 서울: 태영출판사.

김희정, 박은진 (2016). **비판적 사고를 위한 논리**. 경기: 아카넷.

남형두 (2009a). 표절과 저작권침해: 저작권 측면에서 본 표절에 관한 학제적 연구의 기초. **창작과 권리, 54**, 32-68.

남형두 (2009b). 표절사례 연구: 학술저작물을 중심으로. **법조협회, 58**(5), 259-320.

노양진 (2004). **논리적 사고의 길: 형식논리와 사고의 방법**. 광주: 전남대학교 출판부.

루찐 (2012). 한·중 문장성분 생략의 비교 연구. 선문대학교 일반대학원 석사학위논문.

류희찬, 장인옥 (2010). LOGO를 이용한 프로젝트 학습에서 나타난 초등 수학영재 학생들의 전략적 사고. **수학교육학연구, 20**(4), 459-476.

리기덕 (2004). 개성있는 글을 짓게 하려면. **중국조선어문, 3**. 58-59.

문성학 (2015). 다차원적 개념으로서의 논술. **철학연구, 133**, 73-98.

문영진 (2000). **한국 근대산문의 읽기와 글쓰기**. 서울: 소명출판.

문장수 (2013). 논리규칙에 대한 언어학적 정당화와 발생학적 정당화. **철학연구, 125**, 137-161.

박건삼 (2008). **PD 길라잡이**. 서울: 김&정.

박구용 (2006). 무엇이 논술이며, 왜 논술인가. **중등우리교육**, 32-35.

박동호 (2005). 귀납추론과 유추를 통한 사고-학습지도에 대한 고찰: 중학교 교육과정 중심으로. 대구대학교 교육대학원 석사학위논문.

박만엽 (2011). 비판적 사고와 논증 분석: '발표와 토론'을 중심으로. **사고와 표현, 4**(1), 63-101.

박상원 (2010). 학교수학에 제시된 용어의 정의 유형 분류: 중·고등학교 교과서를 중심으로. 서강대학교 교육대학원 석사학위논문.

박석환 (2008). **만화보다 쉽고 재미있는 만화 리뷰 쓰기**. 서울; 랜덤하우스코리아.

박성호 (2010). 자기표절, 저작권, 그리고 민주시민사회. **한양법학, 30**, 249-272.

박아르마, 이찬규 (2004). **글쓰기란 무엇인가: 글쓰기의 이론과 실제**. 서울: 여름언덕.

박영목 (2008). **작문 교육론**. 서울: 역락.

박우현 (2015). **논리를 모르면 웃을 수도 없다**. 서울: 책세상.

박은영 (2010). 논리적 글쓰기에서 조직과 표현의 양상 분석. 광주교육대학교 교육대학원 석사학위논문.

박은주 (2012). 건강가정지원센터의 조손가족을 위한 통합지원서비스 효과성 연구: 손자녀 자아존중감과 조부모 양육 스트레스를 중심으로. 목원대학교 대학원 석사학위논문.

박인진 (2002). 문장의 속성. **외대논총, 25**(2), 597-615.

박정하, 정은주, 최훈 (2002). **대학인을 위한 논술: 이론편**. 서울: 세종서적.

박준형, 송진웅 (2017). 열 현상에 대한 초등학생들의 문제해결 과정에서 나타나는 직관적 사고의 특징: 발현의 맥락 및 논리적 사고와의 관계를 중심으로. *Journal of the Korean Association for Science Education, 37*(3), 523-537.

박지동 (2006). **논술의 방법: 판단력과 논리의 수준을 높인 대입·취업 준비**. 서울: 다지리.

박지운 (2006). 사고 모자 활동을 이용한 학습지도가 초등학교 아동의 사고력과 학업성취도에 미치는 영향. 가톨릭대학교 교육대학원 석사학위논문.

박청희 (2013). 현대 국어의 생략 현상 연구. 고려대학교 대학원 박사학위논문.

방수정 (2017). 학교 문법의 문장 성분에 관한 연구: 역대 교육과정과 문법 교과서를 중심으로. 서강대학교 교육대학원 석사학위논문.

배상복 (2006). **일반인을 위한 글쓰기 정석**. 서울: 경향미디어.

배채진, 이부현, 이상원 (2008). **사고와 표현**. 서울: 서현사.

배현정 (2009). 쓰기 교육을 위한 시각 자료의 해석 양상 연구. 상명대학교 교육대학원 석사학위논문.

백종현 (2004). **철학의 주요개념.** 서울: 서울대학교 철학사상연구소.

변영진 (2013). 비트겐슈타인의 언어 논리와 형이상학. **논리연구, 16**(3), 309-346.

생각공장 (2014). **논리와 비판적 사고.** 대구: 글고운.

서경원 (2013). 고등학생의 글쓰기 오류 양상 연구: 논술문을 중심으로. 연세대학교 교육대학원 석사학위논문.

서울대학교 대학국어작문편찬위원회 (2000). **대학국어작문.** 서울: 서울대학교 출판부.

서정혁 (2008). **논술 교육, 읽기가 열쇠다.** 서울: 커뮤니케이션북스.

성기산 (2000). 교육적 이상으로서의 비판적 사고. **교육연구, 8**, 57-75.

송명진 (2016). 대학 글쓰기 주제 선정 현황과 '주제 정하기' 교육 방안 연구. **대학작문, 16**, 219-239.

송무아 (2006). 논술 텍스트의 구조 분석 및 단락 형성 방안 연구. 연세대학교 교육대학원 석사학위논문.

송문석 (2007). 효과적인 논술교육 방법 연구. **교육과학연구, 9**(2), 191-204.

송준호 (2009). **좋은 문장 나쁜 문장.** 경기: 살림출판사.

송현종 (2010). 논술 지도 방법 연구. 원광대학교 교육대학원 석사학위논문.

신병철 (2005). **논술의 법칙: 법칙을 알면 해법이 보인다.** 서울: (주)살림출판사.

신봉섭 (2017). **교직으로 가는 논리 논술.** 서울: 학지사.

신용일 (2009). 전략적 사고의 이해와 중요성. **자치발전, 1**, 66-69.

신원선 (2005). 한국 극영화에 나타난 표절과 모방에 관한 고찰: 〈오! 브라더스〉와 〈레인맨〉을 중심으로. **한민족문화연구, 16**, 129-156.

신해현 (2002). 초등학교 수학 교과서에 제시된 용어의 정의 유형 분석. 서울교육대학교 교육대학원 석사학위논문.

신형기, 정희모, 김성수, 이강엽, 이재성, 김현주, 권명아, 백문임 (2007). **글쓰기.** 서울: 연세대학교 출판부.

신형기, 정희모, 최기숙, 이재성, 김성수, 김병길, 김선정, 김현주 (2008). **대학 글쓰기.** 서울: 삼인.

양용철 (2013). 기초적 사고 기능의 개발을 위한 수업 조건. **사고개발, 9**(2), 23-46.

여영서, 정규태 (2006). 과학적 글쓰기와 논술. **철학논총, 42**(1), 507-523.

연세대학교 연구처 (1998). **새논문작성법.** 서울: 연세대학교 출판부.

오경균 (2009). 글쓰기 전략에 관한 연구: 표현 전략을 중심으로. 한남대학교 대학원 석사학위논문.
오병곤, 홍승완 (2008). 내 인생의 첫 책쓰기: 인생 반전을 위한 특별한 프로젝트. 서울: 위즈덤하우스.
오수현, 김승희 (2016). 교사 배경 변인에 따른 유아교사의 행복감. 학습자중심교과교육연구, 16(10), 141-165.
오현아, 강효경 (2017). 문장 유형 교육 내 감탄문 설정 문제 검토. 새국어교육, 110, 305-345.
오현정 (2011). 논술문 쓰기 교육 내용에 관한 연구. 상명대학교 교육대학원 석사학위논문.
유광수, 임진영, 김기란, 주형예, 강현조 (2013). 비판적 읽기와 소통의 글쓰기. 서울: 도서출판 박이정.
유시민 (2015). 유시민의 글쓰기 특강. 경기: (주)도서출판 아름다운사람들.
유정식 (2011). 문제해결사: 경영 컨설턴트처럼 문제해결하기. 서울: 지형.
윤유담 (2017). 존재의 사유를 통한 자아표현 연구: 본인의 작품을 중심으로. 목원대학교 대학원 석사학위논문.
윤호병 (2008). 효과적인 글쓰기: 이론과 실제. 서울: 국학자료원.
이강범 (2008). '비판적 사고'에 대한 고찰과 그 활용: Delphi Report를 중심으로. 연세대학교 교육대학원 석사학위논문.
이명무 (2004). 컴퓨터의 이해. 서울: 한국외국어대학교 출판부.
이상욱, 문태순, 김미애 (2010). 예비교사를 위한 논리와 논술. 서울: 학지사.
이상태 (2005). 논술 명제의 유형에 관하여. 중등교육연구, 53(2), 183-198.
이성호 (2014). 요약하기를 활용한 논리적 글쓰기 수업방법 연구. 국민대학교 교육대학원 석사학위논문.
이세은 (2010). 고쳐쓰기 과정에서의 동료 피드백 수용 양상 연구: 중학교 3학년의 설득적 글쓰기를 중심으로. 고려대학교 교육대학원 석사학위논문.
이수룡 (2015). 비판적 사고성향과 메타인지가 토론능력에 미치는 영향. 경희대학교 언론정보대학원 석사학위논문.
이영광 (1997). 김소월시의 수미 상관과 전통의 창조적 계승. 어문논집, 36, 361-376.
이은경, 이은하 (2014). 유아교사를 위한 논리 및 논술: 동화를 활용한 논리·논술의 실제. 서울: 동문사.
이은자 (2014). 신문의 사설 및 칼럼에 나타난 고전 인용의 문제점. 한국어문학연구, 62, 421-447.
이인재 (2009a). 자기표절의 쟁점. 윤리연구, 73, 1-19.
이인재 (2009b). 중복게재의 문제점과 연구윤리의 정립 방안. 한국철학논집, 26, 305-323.

이재성 (2012). 학술적 에세이에 나타난 대학생의 문장 구성 양상 연구. **교양교육연구, 6**(3), 569-589.

이재성 (2014). 문장 분석에 기초한 문장 쓰기 교육의 효과 및 문장 구성의 특징 연구: 대학생 필자의 칼럼 글을 대상으로. **인문논총, 28**, 35-57.

이정찬 (2012). 작문 교육에서의 'paragraph'의 번역과 적용에 관한 연구. **작문연구, 16**, 49-75.

이창후 (2011). **나를 성장시키는 생각의 기술: 합리적으로 생각하고 글쓰고 말하기**. 서울: 소울메이트.

이현주 (2012). 텍스트성 중심의 논술 첨삭 기준 설정 연구. 서울교육대학교 교육대학원 석사학위논문.

이현진 (2009). 문장 성분을 활용한 문장 쓰기 지도 자료 개발. 부산교육대학교 교육대학원 석사학위논문.

이화여자대학교출판부 (2002). **연구 방법과 논문 작성법**. 서울: 이화여자대학교출판문화원.

이황직 (2007). 작문 교과에서 논술 교육의 전략과 방법. **작문연구, 4**, 87-115.

이희수, 백평구 (2010). 전략적 사고에 기초한 평생교육 정책 분석과 시사점: 평생교육법 개정 이후를 중심으로. **평생교육학연구, 16**(3), 183-209.

임정섭 (2009). **글쓰기 훈련소: 간단하고 쉽게 글 잘 쓰는 전략**. 서울: 경향미디어.

임주연 (2009). 제재의 내용 조직하기를 통한 개요 작성 지도 방안 연구. 국민대학교 교육대학원 석사학위논문.

임지룡 (2002). 글쓰기를 위한 문법교육 텍스트. **국어교육연구, 34**(1), 217-248.

장미영 (2010). **백지공포증이 있는 대학생을 위한 글쓰기**. 서울: 북오션.

장요한 (2007). '문장의 확장'에 대한 소고. **시학과 언어학, 14**, 191-220.

장윤재, 박지영 (2007). **내 모자 밑에 숨어 있는 창의성의 심리학: 세상을 변화시키는 힘, 창의성의 심리 여행**. 서울: 가산출판사.

장인선 (2003). 효과적인 논술문 쓰기 지도 방법 연구. 대전대학교 교육대학원 석사학위논문.

장하늘 (2007). **문장력 높이기 기술: 단숨에 원고지 10장을 쓰는 문장 비법**. 서울: 다산초당.

장하늘 (2009). **글쓰기 표현사전: 문장 표현의 거의 모든 것**. 서울: 다산초당.

전동진 (2012). 글쓰기 윤리의 정립과 윤리의식 제고 방안 연구: '표절유형과 인용법'을 중심으로. **국제어문, 55**, 565-598.

전미옥, 탁정언 (2006). **일하면서 책쓰기: 컨셉의 명수에게 배우는 책쓰기 전략**. 경기: 살림.

전상국 (2012). **전상국의 즐거운 마음으로 글쓰기**. 서울: 연인M&B.

정아름 (2010). 창의적 사고 기능을 활용한 과학 글쓰기 지도방안의 개발 및 적용. 서울교육대학교 교육대학원 석사학위논문.

정옥연 (2003). 비도서 자료의 교육적 활용방안에 관한 연구: 서울지역 중등학교도서관을 중심으로. 중앙대학교 대학원 석사학위논문.

정제한 (2002). 국어 문단의 구조와 유형에 관한 연구. 전주대학교 대학원 박사학위논문.

정진근, 유충권 (2007). 표절과 저작권, 무엇이 문제인가? **경영법률**, 18(1), 653-683.

조성민 (2011). **논리와 토론·논술**. 경기: 교육과학사.

조연순, 성진숙, 이혜주 (2008). 창의성 교육: 창의적 문제해결력 계발과 교육 방법. 서울: 이화여자대학교 출판부.

조영미 (2001). 학교수학에 제시된 정의에 관한 연구. 서울대학교 대학원 박사학위논문.

조희형 (2014). **자연과학 글쓰기: 방법과 기능**. 경기: 교육과학사.

진미향 (2016). 문장 구성 능력 발달 연구. 부산대학교 대학원 석사학위논문.

진수테리 (2007). **펀을 잡아라: 웃다가 성공한 여자, 진수 테리의 펀펀 fun fun한 경영**. 경기: 김영사.

채석용 (2011). **나를 성장시키는 독서법: 책에게 질문을 던지는 소통의 책 읽기 노하우**. 서울: 소울메이트.

최미숙, 박재현, 이승희, 최홍원, 전영옥 (2014). **사고와 표현**. 서울: (주)사회평론아카데미.

최미자 (2006). 초등학교 아동의 학업적 자기효능감, 학교생활적응 및 창의적 성향과의 관계. 한국교원대학교 교육대학교 석사학위논문.

최봉영 (2005). **한국 사회의 차별과 억압**. 경기: 지식산업사.

최상진 (2011). **한국인의 심리학**. 서울: 학지사.

최선희 (2015). 대학생의 글쓰기 동인 활성화를 위한 글쓰기 교수법 연구: 글쓰기 과정 학습의 실천을 중심으로. **대학작문**, 11, 189-233.

최선희 (2017). 학습자 오개념 분석을 통한 교육 내용 개선 방향: 초등학교 국어 교과서 '문장의 종류' 단원을 중심으로. **새국어교육**, 111, 145-184.

최세영 (2011). 연결어미 지도를 통한 문장 구성 능력 신장 방안. 서울교육대학교 교육대학원 석사학위논문.

최용성 (2007). 연구윤리교육의 필요성과 방향성에 관한 연구. **윤리교육연구**, 13, 261-290.

최원배 (2002). 프레게와 논리법칙. **철학연구**, 59, 73-91.

최훈 (2008). 비판적 사고의 성향: 그 의미와 수업 방향. **철학탐구**, 24, 91-117.

최훈 (2015). **논리는 나의 힘**. 서울: 우리학교.

탁석산 (2002). **오류를 알면 논리가 보인다**. 서울: 책세상.

탁석산 (2017a). **달려라 논리 1: 모든 길은 논리로 통한다**. 경기: (주)창비.

탁석산 (2017b). **달려라 논리 2: 숨어 있는 오류를 찾아라!** 경기: ㈜창비.

한겨레 (2024.06). '기-승-전-결' 구성에서 가장 중요한 부분은. https://www.hani.co.kr/arti/culture/culture_general/1113047.html 에서 2024년 6월 9일 인출.

한국외국어대학교 교재편찬위원회 (2003). **우리말 글짓기**. 서울: 한국외국어대학교 출판부.

한국외국어대학교 한국어교육과 (2011). **글쓰기의 이론과 실제**. 서울: 한국외국어대학교 출판부.

한만성 (2011). 대학생을 위한 정보 활용능력과 글쓰기 교육의 연계·협력에 관한 연구. **한국비블리아학회지, 22**(1), 117-133.

한우리독서문화운동본부 교재집필연구회 (2007). **독서교육론: 독서논술지도론**. 서울: 위즈덤북.

한정 (2010). 한·중 인용법 대비 연구: 간접인용을 중심으로. 인천대학교 대학원 석사학위논문.

함은미 (2007). 노인 이미지에 대한 세대 간 차이에 관한 연구. 한남대학교 대학원 석사학위논문.

현학선 (2012). **생각: 인간의 능력을 극대화하는 기술**. 서울: 에세이퍼블리싱.

홍병선 (2011). '비판적 사고'가 갖는 철학적 함의. **철학논집, 66**(4), 453-473.

홍혜경, 김명화, 김세루, 문병환, 김경숙 (2016). **영유아 교사를 위한 창의적 사고와 논리 논술**. 서울: 학지사.

황미현 (2013). 아동의 문장 구성 능력 발달 연구: 초등학생들이 6년 동안 쓴 일기를 중심으로. 경인교육대학교 교육대학원 석사학위논문.

황성근 (2011). 글쓰기에서 말하기의 영향: 의사소통 측면을 중심으로. **사고와 표현, 4**(1), 183-208.

황송문 (2002). **글쓰기의 이론과 실제**. 서울: 국학자료원.

황장엽 (2007). **청년들을 위한 철학이야기**. 서울: 시대정신.

Clement, J. J. (2008). *Creative model construction in scientists and students: The role of imagery, analogy, and mental simulation*. Springer Science + Business Media B. V.

Copi, I. M., Cohen, C., & McMahon, K. (2015). **논리학 입문** (박만준, 윤진각 공역). 서울: 경문사.

Corrigan, T. (2003). **영화 비평, 어떻게 쓸까?** (이권 역). 서울: 시공사.

Creme, P., & Lea, M. R. (2006). **작문신공: 나의 생각을 디자인하는 글쓰기** (강주현 역). 경기: 효형출판.

Epstein, S., Pacini, R., Denes-Raj, V., & Heier, H. (1996). Individual differences in intuitive-experimental and analytical-rational thinking styles. *Journal of Personality and Social Psychology, 71*(2), 390-405.

Greene, L. (2010). *Writing in the life science: A critical thinking approach*. New York, NY: Oxford University Press.

Lind, K. K. (2005). *Exploring science in early childhood education: A developmental approach* (4th ed.). Clifton Park, NY: Delmar, Cengage Learning.

McGuinness, C. (1999). *From thinking skills to thinking classrooms: A review and evaluation of approaches for developing pupils' thinking.* Nottingham, UK: DfEE Publications.

Park, J., & Han, S. (2002). Using deductive reasoning to promote the change of students' conceptions about force and motion. *International Journal of Science Education, 24*(6), 593–609.

Polya, G. (2005). **어떻게 문제를 풀 것인가?: 수학적 사고방식** (우정호 역). 서울: 교우사.

Siegel, H. (1988). *Educating reason: Rationality, critical thinking, and education (Philosophy of education research library).* New York, NY: Routledge.

Smullyan, R. M. (2004). **퍼즐과 함께하는 즐거운 논리** (이종권, 박만엽 공역). 서울: 문예출판사.

Sternberg, R. J. (2011). *Cognitive psychology* (6th ed.). Belmont, CA: Wadsworth Publishing Company.

Torrance, E. P. (1988). The nature of creativity as manifest in its testing. In R. J. Sternberg (Ed.), *The nature of creativity: Contemporary psychological perspectives* (pp. 43–75). New York, NY: Cambridge University Press.

찾아보기

ㄱ

ㅅ

ㅇ

ㅈ

ㅊ

저자소개

김승희 교수는 광주대학교 유아교육과 교수로 재직 중이다. 서울대학교 지구과학교육과를 졸업한 후, 유아교육 전공으로 미국 Indiana University에서 교육학석사, University of Florida에서 철학박사 학위를 취득하였다. 김승희 교수는 다문화가족, 조손가족, 맞벌이가족 등 다양한 가족의 자녀교육 문제에 관심을 두고 다수의 논문을 발표하고 있다. 또 과학교육과 다문화교육, 영재교육, 환경교육 등 여러 분야의 논문과 저서를 출간함으로써 유아교육의 지평을 확장하는 데 이바지하고 있다.

저서

- 『교수-학습 방법과 모형을 활용한 유아과학교육』(2023). 서울: 학지사
- 『영유아발달』(2021). 경기: 정민사
- 『부모교육』(2020). 서울: 동문사
- 『유아교육개론』(2019). 경기: 공동체
- 『유아교육과정』(2018). 경기: 공동체
- 『유아 다문화교육』(2017). 경기: 정민사
- 『유아사회과교육』(2017). 서울: 학지사
- 『내 아이가 공부 못하는 25가지 이유』(2016). 서울: 책피는봄

제2판

논리와 논술

초 판 1쇄 발행 2018년 1월 30일
제2판 1쇄 발행 2024년 10월 24일

지 은 이 | 김승희
펴 낸 이 | 김기섭
편 집 인 | 이윤희 · 오선율
펴 낸 곳 | 창지사 www.changJisa.com
08589 서울시 금천구 가산디지털 1로 83 파트너스타워 1차 9층
전화 (02)719-2211~3
팩스 (02)701-9386
등 록 | 1977년 4월 28일 · 제1-421호

ISBN 978-89-426-1904-7 (93370)

값 20,000원

• 이 연구는 2018년도 광주대학교 대학 연구비의 지원을 받아 수행되었음.